二八定律

20周年纪念版

THE 80/20 PRINCIPLE

用更少获得更多的秘密

THE SECRET TO ACHIEVING MORE WITH LESS

[英] 理查德·科克 Richard Koch　著

中国青年出版社 CHINA YOUTH PRESS
中青文传媒

图书在版编目（CIP）数据

二八定律：用更少获得更多的秘密/（英）理查德·科克著；彭相珍译.

—北京：中国青年出版社，2021.4

书名原文：THE 80/20 PRINCIPLE

ISBN 978-7-5153-6344-8

Ⅰ.①二… Ⅱ.①理… ②彭… Ⅲ.①企业管理 Ⅳ.①F272

中国版本图书馆CIP数据核字（2021）第054588号

二八定律：用更少获得更多的秘密

作　　者：〔英〕理查德·科克

译　　者：彭相珍

策划编辑：刘　吉

责任编辑：林　鸿

美术编辑：张　艳

出　　版：中国青年出版社

发　　行：北京中青文文化传媒有限公司

电　　话：010-65511270 / 65516873

公司网址：www.cyb.com.cn

购书网址：zqwts.tmall.com

印　　刷：大厂回族自治县益利印刷有限公司

版　　次：2021年4月第1版

印　　次：2021年4月第1次印刷

开　　本：787 × 1092　　1/16

字　　数：150千字

印　　张：18.5

京权图字：01-2021-0516

书　　号：ISBN 978-7-5153-6344-8

定　　价：59.90元

目录

序言 005

第一部分：这个世界是失衡的 007

第一章 欢迎来到二八定律的世界 / 009

第二章 如何思考二八定律 / 024

第二部分：企业成功无须勘破天机 043

第三章 秘密崇拜 / 044

第四章 为何你的战略是错误的 / 058

第五章 简单即美 / 084

第六章 抓住关键客户 / 100

第七章 二八定律的 10 大商业应用 / 115

第八章 关键少数原则助力成功 / 126

第三部分：少工作、多赚钱、多享受 133

第九章 自由自在 / 135

第十章 时间革命 / 145

第十一章 总是能够得偿所愿 / 164

第十二章　借助朋友的力量 / 175

第十三章　聪明又会偷懒的人 / 187

第十四章　财富的聚集效应 / 204

第十五章　幸福的七种习惯 / 216

第十六章　潜意识：隐藏的朋友 / 231

第四部分：二八定律的未来　247

第十七章　二八定律在网络获得成功 / 248

第十八章　当二八定律进化为九一定律 / 260

第十九章　如何在二八定律的未来占据一席之地 / 270

第五部分：升级版的二八定律　279

第二十章　二八定律的两个维度 / 280

序言

二八定律正在与时俱进——当然，不只是介绍二八定律的这本书，也包括这个法则本身。在过去的十几年里，商业、社会、人们的生活，以及我们对二八定律的运作及其原理的理解，都经历了翻天覆地的变化。这就要求对本书内容进行重大修改和调整。

二八定律在现代社会可谓无处不在、不可或缺，这种情况是前所未有的。过去，它已经使其追随者独占鳌头；未来，它将变成一个举足轻重的工具——也许还是任何希望获得成功或者寻求快乐的人所必需的特定重要工具。

这些年里发生了什么？简而言之，就是以下三件事：

1. 自上而下的大型企业组织，正在给网络和网络公司让步（如苹果、谷歌、脸书、优步、亚马逊、易趣、必发等）——至少大型企业组织在创造高增长、高利润和高现金流的能力方面，已经无法匹敌网络组织和业务。这类网络公司正在成为社会的主宰，这就是为什么“二八”变得越来越普遍。

所有的网络相关都呈现出正反馈环——大者越大、富者越富、名者越名，网络造福世界（如产生了电子商务及催生了慈善组织）。

新增的第十七章，描述了什么是网络和网络业务，以及想在新世界中大展拳脚的人（除非脑袋被门夹了），为什么非它们不可。

2. 一个多世纪以来，我们所熟知的二八定律，通常在70/30或90/10之间波动，已经越来越迅速地朝着90/10和99/1的比例发展。

新增的第十八章，描述了在高度意外性事件（黑天鹅）发生的可能性增高且财富的快速转移变得更具影响力的情况下，结果和回报之间不成正比的程度如何进一步加剧。

3. 阐述了在成功和失败之间、个人成就和个人烦恼之间、幸福和痛苦之间扭转乾坤的一些成功的经验法则。

新增的第十九章描述了现代企业和人类必须掌握的五个生存法则。

我还发现了另一件事：本书的早期版本没有涵盖二八定律最具影响力的一个领域。新增的第十六章描述了一位“神秘伙伴”，并将以超乎寻常的速度，对你的生活产生超乎想象的影响。如果训练得当，它可以转变你的生活。我们可以不费吹灰之力就实现这个目标——前提是掌握对其进行训练和编码的方法，而第十六章阐述了这些方法。

所以，本书新增了四个章节，阐述如何运用二八定律。还在等什么？赶紧将这个好消息奔走相告！

本书已经有了36个不同语种的译本，一共售出了一百多万册。我的豪言壮志：我们这本新版书，将成为人们手里的“香饽饽”，并创下新的畅销纪录。

对于已经取得的成就，我非常感谢你们这些读者——受益者，也许还是传播者。我从留言和邮件中得知，这本书给许多人带来了醍醐灌顶的作用。非常感谢你们，祝愿它能继续给你们的生活带来持久而深远的影响。我或许给你们的生活带来了改变，但你们已经改变了我的生活，为此，我心怀感激。

理查德·科克

2017年于直布罗陀

第一部分

这个世界是失衡的

二八定律是什么？二八定律告诉我们：无论在哪一个群体中，事情总有轻重缓急之分。一个合理的基准或猜测认为，80%的结果或产出来源于20%的原因或投入，有时候还会来自更小的一部分有利因素。

日常用语就能很好地证明这个法则。速记法的发明人——艾塞克·彼特曼（Isaac Pitman）发现：三分之二的日常交谈，仅由700个常用词构成。包括这些常用词的派生词，就能占据80%的日常交流。这样看来，在80%的时间里，我们仅使用着不到1%的词汇（《牛津英语词典新简明版》中收录了50多万个单词），因此，可称其为80/1法则。如出一辙的是，在超过99%的谈话中，我们却使用着不到20%的词汇。故而，可称之为99/20法则。

电影业也能很好地证明二八定律。近期的研究表明：1.3%的电影创造了80%的票房收入，这实际上催生了80/1法则。

二八定律并非神奇的公式。原因和结果的关系，有时候更接近于70/30，而非80/20或80/1，但50/50的对半平衡让比例极少存在。宇宙本质上是失衡的，最重要的往往掌握在关键少数手中。

真正高效的人和企业会依赖少数强势力量，让其发挥作用，为己所用，以此为生。

继续阅读此书，找到让自己也可以这么做的成功秘诀……

第一章
欢迎来到二八定律的世界

二八定律（即帕累托法则）在经济学世界里四处游荡，犹如一块难以看透的奇石，至今无人能解释这一经验法则。

每个聪明人、每个组织、每个社会团体和社会形态都应将二八定律融会贯通。它能帮助个人和团体以最小的付出，谋取最大的回报，实现利益最大化。二八定律能够提高工作效率，增强生活幸福感，倍增企业盈利，提升所有组织效率。它甚至掌握着在降低消费成本的同时，提高公共服务的数量和质量的窍门。作者在撰写这本首次介绍了二八定律的著作过程中，秉持了一个坚定的信念：这个法则，是处理和化解现代生活压力的一个最佳方法，且其效用已经在作者个人和商业经验中得到论证。

二八定律是什么

二八定律认为：少量的原因、投入或付出，通常能得到大量的结果、产出或回报。从字面意思上看，它指的是：工作所获得的80%回报，源自20%的时间投入。为此，从实用的角度来看，我们工作中占据着主导地位的80%付出，基本上无关紧要。这与人们通常的理解恰恰相反。

因此，二八定律指出，在原因与结果、投入与产出、付出与回报之间，存在着一种内在失衡的关系，并为此提供了一个好的基准：我们可从一个典型模式（图1）得知，80%的产出源于20%的投入；80%的结果归于20%的原因；80%的回报来源于20%的付出。

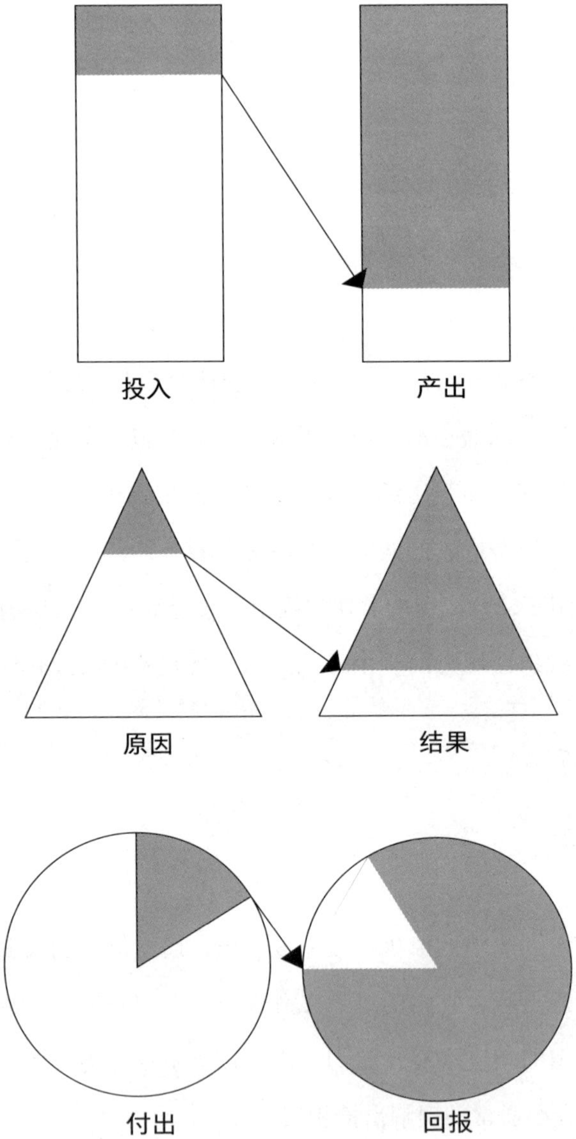

图1　二八定律

在经济领域，很多关于二八定律的例子已经得到论证。20%的产品，通常带来80%的销售额；同理，20%的客户能带来80%的效益。因此，一个企业80%的利润，往往来自其20%的产品或客户。

在社会领域，20%的罪犯犯下了80%的罪行，20%的驾驶员造成了80%的交通事故，20%的已婚人士贡献了80%的离婚率（那些不断再婚又离婚的人导致离婚数据虚高，让人们怀疑婚姻的忠诚度），20%的孩子获得80%的教育资源。

在家里，20%的地毯使用率达80%；80%的时间里，你都在穿衣柜里20%的衣服；如果你听到入侵警报，80%的误报或许都是由20%的潜在触发因素造成的。

内燃机是对二八定律的极好证明。燃烧过程中，80%的能量被消耗，只有20%的能量转为动能，这20%的投入却得到了100%的产出！

帕累托的发现：系统性和可预见性的失衡

意大利经济学家维弗雷多·帕累托于1897年发现二八定律的模式，此后，这个发现被冠以多种称呼，包括帕累托法则、帕累托定律、80/20准则、省力法则、失衡法则等。在本书中，我们称之为二八定律。二八定律曾帮助人们塑造现代化世界，也曾潜在地影响了很多成功人士，尤其是商界精英、电脑迷和质量工程师。然而，此法则依旧是我们这个时代最伟大的未解之谜之一，即使是那些理解并会使用二八定律的专家们，也不过只发掘出它的冰山一角。

帕累托到底发现了什么？

机缘巧合之下，他对19世纪英格兰地区的财富和收入的模式进行了研究观察，发现大多数的收入和财富由样本中的少数人所占有。或许这不值一提。但是，他发现了两个事实，并认为这些事实非常重要。一个发现是某个群体的人口比例（占总相关人口的百分比）与其所拥有的收入和财富数量之间，存在着一种恒定的数量关系。简言之，如果一个群体中，20%的人享有80%的财富，那你可以自信大胆地推测，10%的人拥有65%的财富，或者5%的人拥有50%的财富。关键点不在于百分比，而在于人口中财富分配的状态，始终处于一种可预见的失衡。

另一个发现令帕累托激动不已：无论观察的是哪个时期或哪个国家的数据，这种失衡模式总是循环往复地存在。无论他观察早期英格兰或者同期的数据，抑或其他国家更早时期的数据，依旧能发现同样的现象，而且比例极为接近。

这是无巧不成书？还是一些对经济和社会极为重要的发现？如果将此模式应用于财富或收入以外的其他相关数据集，它是否依旧起作用呢？帕累托是个了不起的创新者，因为在他之前，没有人观察对照过两组数据的相关性——本案例中，帕累托将收入或财富的分配，与收入和工薪阶层或财产所有者的数量进行对照，并比较了两组数据的百分比。（如今，此方法得以普遍运用，并在商业和经济领域实现了重大突破。）

遗憾的是，尽管帕累托已经意识到这个发现具有重要性和广泛适用性，但并未对此详尽诠释。他转而去研究一系列吸引人的，但又杂乱无章的社会学理论。这些理论以研究社会精英为重点。虽然许多经济学家（尤其是美国的经济学家）意识到这一法则的重要性，但是直到第二次世界大战后，两个同时代却完全不同风格的先驱才开始推动二八定律的研究和发展。

1949：齐普夫的省力法则

其中一位先驱者是哈佛大学语言学教授乔治·齐普夫（George K. Zipf）。齐普夫于1949年发现“省力法则”，这实际上是对二八定律的再发现和进一步详尽诠释。齐普夫的省力法则认为，资源（人力、物力、时间、技巧或其他具有生产力的东西）往往会进行自我调整，以实现工作量的最少化。因此，70%到80%的生产活动会用到20%到30%的资源。

奇普夫利用人口统计学、书籍、文献学和行业行为，来论证这一循环往复的失衡模式。例如，他分析了1931年费城20个街区所有的结婚证后发现，70%的夫妇来自相距6个街区的地方（30%的距离）。

顺便一提，齐普夫还用这一法则作为“杂乱”的辩护，为凌乱的桌子提供了一个科学的解释：使用频率高的东西放置的位置更接近我们自身，而机灵的秘书早就知道常用的文档不需归档的道理了！

1951：朱兰的关键少数法则与日本的兴起

另一位推动二八定律发展的先驱者，是罗马尼亚裔美国工程师约瑟夫·摩西·朱兰（Joseph Moses Juran，1904-2008）。他是著名的质量管理专家，也是1950—1990年质量革命的幕后推动者。他将二八定律称为帕累托法则，或关键少数法则，使之与追求高品质产品同义。

1924年，朱兰加入贝尔电话公司的生产分支机构——西屋电气公司（Western Electric）。他最初是企业的一名工业工程师，后来成为世界最早的质量顾问之一。

其想法的伟大之处在于，运用了二八定律和其他统计方法，彻底解决质量缺陷问题，提高工业和消费品的可靠性和价值。于1951年首次出版的《质量控制手册》体现了朱兰的突破性思维。在该书中，朱兰对二八定律称赞有加：

> 经济学家帕累托发现财富的分配是失衡的。其他的例子也可证明——罪犯与罪行、事故与危险行为的分布，等等。帕累托的不平衡分布规律，同样适用于财富分配和质量损失分布。

但是，当时大多数的美国企业家对朱兰提出的关键少数法则并不感兴趣。1953年，朱兰应邀去日本讲学，深受现场观众的好评。于是他留在日本为日本企业工作，提高了这些公司的消费品价值和质量。1970年后，也是日本唯一一次对美国工业造成明显威胁时，西方开始重视朱兰的法则。回到美国后，朱兰开始帮助美国工业提高自身价值和产品质量。二八定律成了这次全球价值革命的核心要素。

20世纪60年代到90年代：运用二八定律取得的成就

IBM（国际商业机器公司）是最先发现和运用二八定律，并取得最多成就的一个公司。IBM的成功，也解释了在20世纪60年代到70年代，众多企业中专门负责培训大多数计算机系统的专家熟知二八定律的原因。

1963年，IBM发现，20%的代码操作会消耗一台电脑大约80%的运行时间。IBM随即重新编写了操作软件，使得常用的20%的代码操作，更具用户友好性。因此，IBM在大多数应用领域的电脑操作系统，比其竞争者的电脑操作系统更加高效，也更加快捷。

那些改进了个人电脑和应用软件的下一代公司（例如苹果、莲花和微软等），在二八定律的运用上投入了更多的精力，使他们的产品更加便宜，使得新客户以及之前对电脑敬而远之的“电脑盲”也能够更加得心应手地进行操作。

赢家通吃

在帕累托之后的一个世纪，随着那些超级巨星和站在金字塔顶端的人收入水涨船高、与日俱增，人们对二八定律的影响力争论不休。美国著名导演史蒂文·斯皮尔伯格（Steven Spielberg），1994年的收入为1.65亿美元。约瑟夫·杰米尔（Joseph Jamial）是身价最高的出庭辩护律师，年收入为9000万美元。当然，如此高的薪酬，也只有少数能力强的导演和律师才能拿到。

尽管人们花费大量精力，力图在20世纪实现收入平等，但结果仍旧不容乐观，在一个领域实现了平等，另一个领域又会不断出现不平等，这样的关系此消彼长。

从1973年到1995年，美国的人均实际收入增长了36%，但非管理层的工人群体收入却下降了14%。20世纪80年代，几乎所有的资金都流入到各行各业20%领军人物的钱包里，更令人吃惊的是，总的社会增长额由仅占1%的领军人物所拥有。美国的股票所有权也主要集中在少数家庭里，5%的美国家庭拥有约75%的家庭净资产。类似的情形也体现在美元在世界经济中的作用：近50%的世界贸易是以美元结算的，远比美国仅占13%的出口贸易额要高得多。此外，尽管美元在外汇储备中的份额占到了64%，美国的GDP（国内生产总值）仅占全球生产总值的20%。除非人们有意识地并且坚定不移地致力于改变二八定律在这些领域的体现，否则这种失衡的现象就会重复出现。

二八定律为何如此重要

二八定律如此重要的原因，在于它的反常规性。我们通常会认为所有的事情都同等重要；所有的客户都具有同等价值；每单生意、每个产品、每笔销售能够带来同样多的收入；每个领域的员工都不可或缺；我们度过的每一天、每一周、每一年都具有同等重要意义。我们所有的朋友都很珍贵；所有的咨询或者来电都应一视同仁；所有的大学都同等优秀；所有的问题都有一堆成因，因此，没有必要抓着几个关键性要素不放。所有的机会都同等宝贵，所以我们要抓住每个可能的机会，不可错过。

我们常常认为，50%的原因或者投入，理所当然地会带来50%的结果或产出。相信因果平衡，这似乎是人的天性。当然，有时候的确如此。但这种“50/50谬论”，是人类的猜想中，最不准确、极其有害、最根深蒂固的一种。二八定律认为，针对两组有关因果的数据的考察和分析，得出的结果最有可能是失衡模式。失衡的比例可能是65/35、70/30、75/25、80/20、95/5、99.9/0.1，或是这些数字的任意组合。而且，这两个数字之和不一定需要等于100。

二八定律还认为，当我们意识到因果之间存在失衡的关系之后，可能仍会因其失衡的程度而感到吃惊。因为无论失衡的实际比例是多少，都超越了我们先前的预期。企业的管理层可能会猜测某些客户或者某些产品相比其他的客户或者产品来说更有利可图，但当这种差异最终呈现出来，他们可能会对此感到惊讶甚至瞠目结舌。教师或许知道班级里多数的违纪或者逃课行为是少数学生造成的，但如果对记录进行认真分析，可能会发现失衡的比例远超预期。我们可能会下意识地觉得某个时间段会比其他时间段更加宝贵，但如果我们真正地估量投入与产出之间的比例，得出的差异仍会使我们惊愕万分。

为什么我们应该关注二八定律？无论你是否意识到，二八定律已经适用于我们生活、社会乃至工作的方方面面。理解二八定律能增强我们的洞察力，更好地了解我们身处世界的真相。

本书首先要给诸位传递的核心信息就是，运用二八定律，可以极大地提高我们生活的质量，使每个人的生活变得更加高效、更加幸福；每个谋求利润的公司都可以有利可图；每个非营利性组织都能向社会提供更多的服务；每个政府都能确保政策惠及民生、造福百姓。因为每个人、每个机构都可以通过二八定律的运用，投入更少的精力、费用或者投资，在谋取更大的价值的同时，避免更多的消耗。

二八定律产生作用的过程，其实就是一个替代的过程。在任何情况下，没有用途或者用途极少的资源，是没有什么价值的。只有将资源最大限度地利用起来，才能发挥它最大的价值。理想状态下的资源利用率最高，所获的价值也会最大。所以，弱势资源只要开发利用得当，也可能获得与强势资源等同的价值。

数百年来，商业和市场一直在践行这一替代的过程，实现自身效益的最大化。法国经济学家让·巴蒂斯特·萨伊（J-B Say）在1800年发明了“企业家”一词。他指出：“企业家负责将经济资源从生产力较低下的领域，转移到生产力和产出相对高的领域。”有意思的是，二八定律也指出，商业和市场运营远未实现这种最优化的结果。例如，二八定律认为，20%的产品、客户或员工实际上创造了80%的利润。如果这个比例是真实的，且详细的调查证明了此类失衡模式的存在，这意味着当前的发展状况并未达到高效或者成为最优，即80%的产品、客户或者员工，只创造了20%的利润，这是资源的极大浪费。公司里大量的低效资源抑制了最高效的资源发展，导致利润达不到最优。如果能够销售出更多优质的产品，雇用高效的员工并且吸引到更多的客户（或者说服客户从公司购买更多的产品），那么利润就会倍增。

在这样的情况下，人们可能会发出疑问：为何还要继续生产那仅创造20%利润的80%的产品？但企业很少会提出这个问题，或许是因为他们知道，回答这个问题意味着企业将需要进行非常激进的改革。毕竟，停止生产当前80%的产品，不是一件无足轻重的小事。

萨伊所指的企业家的工作，被现代金融学家称为“套利”。国际金融市场会及时修正各种价值的异常变化，例如汇率之间的异常变动。但是，由于欠缺相关专业知识，商业机构和个人通常不懂得如何“套利”，不知道怎样将资源从收益不佳的地方转移到收益佳的地方，也不擅长缩减低价值资源、多加购买高价值资源。绝大多数时候，我们都没有意识到某些资源（仅极少数）所具备的超高生产力。朱兰称之为“关键少数”，然而，大多数的资源则被称为“次要多数”，即低产能或者具有负面价值的资源。如果我们在生活的各个方面能够确切地认知到“关键少数”和“次要多数”的区别，并且做出实际行动去改进，那么也能如愿以偿，提升价值。

二八定律和混沌理论

我们从概率论中得知，二八定律的随意运用并不能保证绝对的成功。唯有通过假设，找出这一法则背后所隐藏的深意或者原因去解释它。

帕累托试图运用某种方法研究社会，设法解决这个问题。为此，他寻求“能够描绘经验事实和观察的理论”，寻求通过习惯性模式、社会规律或“一致性”来解释个人行为和社会。

帕累托的社会方法论，也并未为二八定律提供一个有力的解释。在他去世很长一段时间后，混沌理论才出现。而这一理论与二八定律极为相似，也能很好地解释它。

20世纪的最后30多年里，科学家掀起了一场革命，他们关于宇宙的思考，颠覆了过去350年的主流思想。过去的主流思想基于机械理性观念，相对于中世纪的神秘和非理性世界观来说，这已经是一大进步。过去，人们认为上帝是非理性和不可预测的力量，而机械理性观念将上帝转化为更友好的时间工程师。

这种世界观一直从17世纪盛行至今，除了较为先进的科学界外，其他的领域对此深信不疑，并为己所用。所有的现象都被简化为一种规则的、可预测的、线性的关系。例如，a造就b，b造就c，a和c造就d。这种世界观，使得宇宙的任意一个部分，例如人类的心脏手术，或者任何一个独立市场，都能拆开进行独立分析，因为整体等于局部之和。

但是到了21世纪，世界被视为一个不断发展的有机体，整个系统大于部分之和，各部分之间的关系是非线性的。很难对此做出确切的解释，因为各个原因之间存在复杂的相互依赖关系，彼此之间的因果关系模糊不清。线性思维的问题在于它对现实的过度简化，所以并不能够适用于一切事物的解释。平衡模式是虚幻的、短暂的，因为宇宙本质上是失衡的。

尽管从字面意思上看，混沌理论认为，世界处于无望和不可理解的混乱之中。然而，在这种混乱的背后，却隐藏着一种自组织的逻辑、一种可预测的非线性关系。经济学家保罗·克鲁格曼（Paul Krugman）认为，这种关系是“可怕的”“怪异的”“异常精确的”。这种逻辑关系易于察觉，却很难描述，它就像某一段音乐中反复出现的旋律，具有某种独特的模式，有着无限变化，但又让人难以捉摸。

混沌理论和二八定律相互解释

混沌理论和与之相关的科学概念，与二八定律之间有何关系？虽然尚未有人明确指出这其中的联系，但是我认为它们之间具有很强的相关性。

➤ 失衡法则

混沌理论和二八定律之间的共同点是“平衡”问题，或者更准确地说是“失衡”问题。混沌理论和二八定律都断言（且有大量实证支持）世界是失衡的。两者都认为世界是非线性的，因果关系很少处于平衡状态。两者都强调自组织，即某些力量总是比其他的力量更强大，而且一直都试图获取比应占份额更多的资源。通过长期追踪一系列失衡现象的发展变化，混沌理论对失衡产生的原因及过程进行了阐述。

➤ 世界并非一条直线

和混沌理论一样，二八定律也围绕非线性思想的基础而建立，认为很多事情是次要的，甚至没有什么实际作用，且关键少数的影响力远远超乎人们的想象。这些才是必须被辨别和监控的力量，如果这些力量是有益的，我们应该为其助长声势；反之，如果这些力量是有害的，我们应该思考如何消除它们。二八定律为任何系统的非线性提供了测试的方法，我们可以问，20%的原因是否带来80%的结果？80%的现象是否只与20%的相关现象有关？二八定律能够帮助消除非线性关系，但它的更大作用在于，能够帮助我们辨别那些可以发挥强大作用力的力量。

➤ 反馈回路打破平衡

二八定律与混沌理论所验证的反馈回路一致，也可参照后者进行解释。因此，混沌理论提出的，起初影响力小的因素也可逐渐增加其影响力，并且产生出乎意料的结果这一概念，可以用来反推解释二八定律。没有反馈回路的时候，事物现象的自然分布是处于平衡状态，即50/50，相应的投入能够获得相应的结果。但正因为正、负反馈回路的存在，所以原因和结果产出的比例无法达到平衡。然而，强大的正反馈回路似乎只会影响少部分的投入，这就解释了为什么少数的投入能够产生如此大的影响。

我们可以在很多领域看到正反馈回路的运作，它解释了为什么通常人口和财富的分配中，我们最终看到80/20而不是50/50的失衡结果。例如，富者恒富，不仅是（或主要是）因为他们的能力优越，而是因为财富能创造财富。类似的现象也会出现在池塘中的金鱼身上，即便起初鱼塘里的金鱼几乎同样大小，但那些稍大一点的金鱼，最终会长得更大。因为，即使这些鱼最初的优势并不明显，比如推动力更强，嘴巴更大，但基于体型的优势，它们仍能够捕捉和吞食更大数量的食物，因此以更快的速度变得更大。

➤ 临界点

与反馈回路理念相关的，是临界点的概念。从某种程度上来说，一种新的力量——无论是新产品、新型疾病、新的摇滚乐队，或是新的社会习惯（慢跑和溜冰），在达到了特定的程度或点之后，会发现很难有所突破。大量的付出只得到了很少的回报，到了这个点，很多先驱者会选择放弃。但是如果仍然能够坚持不懈地投入新的力量，并且能够超越那条无形的线，额外多付出一些努力，就能实现质的飞跃，获得丰厚的回报。这条无形的线就是临界点。

这个概念源自流行病理论。临界点是“平常且稳定的现象，比如低感染的流感暴发，可能会演变为公共卫生危机的点”。这是因为感染的人携带传染的病毒，导致了其他人感染。由于流行病发病的方式是非线性的，而且也和我们的预期有所不同，“细微的变化，比如将感染源从四万降到三万，就会产生巨大的作用……这取决于何时以及如何产生变化”。

➤ 先到先得

混沌理论主张“对初始条件的敏感依赖性”，即首先出现的事物，甚至是表面上微不足道的一些事情，都能够产生超乎寻常的影响。这与二八定律类似，并且有助于解释二八定律。二八定律认为，少数原因能产生大多数影响。但一个专属于二八定律的局限性是——它总是代表当前现实的写照（更为确切地说，是距离当前最近时刻的写照）。从这个角度而言，混沌理论所主张的“对初始条件的敏感依赖性”颇具益处。早期，微弱的领先地位能够随后转变为更强的领先地位或是主导性地位，直到平衡状态被打破，另一个能够扭转格局的微弱优势再度产生。

一家公司如果在早期市场上提供的产品比其竞争对手产品的品质高10%，即便它的竞争对手在之后推出了更好的产品，它最终的获利仍将会是市场份额的100%或200%。在机动车驾驶兴起的早期，如果51%的驾驶员或国家，决定靠右行驶而不是靠左行驶，那么几乎100%的驾驶员都会按照这个模式执行，久而久之就会成为一种行驶规范。使用圆形时钟的早期，如果51%的时钟是“顺时针”行走而不是“逆时针”，那么这就会成为一种惯例，尽管从理论上来说，时钟也能够向左行走。事实上，佛罗伦萨大教堂上的时钟就是逆时针走满24小时的。佛罗伦萨大教堂于1442年建成，不久后，政府当局和制表匠就制定了统一标准化的时钟移动标准——顺时针12小时，因为该时期大多数时钟都具备这个特征。然而，如果51%的时钟都按照佛罗伦萨大教堂的时钟行走规范，我们现在的时钟很可能就是逆时针行走了。

上述与“对初始条件的敏感依赖性”相关事例的观察，并不能充分地说明二八定律。时移世易，这些例子也会有所变化，而二八定律所涉及的，是任意时间条件下对原因的静态分析。但是，二者之间又有着重要的联系，两种现象都有助于展示宇宙如何偏爱不平衡。在先前的事例中，我们很少发现50/50均分的情况。51/49的分布，在本质上是极不稳定的，结果往往呈现出95/5、99/1甚至是100/0的分布。一方独大的主导优势，必将终结转瞬即逝的平衡，这是混沌理论的要旨之一。二八定律的要旨与之相比，迥然不同，却又与之相互补充。这告诉我们，任何时刻，少数行为的参与能够解释或者引发大规模的现象。80%的结果源自20%的原因，少数是关键的，多数是次要的。

二八定律帮助甄别电影好坏

二八定律发挥最显著效力的例证之一是电影行业。两位经济学家调查了18个月内上映的300部电影票房和档期，继而发现：4部电影的票房收入，占据了总票房的80%，而这几部电影仅为总数的1.3%。其他的296部电影，即98.7%的电影，总共获得了20%的票房收入。因此，电影行业是自由市场发挥作用的一个良好范例，实际上体现了80/1法则，这也极好地证明了失衡法则。

更耐人寻味的是，据说电影爱好者选择电影的行为，就像是随机飘浮的气体粒子，无法预测。正如混沌理论所证实的，气体粒子、乒乓球或者电影爱好者的选择行为，都是随机的，但都产生了可预见性的不平衡结果。影评人和首批观影观众的评价，将决定了第二批甚至之后每一批观众的数量。例如像《独立日》或者《碟中谍》等影片，仍旧是座无虚席，而其他的电影，例如《未来水世界》和《十万火急》等同样众星云集、制作成本高的影片，却无人问津，这就是二八定律呈现的巨大作用力。

二八定律为何能够取得好的结果

我想以有益于常规说明的更个性化的表述，来结束二八定律的介绍。我认为，二八定律是非常重要的，当然，这一法则可能只是重现了本就明显的现象：在自然界、企业、社会和我们的生活中，存在着过度的浪费现象。因为在典型模式下，80%的回报源自20%的付出，那么也意味着绝大多数80%的付出只产生20%的影响，造成了资源的浪费。

矛盾的是，这些浪费的存在也可以是好消息，前提是我们能够鉴别和批判低生产力的因素，而且能够创造性地运用二八定律。通过自然环境和个人生活的重新安排和重新引导，我们会获得更大的发展空间。改变自然、拒绝接受现状，是实现进步的过程，无论是革命的、科学的、社会的还是个人的。萧伯纳说得好：

“理性的人改变自己，以适应这个世界；非理性的人则坚持改变世界，以适应个人需要。因此，所有的进步，都取决于这些非理性的人。”

二八定律表明，如果我们将对低生产力的投入增加到接近高生产力的投入比例，那么，产出不仅能够增加，而且能够成倍地提高。在商业领域，二八定律的成功案例表明，只要有创造力和决心，这种质的飞跃通常是可以实现的。

达成这一目标有两条途径。一条是重新分配资源，将其从非生产性转换为生产性。古往今来，所有企业家取得成功的秘诀就是：找到合适的方法，物尽其用。经验表明，所有资源都有其适合的最佳领域，使之能够翻倍地提高自身价值，大放光彩、得以利用。

另一条实现进步的途径，即科学家、医生、计算机系统设计人员、教育家和培训师的常用方法，就是从现有的应用之中，找到提高非生产性资源生产力的方法，增强弱势资源的效力。如有必要，可以通过复杂的定性程序，使弱势资源模仿高生产力资源的运作方式。

我们应该鉴别、培养、培育和拓展少数高效资源，使其获得翻倍的成效。同时，也要摒弃或者大幅削减对我们没有多少价值的低效资源。

在撰写此书时，我观察了成千上万个有关二八定律的例子。这些例子使我更坚定了自己的信念：相信进步，相信飞跃般的进步，相信人类的能力，相信个人和集体有能力去完善自身。约瑟夫 · 福特（Joseph Ford）曾说道：“上帝与整个宇宙玩骰子。但是他们总在暗中捣鬼。我们的目标就是找出他们捣鬼的方法并为我们所用。”

二八定律正好能够帮助我们实现这一目标。

第二章
如何思考二八定律

我在第一章中解释了二八定律背后隐藏的深意。在本章中，我们将讨论如何将二八定律运用于实际，以及二八定律能为我们做什么。此法则的两个应用——二八分析和二八思考，为我们提供了一种现实哲学，帮助我们更好地理解和提高生活的质量。

二八定律的定义

二八定律指出：原因与结果、投入与产出、付出与回报之间存在着一种内在的不平衡。通常情况下，原因、投入和付出可以分为两类：

- 多数起次要作用。
- 少数有关键、决定性影响。

一般来说，结果、产出和回报源自小部分起作用的原因、投入和付出。

因此，原因、投入和付出，与另一方（结果、产出和回报）之间，是典型的失衡关系。

当我们从数学角度来衡量这种失衡关系时，最好的基准是二八关系——80%的结果、产出和回报源自20%的原因、投入和付出。例如，世界上约80%的能源，被15%的人口消耗；世界上80%的财富，由25%的人口拥有；医疗卫生领域，20%的人口或20%的疾病，将消耗80%的医疗资源。

图2和图3展示了这种二八模式。让我们假设一个公司有100种产品，公司发现利润最高的20种产品贡献了80%的总收入。在图2中，左侧的柱状图代表100种产品，每一种占比1%。

右边的柱状图是公司100种产品的利润总额。设想一下，获利最高的产品利润，是右侧柱状图从上往下的阴影部分。我们可以看到，这部分的获利占利润总额的20%。即一种产品，或者说是占比1%的产品（左侧柱状图可见占比为1%），所占利润为总额的20%。阴影部分展示了这种关系。

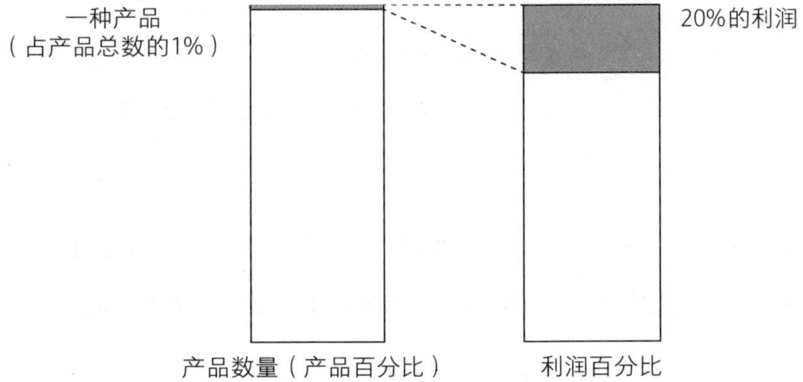

一种产品-占产品总数的1%-占利润总额的20%

图2　典型的二八模式

如果我们继续研究下一种利润高的产品，同样也用柱状图呈现计算结果，直到前20种利润最高的产品研究完毕，我们才能将前20种产品的总利润，在右侧柱状图上的阴影部分表示出来。这时，我们可参考图3。图3（在我们模拟的案例中）向我们展示了这20种产品，或者说是产品总数的20%，创造了80%的利润总额（阴影区域）。相反，白色区域，我们可以看到这种关系的对立面：产品总数的80%，仅创造了20%的利润总额。

二八数量关系只是一种基准，真正的比例关系可能会围绕80/20上下浮动。然而，二八定律认为：大多数情况下，这种关系的比例更接近80/20，而不是50/50。如果前述案例中所有的产品所获利润相同，该比例关系将如图4所示。

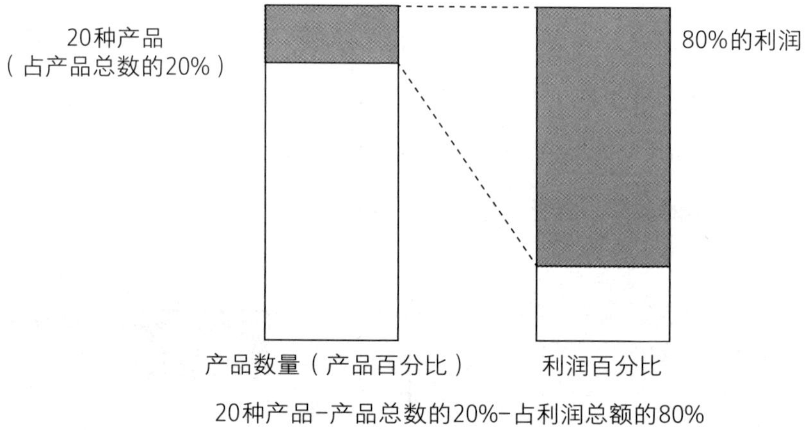

图3　典型的二八模式

一个让人困惑的关键点是，当我们进行这类调查时，会更容易得出类似图3而非图4的结果，即几乎总是产品总量的小部分产生了极大比例的利润。

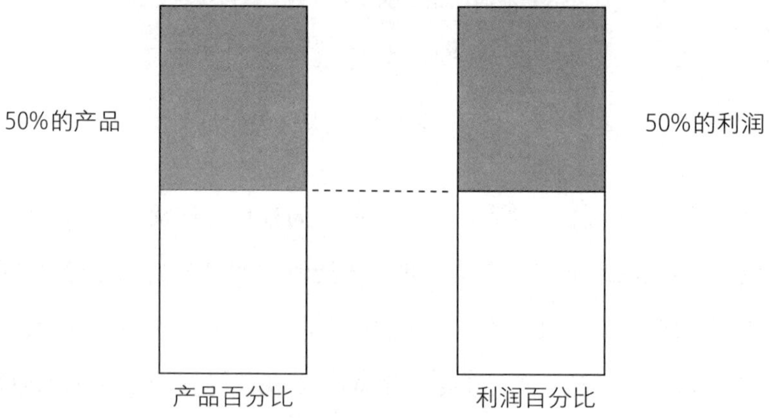

图4　罕见的50/50模式

当然，实际所呈现的比例关系可能不是80/20。80/20不仅是一种实用的隐喻，也是一个有用的假设，但这不是唯一的模式。有时，80%的利润源自30%的产品；而有时，80%的利润又会来自15%的产品，甚至有时会源自10%的产品。数字相比之和，并不一定是100，但是如柱形图所示，比例通常是失衡的，更像图3所呈现的模式，而不是图4。

凑巧的是，二八比例关系的数字之和刚好是100。这使得结果看起来简洁舒服（而事实上，比例关系是50/50、70/30、99/1或者其他比例，也能产生相同的感受），而且这也确实让人难忘，但不幸的是，这会让许多人误认为我们仅研究了一组数据，即数字之和为100的比例数据。然而事实并非如此，如果80%的人是右撇子，剩下20%的人是左撇子，这并不是80/20的研究。如果要运用二八定律，必须用到两组数据，每组数据之和为100%，其中一组数据的测量需由另一组占比100%的人或事拥有、展示或者导致的变量。

二八定律能为你提供什么好处

我所知道的每个认真运用二八定律的人，都有独特的见解，甚至有的人因此改变了命运。你必须要找到适合自己的运用二八定律的方法。只有创造性地看待二八定律的运用，你才能够找到专属自己的方法。第三部分（第九章到第十六章）会指导你的探索之路，但是我可以先用我的亲身经历予以说明。

二八定律是怎样帮助我的

当我还是牛津大学的新生时，导师让我不要去听讲座。他向我解释："尽可能地加快阅读速度，不要逐页细读，除非是为了享受阅读的乐趣。当你阅读时，只是为了找出书中主旨，会比通读全文要快得多。先读结尾，再看开头，然后再读一遍结尾，之后选择有趣的片段阅读。"他真正想表达的是，书中80%的价值可以从20%或者更少的页数中挖掘出来，大多数人只需花20%的时间就能掌握全书大意。

我接纳了这个阅读的学习方法，并且将其延伸到其他的学习之中。牛津大学没有给学生设定持续性评估系统，学生能否获得课程学分，完全取决于最终的考试成绩。通过分析以往的考试试卷，我发现至少80%（有时候是100%）的考试所考查的内容，可以利用20%或者更少的学科知识去完美地回答。因此，往往那些学有专攻的学生，比那些无所不知却又学无专长的学生的答卷，更让人印象深刻。领悟了这样的学习方法后，我的学习变得非常高效，并且不需要花费大量的时间很努力地学习，我也轻松地就能拿到好成绩。我过去认为这样的方法，能很轻松地糊弄牛津大学的老师们。而现在，尽管我的想法或许有点荒谬，但我更倾向于认为——他们在教我们世界运作的真实逻辑以及处世之道。

毕业后我进入壳牌公司工作，在一家炼油厂从事极为无趣的工作赖以谋生。起初，我认为自己找到了一份称心如意的工作，但是我很快就意识到，对像我这样年轻又没有社会经验的人来说，最合适的工作应该是管理咨询。所以我去了费城，轻松地从沃顿商学院拿到了MBA(工商管理硕士)学位（因为我蔑视哈佛大学集中营式的教育），之后就加入了美国一家顶级的咨询公司，第一天得到的薪酬竟然是我离开壳牌公司时薪资的四倍。毫无疑问，像我这个年纪的年轻人所获的80%的薪酬源自20%的工作。

因为这家咨询公司里有太多比我聪明的同事，所以我换了一份工作，去了另一个小型战略咨询公司。之所以选择这家像“精品店”的小公司，是因为这家公司比我之前工作的公司发展更快，但公司内部的聪明同事比例却很少。

为谁工作，比做什么工作更重要

在这里，我偶然发现了二八定律的许多悖论。在战略咨询业，80%的业绩增长由业内拥有不到20%精英的公司所贡献，且这些公司的利润，在过去和现在，都在以飞快的速度增长。80%的快速晋升机会也仅在少数公司中才存在。相信我，能否实现职业三连跳，实际上与天赋无关。当我离开第一家战略咨询公司，去了第二家公司时，在升职加薪这方面，我给这两家公司的员工都上了一课。

然而，令人费解的是，我的新同事比老同事做事效率更高。为什么会这样？他们看起来并没有比我的老同事们更努力啊？但是从两个关键的方面来说，新公司的同事们都遵循了二八定律。首先，他们意识到，对大多数公司来说，80%的利润来自20%的客户。在咨询行业，这指的是两种人：大客户和长期客户。大客户带来大订单，这就意味着公司能够雇用更高比例的低成本的、年轻咨询师。长期顾客与公司建立的互相信任的关系，能够导致客户转投其他咨询公司的成本变高，进而降低客户流失率；此外，长期客户往往对价格不太敏感，即不太计较咨询服务的收费价格。

对于大多数的咨询公司来说，真正令它们激动的是赢得新客户。但在我的新公司里，真正的职场精英，指的是那些能够赢得长期客户的员工。通过培养与这些客户公司的高层领导关系，他们能拿下长期订单。

其次，不管服务的对象是哪一种客户，80%的积极结果源自20%最重要问题的解决。然而，咨询新手或许并不认为这是最感兴趣的事情。尽管我们的竞争公司会肤浅地打包处理一系列的咨询问题，并提供一揽子的解决方案，让他们的客户自行采取（或不采取）行动解决问题。但是我们会集中分析最重要的问题，直到我们的客户找到成功的方法。这个方法往往能够令客户的利润猛增，使得我们的咨询费也因此水涨船高。

你的工作，是致富还是致贫

我很快论证了一个观点：对于咨询师和他们的客户来说，付出与回报之间，大多数时候不过是松散的联系。宁可适得其所，也不能自作聪明、埋头苦干。最好的办法就是精明地注重结果，而不是一味盲目地付出。得出一些关键性的见解，并据此行事，很容易会有所得；反过来说，仅靠聪明和努力往往无法成事。遗憾的是，多年来，迫于累积的愧疚感和从众压力，我未能完全按照这一法则行事，反而工作得太投入了。

发展到今日，我所工作的咨询公司的人员构成，已经扩张到几百名行业精英和包括我在内的30名合伙人。但是80%的利润仍然流入了一个人手里——创始人。尽管从数学角度来看，他占合伙人数的比例不到4%，在咨询师人数中的比例不足1%。

意识到这一点之后，我决定不再继续为创始人打工赚钱，而是和其他两位初级合伙人，合伙成立了自己的公司同样开展咨询行业的业务。随着逐步的发展，我们的公司扩张到拥有数百名咨询师。虽然我们三个创始人承担了不到20%的公司业务，但享受着80%的利润收入。这也让我逐渐愧疚，于是六年后我就离职了，把我的股份卖给了其他两位合作伙伴。当时，公司的收入和利润年年翻倍，我的股票因此卖了个好价钱。不久之后，1990年的经济危机冲击了咨询行业，所以我也算及时脱身。虽然我会在下文中为诸位提供消除此类愧疚感的建议，但我还是因为这种愧疚感而幸运地保住了收益。这也充分说明，即使是遵循二八定律的人，也是需要幸运眷顾的，而我一路走来，则是获得了命运额外垂青的幸运儿。

投资能比工作更快积累财富

我将售卖股票所得收入的20%，投资于罗飞传真（Filofax）。投资顾问们对此大为震惊。当时，我拥有大约20家上市公司的股票，但这只股票，我仅拥有5%的股票份额，其投资总额却高达我个人总投资额的80%。万幸的是，这只股票一直在增长，在接下来的三年里，罗飞传真公司股票的价值翻了几番。我在1995年抛售持有的部分股票时，出售的价格几乎是买入价格的18倍。

除此之外，我还进行了另外两项大额投资。一项是对一家名为Belgo的新开业公司，另一项是对MSI酒店公司（在我投资时，其名下尚未拥有任何酒店）。这三项投资一共占到我当时净资产的20%。但是它们后来的收益，占到我全部投资收益的80%以上。到目前为止，它们已经占据了我净资产的80%。

正如我在第十四章所写到的，大多数长期投资的80%的财富增长，源自不到20%的投资。因此，如何选择这20%的投资至关重要。做出正确的选择之后，尽可能多地将资金集中在这部分投资上。传统观念认为，“不要把鸡蛋放在同一个篮子里”，即不要孤注一掷，多为自己留几条后路。但二八定律强调慎重地挑选篮子，把所有鸡蛋放进去，然后像老鹰一样盯着它确保安全、获得暴利。

如何运用二八定律

二八定律有两种运用方法，如图5所示。

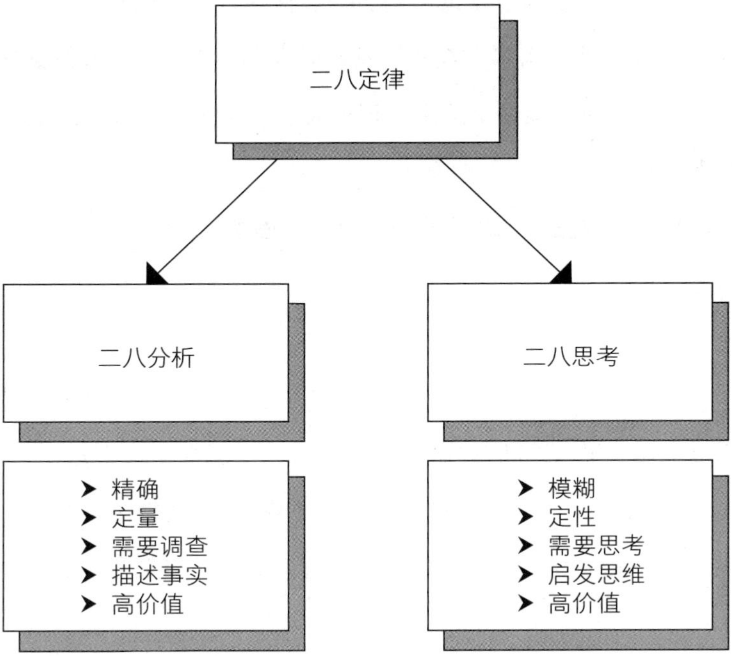

图5　运用二八定律的两种方法

传统意义上，二八定律要求运用二八分析，这是一种定量分析法，旨在原因/投入/付出和结果/产出/回报之间，建立一种精确的关系。二八分析先假设二八关系的可能存在，然后收集证据去证实这个关系的真实存在。这是一种实证方法，结果可能得出50/50到99.9/0.1的范围的任何关系。如果结果表明，在投入与产出之间确实存在明显的失衡关系（例如65/35关系或者更为失衡的比例关系），那么，我们通常会采取相应的行动。

另一个新的运用二八定律的补充方法，就是我所说的二八思考。这个方法需要我们深度思考所有的重要问题，并要求我们对此做出判断，看二八定律是否在此问题上发挥效力。我们在分析理解后，可以采取相应的行动。二八思考不要求收集数据或者做一个假设性的测试。因此，它有时会误导我们，给我们传递错误的信息。例如，如果你认为明确了一种关系，可能会认定自己已经知道主要的20%代表什么，这种假设是非常危险的。但我认为，即便如此，二八思考也会比传统性思考的误导性要小得多。当我们发现问题尤为重要，但却缺乏做出合理判断的信心时，二八分析可能会更适用；但相较于二八分析，二八思考更容易理解，也更容易得到结果。

为此，我们的建议是，先二八分析，再二八思考。

二八分析

二八分析检验了两组可比数据之间的关系。一组数据通常是宇宙、人或物，总是一个较大的数字，总和为100或者更多，由此可以转换为百分比。另一组数据是与这些人或事物有关的一些有趣特征，这些数据可以衡量，也能够转换为百分比。

例如，我们可能决定去考察或多或少都喝点啤酒的100个朋友，然后对比他们上周喝了多少啤酒。

迄今为止，这种分析在统计法中是很常见的。二八分析的独特之处在于，按照重要性对第二组测量的数据进行降序排列，并且对比了两组数据之间的百分比。

在前述案例中，我们会调查100个朋友，看他们上周喝了多少酒，然后将结果按照降序排列在一个表格中。排序前20和后20的数据，如图6所示。

二八分析对比两组数据之间的百分比（朋友和喝酒数量）。在这样的情况下，我们可以看到仅20%的朋友就喝了总量70%的啤酒。由此，我们得到了70/20关系。图7介绍了80/20频率分布曲线图（简称80/20曲线图），以便我们直观地观察数据。

为何称之为二八分析

很早以前（可能是20世纪50年代），比较这些关系所得出的结果是，测量数据80%的量，来自20%的人或事物。二八已经成为这种失衡关系类型的简称，无论得出的精确关系是不是二八（从统计学上看，一般不太可能恰巧得出80/20结果）。二八的一贯用法是引用排行前20%的原因，而不是后20%的原因。我过去通常提到的二八定律，也就是我现在说的二八分析，是一种定量实证法，测量投入与产出之间存在的可能性关系。

排名	名字	饮酒杯数	累计饮酒杯数
		饮酒量排行前20位的朋友	
1	查尔斯·H	45	45
2	理查德·J	43	88
3=	乔治·K	42	130
3=	弗雷德·P	42	172
5	阿瑟·M	41	213
6	史蒂夫·B	40	253
7	皮特·T	39	292
8	雷吉·C	37	329
9=	乔治·B	36	365
9=	鲍默·J	36	401
9=	菲蒂·M	36	437
12	玛丽安·C	33	470
13	斯图尔特·M	32	502
14	谢丽尔·W	31	533
15=	凯文·C	30	563
15=	尼克·B	30	593
15=	里奇·M	30	623
15=	奈杰尔·H	30	653
19	格雷格·H	26	679
20	卡罗尔·K	21	700
		饮酒量排行后20位的朋友	
81=	鲁伯特·E	3	973
81=	帕特里克·W	3	976
81=	安妮·B	3	979
81=	杰米·R	3	982
85=	斯特凡尼·F	2	984
85=	卡利·S	2	986
87=	罗伯塔·F	1	987
87=	帕特·B	1	988
87=	詹姆斯·P	1	989
87=	查尔斯·W	1	990
87=	乔恩·T	1	991
87=	爱德华·W	1	992
87=	马格·L	1	993
87=	罗萨贝斯·M	1	994
87=	雪利·W	1	995
87=	格雷格·P	1	996
87=	吉利·C	1	997
87=	弗朗西斯·H	1	998
87=	戴维·C	1	999
87=	达林·B	1	1000

图6　100位朋友一周内饮酒情况

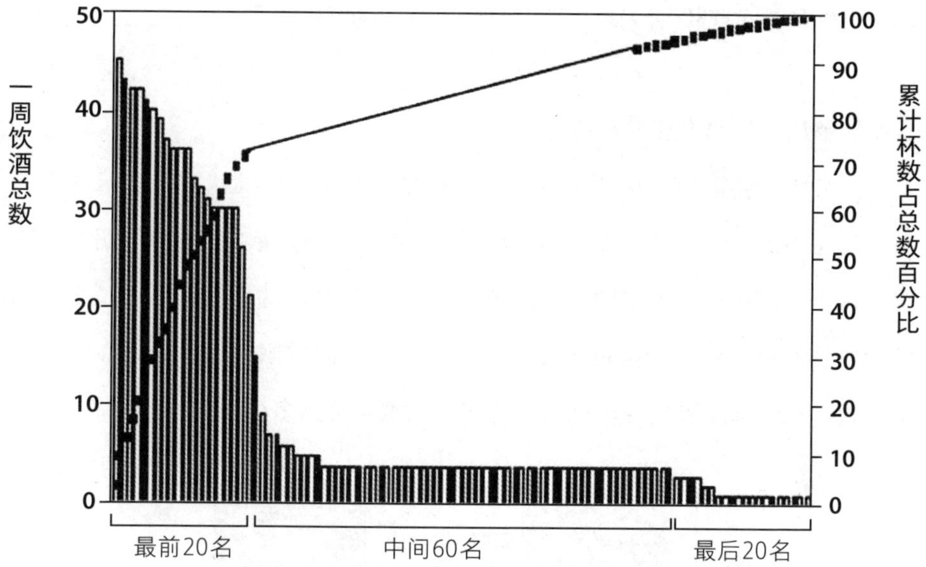

图7　饮酒者80/20频率分布图

通过观察喝啤酒的朋友得出的数据，我们知道排名最靠后的20%的人，仅喝了30杯啤酒，占总数的3%。我们可以称之为3/20关系，尽管这种称呼很少见，因为我们关注的重点，几乎总是集中在那些占比较大的人或原因上。如果某家啤酒厂正在举行一场推介会，或者想知道顾客对于啤酒的想法，就需要借助前20%的力量。

我们可能还想知道80%的朋友，啤酒消耗量是多少。在这种情况下，我们需要考察图中没有展示出来的部分（中间部分），并会发现，麦克排名第28，他一共喝了10杯啤酒，累计饮酒杯数为800杯。因此，我们可以将这种关系表达为80/28，即仅28%的朋友喝掉了总数80%的啤酒。

我们从这个例子中清楚地认识到，二八分析可以得出任意一种比例的结论。显然，失衡关系下的单个结果会更有意思，也更有价值。例如，如果我们发现，所有的朋友实际上每人都喝了八杯啤酒，那么啤酒厂就不会利用这群朋友的平均数据去做推介会或者相关研究。此时，我们呈现了20/20关系（“前”20%的朋友喝了20%的啤酒）或者80/80关系（80%的朋友喝了80%的啤酒）。

柱状图能够最直观地表现二八关系

二八分析能够通过下面两个柱状图进行最佳展示，由柱状图来展示这个例子尤其合适（图2至图4均为柱状图）。图8左侧的柱状图显示的是100位朋友的饮酒情况，每个人占比1%，啤酒喝得最多的朋友，在柱状图的上部，下部是喝啤酒最少的朋友。右侧的柱状图是每一位（和所有）朋友的饮酒总量。无论在柱状图的哪个位置，我们都能看到给定百分比的朋友，喝了总量多少百分比的啤酒。

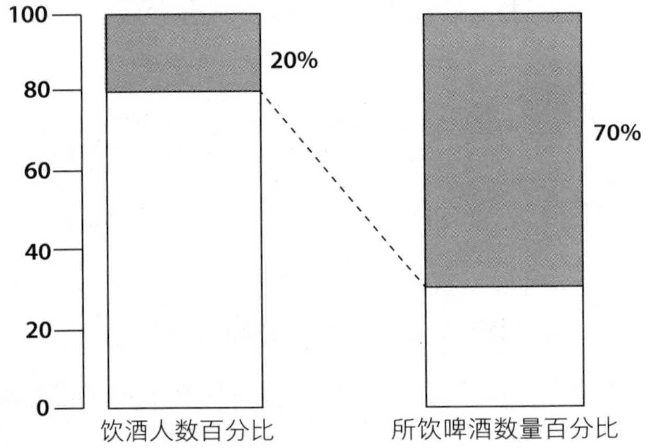

图8　展示了70/20法则

图8展示了我们从图6中发现的情况（也可见图7）：前20%的朋友，喝了70%的啤酒。图8中的柱状图，运用了图7中的数据，并且从上到下展示了数据的排列，而非从左到右。但你更喜欢哪个图并不重要，因为二者都清晰地展示了数据比例。

如果我们想要说明多少比例的朋友喝了80%的啤酒，我们可以重新画一个略有不同的柱状图，如图9所示的80/28关系，即28%的朋友喝了80%的啤酒。

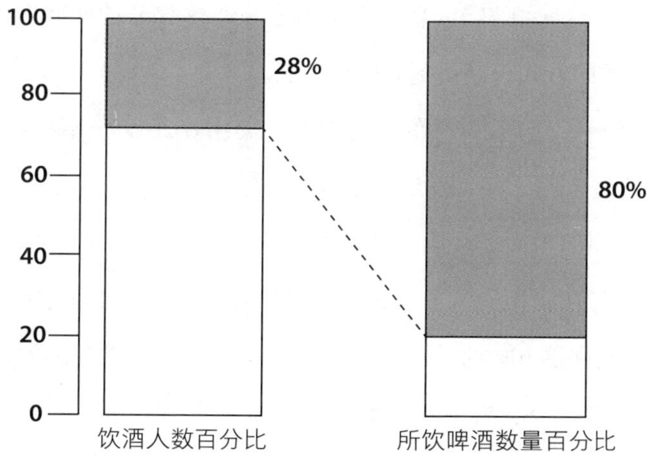

图9　展示了一种80/28法则

二八分析的用途

一般来说，我们运用二八分析的目的，是去改变它所描述的关系，或者使之发挥最大效用。

其中一个用途，是确保我们可以专注于最关键原因，即可以得到80%的产出（或其他精确的数据）的20%投入。如果前20%的饮酒者喝了70%的啤酒，那么啤酒厂就会关注这个群体，以便从这20%的饮酒者中获取更高的利益，从而提高营业额。而且，啤酒厂也会选择忽视那仅消费30%啤酒的80%消费者，这将极大地简化啤酒厂的销售任务。

同理，如果一个公司发现80%的利润来自20%的客户，那么这个公司可以利用这个信息，在那20%的客户上花心思，投其所好，增加业务成交量。这比关注所有的消费群体要简单得多，同时也能获得更多的利润。或者换个说法，如果公司发现80%的利润源自20%的产品，那么公司就应该为这20%的产品投入更多精力。

同样的观点也适用于非商业性领域的二八分析的运用。如果我们分析从所有休闲娱乐活动中得到的乐趣，并且发现80%的乐趣来自20%的娱乐活动（即目前仅占据20%的休闲娱乐时间），那么我们有必要将这部分的时间分配增加到至少80%，即以更高效的方式，获得更多的愉悦感。

另一个例子——交通。80%的交通堵塞，集中在20%的道路上。如果我们每天按照同一个路线上班，就会发现几乎80%的延误，通常发生在20%的十字路口。那么对于交通管理部门而言，明智的做法应该是特别关注这些易造成堵塞的20%路口。与关注所有路口相比，虽然这意味着将大量的时间花在这些路口上，但将每天20%的时间花在这20%的关键路口上，这笔买卖还是相当划算的。

二八分析的另一个主要用途，是对表现不佳的80%的投入采取相应的行动，因为这80%的投入仅带来了20%的产出，是资源的极大浪费。例如，啤酒厂可生产一些更清淡的酒，或许就可以劝那些偶尔喝酒的人买得更多。或许我们可以想办法从那些“表现不佳”的休闲娱乐活动中，找到更多的乐趣。在教学中，互动式教学借鉴了大学教授在教学过程中随机提问的技术，这是因为80%的主动课堂参与源自20%的学生，为此要解决课堂普遍参与度的问题，随机提问应运而生。在美国的购物商场中，我们发现女性（约占购物人数的50%）贡献了70%的营业额。因此，增加那30%的男性消费的一个方法就是，开设专门为男性设计的商场。虽然二八分析的第二个应用有时候是很有效的，也能提高那些“表现不佳”的工厂的生产力，但是通常情况下，第一个用途会更轻松，回报也更多。

不要以线性方式运用二八分析

在讨论二八分析的用途时，我们还有必要简单谈谈它潜在的滥用问题。和所有简单高效的工具一样，二八分析也会被误解、误用，不被用于启迪人的新思维，而是用去为惯例的错误辩解。二八分析，如果应用不当，采用了线性方式，也会使人误入歧途，所以我们必须要高度警惕错误思维的出现。

以图书贸易为例来说明这一点。我们很容易发现这样一个事实，即在大多数时间和地点，大约20%的书目占总售书籍的80%。对于那些熟知二八定律的人来说，这并不值得惊讶。根据这个显而易见的结论，书店应该减少不必要的库存，或者更确切地说是集中去销售“畅销书”。然而，有趣的是，大多数情况下，这样做并没有提高利润，反而导致利润的削减。

但这个独特的案例并不能证明二八定律就是错误的，基于两个原因：第一个原因是，在销售图书时，应重点考虑的，不是所售图书的分类，而是考虑消费者的需求。如果顾客不辞辛劳地去到书店，他们只想找到真正想要的书（而不是去报刊亭或者超市，因为这些地方并不会有他们想要的书）。书店应该重点关注这些带来80%利润的20%顾客，所以真正应该做的，就是满足顾客的特定需求。

第二个原因是，即使考虑书籍（而不是顾客），重要的不是销售的分配（20%的书籍占80%的销售额），而是利润的分配（20%的书目带来80%的利润）。通常，这些书不是所谓的畅销书或者知名作家所作的书。实际上，美国的一项研究表明，畅销的书约占总书目的5%。真正的畅销书，通常是不会上榜的，但每年的销量仍然十分可观。这个研究同时也表明，常年畅销的书，应作为核心库存。它们是二八定律中的“80”，通常在某个特定领域中占据最大份额的利润。

以上例证是有益的。因为关键问题应该总是那些顾客和产品创造了80%的利润，所以二八分析并未出错。但是这也的确表明了，如果关于如何运用二八分析的思考不够谨慎和全面，就会产生不必要的滥用风险。当我们运用二八定律时，要有针对性和独创性。不要被外人所惑，从众追随他人所关注的，认为真正重要的是最新畅销书目里的书籍，这实际上是一种线性的简化思维。二八分析中最有价值的启迪，总是从研究他人所忽视的非线性关系中获取的。此外，因为二八分析是以特定时间点的情况为依据的，所以不会随着时间的变化而有所变化。因此，如果你无意中选取了某些错误或者不完整的画面作为分析的背景，得到的结果自然是不准确的。

二八思考及其必要性

二八分析极其有用。但对于大多数人来说，他们天生就不是分析家，当然，即使是分析家，也不可能在每次做决定时都去调查数据——因为这会让生活止步不前。无论计算机技术有多么的先进，大多数人在做出重要的决定前，很少花时间专门进行分析。因此，如果我们要运用二八定律来指导日常生活，我们需要的是比二八分析更少分析且更及时有效的方法——二八思考。

二八思考是我对二八定律在日常生活中运用的称呼，这是一种非定量的应用方法。和二八分析一样，我们先假设在投入与产出之间存在着一种可能的失衡关系。但我们不需要去收集和分析数据，只需要对数据进行估算。二八思考需要我们去实践，去发现那些身边的极少数重要的事物，并且忽略大量不重要的事情。它教会我们不能一叶障目，不见泰山。

二八思考具有极高的价值，这就意味着我们不能局限于那些完美的数据和分析。相对应于每个理性分析所得的见解，都会有无数由感性激发的创造性想法。这就是二八思考可以受益于数据，但不能受制于数据的原因。

要进行二八思考，我们必须要不断地问自己：是什么导致20%的原因产生了80%的结果？我们绝不能认为答案会自己显现，而是应该花时间进行创造性的思考。相对于次要多数来说，少数关键的投入和原因是什么？在哪里出现了问题？

二八思考的适用领域和二八分析的相同：改变行为，且通常集中于最重要的20%领域。当效果得到倍增时，我们就应该知道二八思考在发挥作用。运用二八思考并开始行动，我们就能够用最少的付出得到最多的回报。

运用二八定律时，不要假设结果的好坏，也不要认定我们所观察到的强大力量就一定有益。判断它们是否有益，要从自身角度看待，也要决定是推动少数有利因素朝着正确方向发展，还是要想办法弱化其负面影响。

二八定律颠覆传统观念

运用二八定律，需要做到以下几点：

- 提高生产效力，而不是加大平均投入。
- 找寻捷径，而不是按部就班。
- 花最少的精力，实现生活的最佳掌控。
- 有所取舍，而非面面俱到。
- 精益求精，而非贪多求全。
- 生活中尽可能寻求帮助，而不要因为担心缴税过度而不花钱（可以最大限度地寻求园丁、汽车修理工、装修工和其他专业人士的帮助，而非亲历亲为）。
- 谨慎选择职业和雇主，如果可能的话，自己创业，而非受雇于人。
- 只做擅长的事情，并自得其乐。
- 窥一斑而知全豹，学会透过现象看事物本质。
- 在每个重要领域，付出20%的努力就得到80%的回报。
- 沉着冷静，减少工作量，确定几个有价值的目标，并运用二八定律为我们助力，而非一味追求所有可能出现的机会。
- 处于能量高峰并且获得幸运女神眷顾时，把握良机，抓住所有这些“千载难逢的幸运时刻”。

二八定律的运用没有界限

二八定律影响着所有的活动领域。就像盲人摸象（印度的六个聪明盲人试图通过触摸，辨别大象的形状）那样，多数运用二八定律的人，只知道其应用部分的范围和力量。想要成为二八思考者，就需要积极参与和运用创造力。即如果你想要从二八思考中受益，你就必须有所行动！

现在就是一个开始的好时机。如果想在你所在的企业组织中运用二八定律，请直接进入第二部分，该部分记录了二八定律在许多重要商业领域的运用实例。如果你对如何运用此法则改善生活十分感兴趣，请直接跳到第三部分，这部分是将二八定律和我们日常生活联系的新颖尝试。

第二部分

企业成功无须勘破天机

第三章
秘密崇拜

> 我们现在是对着镜子观看，模糊不清，到那时就要面对面了。我现在所知道的只是一部分，到那时就完全知道了，好像上天完全知道我一样。

准确评估二八定律在商业领域的普及程度的确很难。虽然在研究过程中，我已经发现了许多关于二八定律在商业领域应用的论文，但毋庸置疑，本书是全球第一本关于二八定律的研究专著。不少成功企业和成功人士，都热衷于运用二八定律，大多数工商管理硕士学位的获得者也都听说过它。

然而，每当考虑到二八定律已经影响到这么多人的生活，但却非常怪异地处于一种无人问津的状态，我就提不起劲儿，是时候改变这种状况了。

第一波二八定律浪潮：质量革命

1950年到1990年发生的质量革命，促使许多消费产品品牌提升其制造产品的品质，并随之实现价值的上涨。这场质量革命旨在借助统计学和行为技术知识的运用，以低成本持续创造高品质。它的目标是做到零次品，这是当前许多产品几乎都已实现了的目标。可以说，质量革命已成为20世纪50年代以来，世界范围内提升生活水准的最重要的助推器。

说起来，这一运动还有一段有趣的历史。它的两位创始人，约瑟夫·朱兰（1904—2008，生于罗马尼亚）和爱德华·戴明（1900—1993）都是美国人。作为电气工程师和统计学家，两人在第二次世界大战后，同时提出了开展质量革命的想法，但他们却发现，美国的大公司对追求高品质不怎么感兴趣。1951年，朱兰的《质量控制手册》第一版问世。这本书后来被称为质量革命的“圣经”，但在当时反响平平。唯一对此感兴趣的是日本人，朱兰和戴明也在20世纪50年代初移居日本。他们在日本的开创性工作，将这个当时以仿造产品闻名的经济体，转变为具有高品质和高生产力的经济强国。

当日本产品（诸如摩托车、复印机等）大量涌入美国市场时，大多数美国人（还有欧洲人）才开始关注质量革命。从1970年开始，特别是1980年后，朱兰、戴明携手同事对西方的质量标准进行了改造，并同样取得了成功，从而大幅提高了西方国家的产品质量水平，同时大大降低了次品率和生产成本。

二八定律正是这场质量革命的中流砥柱。尽管朱兰将其称为帕累托法则或关键少数法则，但不可否认，他是这一法则的最热情拥护者。在《质量控制手册》第一版中，朱兰指出，“损失”（即由于质量问题而必须摒弃的产品）并不是由占据大多数的原因引发的：

恰恰相反，损失总是呈不平衡分布。极小部分质量问题，总是会引起大部分的质量缺陷。

他在那本书的注释中提到：

经济学家帕累托发现，财富并非平均分配，我们还可以发现很多其他类似的例子——如罪犯所犯罪行的分布、危险驾驶行为中的意外事故的分布等。帕累托的不平衡法则，不仅适用于财富分配，而且适用于质量缺陷分布。

朱兰将二八定律运用于质量管理之中。他的方法是：先辨别造成质量缺陷的问题，然后按照重要程度排序——最重要的当属造成80%质量问题的那20%缺陷。后来，朱兰和戴明都大量运用二八定律，用于鉴别那些引发大多数问题的少数缺陷。

一旦我们找到了作为“关键少数”的质量缺陷，就应当集中力量处理这些问题，而不是试图一劳永逸地解决所有问题。

随着质量革命的发展，质量革命已经从单纯强调质量的控制，转变为在整体质量管理和高级软件运用中树立质量第一的观念，伴随而来的是对二八定律重视程度的日渐增强。今天，几乎所有的质量管理者都非常熟悉二八定律。关于二八定律在质量管控领域的一些近期研究，也说明了当前二八定律的运用方式。

罗纳德·里卡多说：

哪些问题对你的重要客户造成了负面影响？与很多其他质量问题一样，帕累托法则在这里仍非常有用：如果修正了最关键的20%的质量缺陷，那么你将获得80%的利润。这80%必然包含了突破性的质量改进。

另一位关注企业扭亏为盈的作者尼可拉斯·冯·达伊汉说：

在判断每一个商业运作的行动时，应先考虑一下这样做是否有价值，或者是否能提供必要的支持。如果二者都不能，就意味着资源的浪费，可以直接放弃。这就是二八定律，它反复强调：用仅占降低全部损耗所需成本的20%，你就能减少80%的损耗。现在就开始行动起来，朝着超额利润进发吧。

福特电器公司也在其获得“新乡奖”的质量项目中运用了二八定律：

我们在实时管理项目中运用了二八定律（80%的收益来源于20%的订单），并且对消耗最多的部分进行了持续分析。借助生产线对生产周期进行的分析，取代了对劳动力和管理费用的分析，从而将生产周期缩短了95%。

融合了二八定律的新型软件，也正被用于提高产品质量：

（以ABC数据分析工具为例）数据被填充进电子数据表后，客户可以选择以直观的形式呈现这些数据的分析结果：柱状图、控制图、走势图、分布图、直方图和帕累托图。

帕累托图采用了二八定律。例如，它会显示，在1000例顾客投诉中，仅修正20%的错误，就能消除大约800例投诉。

二八定律也被越来越多地应用于产品设计和研发中。例如，1994年，《工业工程》发表的一篇评论五角大楼整体质量管理的文章指出：

在事物发展过程中，早期所做的判断已经决定了发展周期将产生的大部分成本。二八定律描绘了这种结果，仅通过20%的发展变化过程，就能确定80%的周期成本。

质量革命对顾客满意度和产品价值、对各公司所处的竞争地位，以及对整个国家的地位，造成的影响非常之大，但这一影响并没有受到足够的重视。二八定律确实是质量管理革命中的“关键的少数”因素之一，但是这一法则的潜在影响并不止于此。它在另一场革命中同样发挥了关键性作用，这场革命与质量革命共同缔造了今天的全球性消费社会。

第二波二八定律浪潮：信息革命

始于20世纪60年代的信息革命，已经改变了许多企业的工作习惯和效率。如今，这场革命已经开始改变作为现代社会中流砥柱的企业组织的本质。二八定律指引着革命力量的发展方向，它过去是、现在是、将来也会是这场信息革命的关键性组成部分。

也许因为曾密切地参与质量革命，推动信息革命发展的计算机和软件专家们都非常熟悉二八定律，并倾向于广泛运用这一法则。大量计算机和软件方面的相关文献都提及二八定律，也侧面证明，大多数硬件和软件研发人员都理解二八定律，并在日常工作中运用这一法则。

借助二八定律中的"选择性"和"简单性"概念，信息革命已变得最为高效。正如两位项目策划者所言：

别想太多，不要在第一天就为以后数天的事做打算。投资回报一般都遵循二八定律：80%的利润出自系统中最简单的20%的投入，而剩余20%的利润则来自系统中最复杂的80%的投入。

苹果公司曾运用二八定律开发了Apple Newton Message Pad（一种个人电子备忘录）：

研发这一产品的工程师们，仅对二八定律稍加修改便取得了成效。他们发现，通过一个便捷的掌上电脑，一个人只需要用0.01%的词汇量，就可以完成50%的日常工作。

利用二八定律，软件也正在逐步取代硬件的地位，1994年推出的RISC（精简指令集计算机）**软件就是一个很好的例子：**

RISC是二八定律的又一创新使用。这一规律认为，大部分软件在80%的时间里，仅仅执行约20%的指令。RISC处理器优化了这20%指令的执行过程，并通过精简其他80%的指令，缩小了芯片的尺寸，降低了生产成本。RISC在软件开发方面所做的贡献，不亚于CISC（之前一直占主流地位的系统指令集）在芯片研发方面所做的贡献。

经常使用软件的人都知道，即使软件运行效率相当高，我们对软件的使用也依然遵循了二八定律。正如一位研发人员所言：

商界一直遵循的二八定律尤其适用于软件研发。因为一种软件80%的用途，仅仅与其20%的功能相关。这意味着大多数人购买了我们实际并不想要或需要的功能或软件。

软件研发人员好像终于开始意识到这一点，他们中的很多人都断言软件的模块化运用能解决这一问题。

软件的设计至关重要，其目的是使最常用的功能可以信手拈来，这一方法也被应用于新数据库服务中：

软件开发者，是如何运用二八定律的呢？首先，他们依据二八定律（人们在80%的时间里用的是20%的程序功能）确定使用者在大多数时间里的需求及其满足需求的方式。高明的软件开发商应当使常用功能尽可能变得简捷高效且令客户无法取舍。

将这一方法移植到现今的数据库服务中，就要求开发商密切关注软件最常用的功能……使用者有多少次向搜索服务支持系统咨询文档归类和查询问题？出色的软件设计应该减少此类咨询。

不管软件的设计方向如何变化，数据存储、修复、处理等信息技术的开发，重点都应当集中于使用者的20%或者更少的关键性需求。

信息革命，道阻且长

信息革命是商界所遇到的最具颠覆性的力量。“人人掌握的信息力量”已经让身处第一线的工人和技术人员具备了知识和权威，这改变了管理层力量独大的局面。过去，拥有专业知识的管理层享有了权力和就业方面的特权。信息革命同时也使得公司分散化：手机、电脑、宽带以及此类技术的日益微型化，已经开始打破公司及公司管理层高高在上的权威。最终，信息革命将弱化管理本身的作用，从而使“公司内服务于重要客户的员工”能够创造出更高的直接价值。自动化信息的价值正在呈指数级迅速增长。因此，无论现在还是未来，高效运用这一力量的关键，就在于有选择地应用二八定律。

管理大师彼得·德鲁克给出了具体方法：

一个数据库，不管它内含数据多么丰富，都称不上信息，它充其量只是信息的原料……一家企业最需要的信息，以初始化、无序的形式呈现出来时，才是可用的。一家企业在做决策，特别是战略性决策时，最需要的是企业外部的信息。结果、机遇和威胁只存在于企业外部。

德鲁克认为，我们需要衡量财富创造的新方法。伊恩·戈登和我，将其称为“自主行为衡量法”。这些方法起初是由一些公司发明的，然而超过80%（也可能是99%左右）的信息革命资源，仍被用来做“无用功”，而不是创造和简化真正能为公司带来效益的方法。信息革命建立起一种不同于以往类型的公司，即使是这一微小的努力也会产生巨大影响。

二八定律仍是不为人知的商业机密

考虑到二八定律的重要性，再看它为众多管理人熟知的程度，得出的结论是，这一法则仍不是十分普及。更何况弄明白这一法则的进展也十分缓慢，目前尚未出现里程碑式的突破。鉴于它的零散使用和缓慢传播，即使是那些认同这一法则的人，也尚未深入发掘它的价值，但这一法则确实在很多领域都发挥了作用。它可以应用于任何行业、组织、组织中的功能性部分，直至每个人的工作。它可以帮助高级主管、生产线经理、技术专家和白领，甚至是新手更好地开展工作。尽管它的用途是多方面的，但仍有一种潜在的、统一的逻辑，可以解释二八定律发挥作用的原因及其为何如此重要。

二八定律为什么能在商界发挥作用

应用于商业领域的二八定律的关键要旨，是以最少的投入和付出赚取最多的利润。

19世纪和20世纪早期的古典经济学家创立了一套有关经济平衡的理论，这一理论从那时起就一直主宰着思想界。该理论称，在完全竞争条件下，公司不可能获得超额利润，利润率要么是零，要么等于“平均”成本，后者通常视利息而定。这一理论本身固然具有内在的连续性，但其唯一的缺陷在于，它不适用于任何现实经济活动，尤其不适用于任何个体公司的经营。

公司的二八定律

与完全竞争理论相比，作为商业运作的向导，公司的二八定律既具可行性（事实上，这一法则已经过多次验证），也是有益的。公司的二八定律如下：

➤ 在任何一个市场中，有些供应商总是能比别的供应商更好地满足客户需要。这些供应商的定价最高，而且也能获取最高的市场份额。

➤ 在任何一个市场中，有些供应商在降低成本方面，能比其他供应商做得更好。换句话说，就同样的产量和收益而言，这些供应商付出的成本更低。或者说，他们能够以较低的成本生产、创造与其他供应商相等的产出。

➤ 某些供应商将实现比其他供应商更多的盈余（我用“盈余”而非“利润”，因为后者通常是指股东享有的利润，而“盈余”这一概念是指用于盈利或再投资的资金，而不仅仅是维持运营所需的资金）。较高的盈余将产生如下结果：(1）对产品和服务进行更多的再投资，从而对客户产生更强的吸引力；(2）通过更有效的商业营销和市场运作，获取更多的市场份额，和/或并购其他公司；(3）雇员获得更多的回报，这将留住和吸引最好的员工为企业服务；和/或（4）股东获取更多的回报，这将提高股价、降低成本，有利于投资和/或并购。

➤ 随着时间的流逝，20%甚至更少的供应商，将支撑起80%的市场，这些供应商也将因此获利更多。

此时，市场结构有可能实现一种平衡，尽管这是一种与经济学家推崇的完全竞争模式截然不同的平衡。在二八平衡关系中，占有最多市场份额的一小部分供应商，将为客户提供更物美价廉的产品，也将因此获取更高的利润。尽管按照完全竞争理论来说，这是无法实现的，但这样的情况，在现实生活中却随处可见。也许，我们可以将这种更现实化的理论称为二八竞争法则。

但是，现实世界不可能总是处于稳定的平衡中。迟早（一般情况下很快）会出现一些由竞争对手的创新行为而引发的市场结构变化。

➤ 现有的供应商和新供应商，都会进行变革并试图获取一小部分稳定的市场份额（即一个细分市场），通过提供适合于特定客户的专业化产品或服务，就能获得这种市场。一段时间之后，市场将由更多细分市场组成。

在每一个细分市场中，二八竞争法则都将发挥作用。每一个特定细分市场的领先者，要么规模最大或者是这一领域的专家，要么就是该行业的多面手，但是在每一细分市场内，他们的成功都取决于能否以最小的成本获得最大的收益。在每一细分市场中，某些公司一定比其他公司在这方面做得更好，也将据此积累更多的市场份额。

任何一家大公司都将在可能遭遇不同竞争对手的诸多细分市场中发展业务。这意味着，在大量的客户/产品组合中，需要运用不同的方法来实现最大收益。在某些细分市场中，一个大公司将获取超额盈余，但它可能在其他细分市场中盈余较少（甚至出现亏损）。因此，一家集团企业80%的盈余或者利润，将来自20%的细分市场和20%的客户群与产品。盈利最多的细分市场将是（但并不总是）那些享有最多市场份额的领域，也是拥有最忠诚客户的领域（忠诚客户是指长期支持某一公司且极少可能倒戈的客户）。

➤ 在任何一家既受客观环境影响又依赖于员工努力的公司，投入与产出之间很可能出现不均等，付出与收获之间也可能出现不平衡。从表面上看，这一现象表现为，与同类市场、产品和客户相比，某些市场、产品和客户更有利可图；从根源上来看，这是指某些资源，可能是人力、工厂、机器或者这些资源的组合，相较于其他类型的资源，将产生更高的价值。如果能对此进行评估（就像我们能评估销售人员的业绩那样），我们将会发现有些人创造了非常高的利润（他们获取的收益，远高于付出的成本），而很多人仅带来了一小部分利润甚至是亏损。对创造最大利润的公司而言，它的每一个雇员也拥有最高的平均利润，但在一般公司里，每一个雇员所创造的真正的利润，是非常不平等的：通常是20%的职员创造了80%的利润。

➤ 在公司资源整合的最低层级上，就每个雇员而言，他可以用20%的时间创造出80%的财富。在这20%的时间里，借助包括个人特点和任务性质在内的资源整合，雇员能以高于正常水平数倍的工作效率完成任务。

➤ 因此，在商业运作中，付出和回报的不平衡法则无处不在：它可能存在于市场中、细分市场中、产品中、客户中、部门中和雇员中。这种不平衡才是所有经济活动的特征，而非想象中（理论上）的平衡。从表面上看，这有点儿像“牵一发而动全身”，仅比同类产品的品质高出10%的产品，其销量就可能高出同类产品50%，利润高出同类产品100%。

二八定律的三方面行动含义

来自企业的二八定律，给予的第一方面的含义：成功的公司，会在那些能以最小付出获得最大收益的市场领域内运作。就利润和竞争力而言，这一点是完全可以实现的。只有当一家公司有高额的绝对利润（即传统意义上投资的高额回报）**和相对利润**（高利润）**时，我们才能认为它的运作是成功的。**

来自企业的二八定律，给予的第二方面的含义（对所有公司都适用的现实层面的含义）**：通常而言，只要专注于那些能产生最大利润的细分市场和客户群，公司就将大幅提高利润。这意味着为了实现利润最大化，公司需要重新配置资源，使其进入能产生最大利润的细分市场和客户群，同时意味着降低资源和成本的总支出额**（直白地讲，指削减员工和其他开支）。

很少有公司能实现或接近其可获得的最高利润水平，既是由于管理层总是忽视获得利润的潜在机会，也是因为他们更倾向于扩大公司规模而不是提高利润。

来自企业的二八定律，给予的第三方面的含义：通过降低公司内产出和回报的不平衡，每个公司都能提高利润。为做到这一点，我们应辨别出那些能产生高额利润的公司部门（包括员工、制造商、销售商、上级组织、公司所在国）**，并给予这些部门更多的支持和资源；相反，对于那些仅创造较低利润的公司部门，我**

们应当实施积极变革，如果收不到立竿见影的效果，就应停止对这些部门的资源投入。

这些准则构成了实用的企业二八定律。然而，我们绝不能将这些法则过度简单化。它们之所以能发挥效用，在于它们本身是现实关系的一种反映，这种关系是有序与无序、规则与不规则的杂糅，因此不能够“一刀切”地理解和运用。

寻找二八定律的“非常规”启示

把握推动二八关系发展的力量非常重要。不承认这一点，你对二八定律的理解就会过于机械，导致无法发现它的全部潜能。

这个世界充斥着许多并不显眼的事物，但是一旦它们结合在一起，就能产生重大影响。以一锅牛奶为例，当牛奶加热到一定温度时，就会突然发生变化，牛奶冒泡溢出。有时你能煮出很好的热牛奶或者香浓的卡布奇诺咖啡，有时你也可能弄得一团糟。在商业领域，事情的进展可能需要一段时间。然而有时一切也是瞬息万变。上一年，业绩出色、盈利颇丰的IBM还统领着计算机行业，但是没过多久，一旦某些本不显眼的细微因素结合起来，共同发难，就可使这个毫无判断力的庞然大物，要挣扎前行，才能免于毁灭。

创造性体系以不平衡方式运作。原因和结果、投入和产出以非线性方式发挥作用。我们并不总是能收回成本，有时我们的收益非常少，有时又非常多。一些表面上看来无关紧要的原因，导致了商业体系中的重大变化。任何时候，具备相同智慧、技能和意志的人，因为微小的系统层面的差异，可能创造截然不同的结果。尽管可预测模式会反复出现，很多事情仍不可预测。

辨别幸运的时刻

因此，把控全局已经不可行。但是，我们仍可以对事件施加影响，而且更重要的是，我们能够分辨事物的不规律性并从中获益。运用二八定律的艺术，就是辨别现实情况，并尽可能对其运作方式加以利用。

假设你正置身于一个让人疯狂的赌场，里面全是轮盘赌。所有号码的赔率都是35∶1，但个别号码在不同台面上出现的频率明显较高或较低。例如，在一个台面上，号码5每20次中出现一次，而在另一个台面上，它每50次中才出现一次。如果你恰好在某一台面选对了号码，那么你将大赚一把。而如果你守着每50次里仅出现1次的台面不放，不管你的起始赌资多么雄厚，你都将输得精光。

同样道理，如果你能辨别出公司将在哪一领域获得大幅收益，那么你就可以在这一领域追加投资、大干一场。而如果找到了公司亏损的领域，你也可以相应地减少损失。

在这里，“领域”可指任何方面，它可以是一种产品、一个市场、一类客户、一门技术、一个分销渠道、一个部门或分支机构、某个国家、某种交易或者某种类型的员工或团队。你要做的就是确定哪些属于盈利部门，并扩大在这些部门的业务，同时，找出那些亏损领域并从中撤资。

我们习惯于以原因和结果、常规关系、平均收益、完全竞争与可预期的结果等方式进行思维。然而，这并非现实世界的本来面目。在现实世界里，原因和结果间的关系模糊不清；复杂的反馈回路干扰了投入；平衡转瞬即逝并带有迷惑性；存在一种反复出现但不规则运作的模式；公司间从来没有在公平基础上开展竞争，而且也不可能在各个业务领域都获得盈利；一小部分幸运儿，总能在市场竞争中占据优势，并获取高额回报。

从这一角度看，大公司极其复杂，并且经常变换合作伙伴。有些公司顺应天时，收获颇丰；而其他公司则逆规律行事，损失极大。由于我们无法分辨事实真相，也由于统计制度的中和与高度扭曲效应，所有这一切都变得模糊不清，80/20法则的巨大效用被忽视了。在商业领域，我们所看到的是企业运作的净效应，然而这并非全貌。在表象之下，潜藏着相互对立的积极性和消极性投入，二者相结合产生了我们所观察到的表面效应。当我们分辨出表象之下的所有力量时，80/20法则的效用才会得到最大限度的发挥。这样，我们就能消除负面影响，将积极力量的作用发挥到极致。

公司如何运用二八定律提高盈利

上面谈到的历史、哲学、理论已经够多了！现在我们需要转向实际应用，任何企业都能从二八定律的实际应用中获益。现在让我告诉你如何做到这一点。

第四章到第七章，将介绍企业利用二八定律提高利润的最重要方法。第八章则告诉我们如何将二八思维运用到商业运作中，这样，我们就能获得帮助我们胜过同行和竞争对手的不对称优势。

下一章，我们将从二八定律在企业中最最重要的用途开始分析，即区分真正盈利和实际亏损的领域。每个商人都认为自己已经明白了这一法则，但他们的认知几乎都是错误的。如果他们真正明白了其中的道理，经营状况将因此而改变。

第四章 为何你的战略是错误的

除非你已经用了二八定律来重新定向战略，否则它毫无疑问是漏洞百出的。几乎可以肯定的是，你对于最大的盈利和损失分别发生在何处没有精准的把握，而且，你必然是眉毛胡子一把抓，试图同时为太多人做成太多事。

商业战略不应该是宏观的“抓大放小”，而是微观的“事无巨细”。为了制定实用的商业战略，你需要仔细研究业务的各个部分，特别是它们的盈利率和变现能力。

除非你的公司规模小、业务单一，不然几乎可以肯定的是，至少80%的利润和现金流，都来自20%的商业活动，以及20%的收入。为此，获得商业成功的诀窍，是找出这个20%。

哪些业务盈利最高

找出哪些业务回报非常高，哪些只是收支勉强平衡，以及哪些是严重亏损。为此，我们将按不同业务类别进行二八利润分析：

- 按产品或产品组（类型）；
- 按客户或客户组（类型）；
- 通过公司业务相关的数据，例如，公司的地理位置或分销渠道；

➤ 按竞争性细分市场。

先从产品这类业务开始。你的公司肯定会拥有按产品或产品组划分的信息。先了解每一种产品的上一期、上个月、上个季度或上一年的销售额（找出最具关键性的时间段的数据进行分析），并在分配完所有成本后，计算出每种产品的盈利率。

这个操作的难易程度，取决于公司的管理信息的状态：你需要的数据可能都有现成的（容易），但如果没有或者不够，你得自己收集整理（困难）。你必须获得按产品或产品线统计的销售额和毛利率（即销售额减去销售成本）。你也得了解整个业务的总成本（所有间接成本），获取所有这些信息和数据之后，你需要在合理的基础上，将所有间接成本分配给每个产品或产品组。

最简单粗暴的方法是按营业额的百分比分摊成本。然而，稍微想想你就会知道，这并不怎么准确。例如，公司的一些产品推销会占用销售人员的大量时间，相对于那些不需要消耗太多人力物力进行推销的其他产品而言，其价值不够平衡。有些产品的广告宣传得很厉害，有些产品则根本不做广告。有些产品的制造过程需要“慢工出细活”，而另一些的过程则是“如法炮制”。

将每一类间接成本分配给每个产品组，并按照这个方法分配所有成本之后，看看得出什么结果。

在分配了所有的费用之后，典型的结果是：一些产品（只占营业额的一小部分）非常有利可图；大多数产品利润不高或略有薄利；有些产品的确亏损很大。

表1显示了我最近对一家电子仪器公司进行研究所得的数字。图10换了一个更为直观的方式呈现了相同的数据。诸位可以根据个人喜好，自行选择看图或是表中冷冰冰的数字。

表1　电子仪器公司按产品组划分的销售额和利润

产品	（单位：千美元）销售额	收入	回报率（%）
A产品组	3750	1330	35.5
B产品组	17000	5110	30.1
C产品组	3040	601	25.1
D产品组	12070	1880	15.6
E产品组	44110	5290	12.0
F产品组	30370	2990	9.8
G产品组	5,03	(820)	(15.5)
H产品组	4000	(3010)	(75.3)
总计	119370	21030	11.2

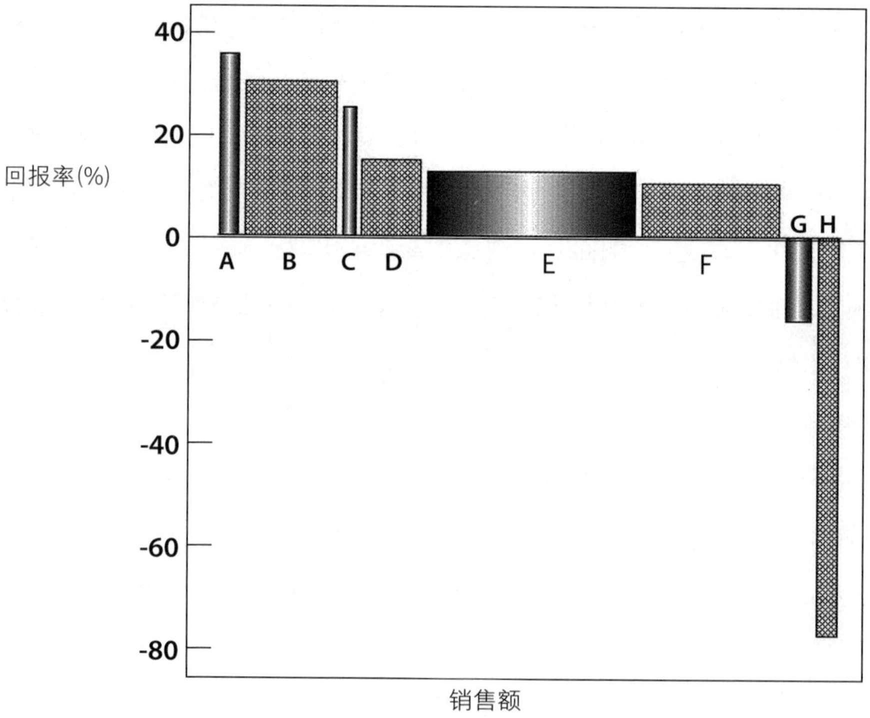

图10　电子仪器公司按产品组划分的销售额和利润

从这两个图表显示的数据可以看出，A类产品只占销售额的3%，但却占利润的10%。A、B和C类产品合计占销售额的20%，但占利润的53%。如果我们将表2和图11的信息转化为二八表或二八图，这一特点就会变得更加直观。

虽然我们还没有找到贡献了80%利润的那20%的销售额，但也差不多了。如果不是80/20，那就是67/30：即30%的产品销售额，占利润的近67%。这时你可能已经在想，怎样才能提高A、B、C类产品的销售额。比如说，你可能想重新分配销售人员，将他们从只贡献了20%盈利的80%销售业务中脱身出来，并将精力集中在将A、B、C类产品的销售额翻番上，不要操心其余的事情。如果他们成功做到，虽然销售额只会增加20%，但总利润会增加50%以上。

你可能已经在考虑削减D、E、F产品组的成本或提高价格，或者考虑彻底削减或完全退出G、H产品组。

表2　电子仪器公司的二八分析表

产品	销售额（%）		利润（%）	
	组	总计	组	总计
A产品组	3.1	3.1	9.9	9.9
B产品组	14.2	17.3	38.2	48.1
C产品组	2.6	19.9	4.6	52.7
D产品组	10.1	30.0	14.1	66.8
E产品组	37.0	67.0	39.5	106.3
F产品组	25.4	92.4	22.4	128.7
G产品组	4.2	96.6	(6.1)	122.6
H产品组	3.4	100.0	(22.6)	100.0

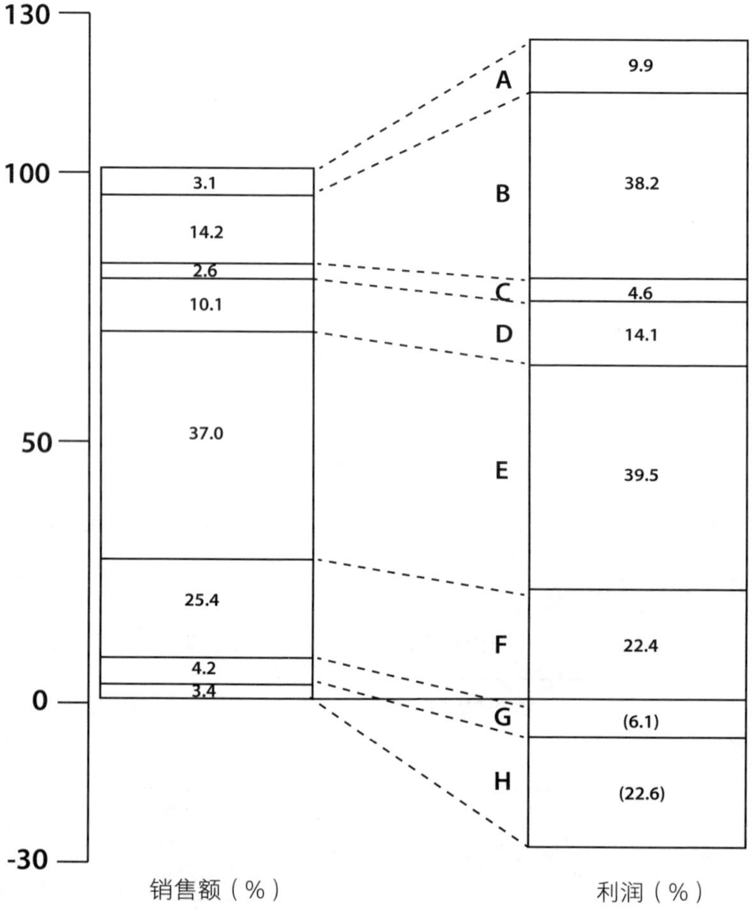

图11　电子仪器公司的二八分析图

客户盈利率如何

在产品之后，我们接下来要分析客户的情况。再次按照之前的方法分析，但这回得看看每个客户或客户群的总购买力。一些客户愿意花大价钱，但为其提供服务的成本也高：而且这些客户通常是小客户。大客户更容易打交道，而且会大批量购买产品，但他们会压价。有时，两种类型客户之间的差距可以相互抵消，但通常情况下无法互相弥补。之前我们提到的电子仪器公司的客户分析结果，如

表3和图12所示。

表3 某电子仪器公司按客户组划分的销售额和利润

客户	（单位：千美元） 销售额	收入	回报率(%)
A类客户	18350	7865	42.9
B类客户	11450	3916	34.2
C类客户	43100	3969	9.2
D类客户	46470	(2370)	(5.1)
总计	119370	13380	11.2

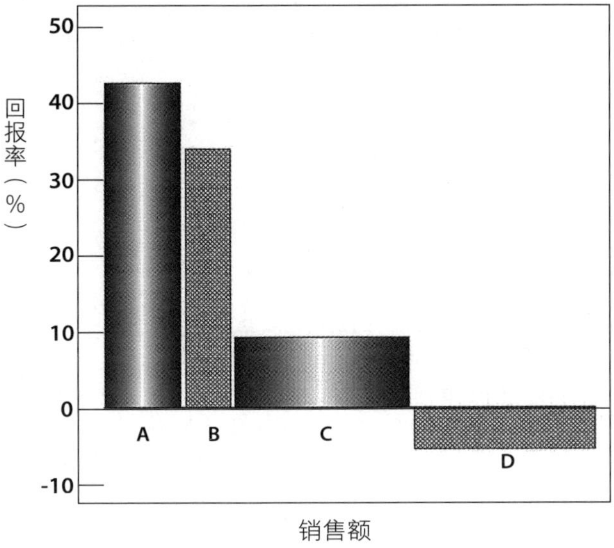

图12 电子仪器公司按客户组划分的销售额和利润

简单介绍一下上图客户群的区别。A类客户数量不多，但开价高、付钱爽快，能给企业带来巨额利润。他们的服务费用相当高，但利润率足以弥补这一劣势。B类客户是分销商，他们倾向于下大订单，服务成本非常低，但出于各种原因，他们愿意开高价，这主要是因为购买的电子元件只占他们总产品成本的一小部分。C

类客户是开价高的出口客户。然而，棘手的地方是，为他们提供服务的费用非常高。D类客户是大类制造商，他们通常会将价格压得很低，还要求提供大量的技术支持和各方面“优惠”。

表4和图13分别显示了客户组的80/20表和80/20图。这些数字揭示了59/15法则和88/25法则：利润最高的客户类别占营收的15%，但利润却能达到59%，利润最高的25%的客户产出了88%的利润。这在一定程度上，是因为利润最高的客户，倾向于购买利润最高的产品，但也因为服务他们的成本很高，因而他们愿意支付更高的价钱。

表4 电子仪器公司按客户类型列出的二八分析表

客户	销售额（%）		利润（%）	
	分段	累计	分段	累计
A类客户	15.4	15.4	58.9	58.9
B类客户	9.6	25.0	29.3	88.2
C类客户	36.1	61.1	29.6	117.8
D类客户	38.9	100.0	(17.8)	100.0

通过分析，我们成功地找到了正道：专注于更多的A类和B类客户，即小型直销客户和分销商。即使考虑到这样做的高费用，收入也是非常有利可图的。此外，我们还可以有选择地提高C类客户（出口客户)的价格，并更多地使用电话销售等降低客户服务成本的办法。D类客户(大型制造商)要具体问题具体分析：其中九个客户就占D类客户销售额的97%。在某些情况下，可以针对某个客户的技术开发服务单独收费，对另外一个客户可以选择提高服务价格。在一场竞标战之后，有三成客户在战术上“流向了”公司最讨厌的竞争对手，之所以称为“战术失败”是因为管理层实际上巴不得让竞争对手搞定这三成“损失的”客户！

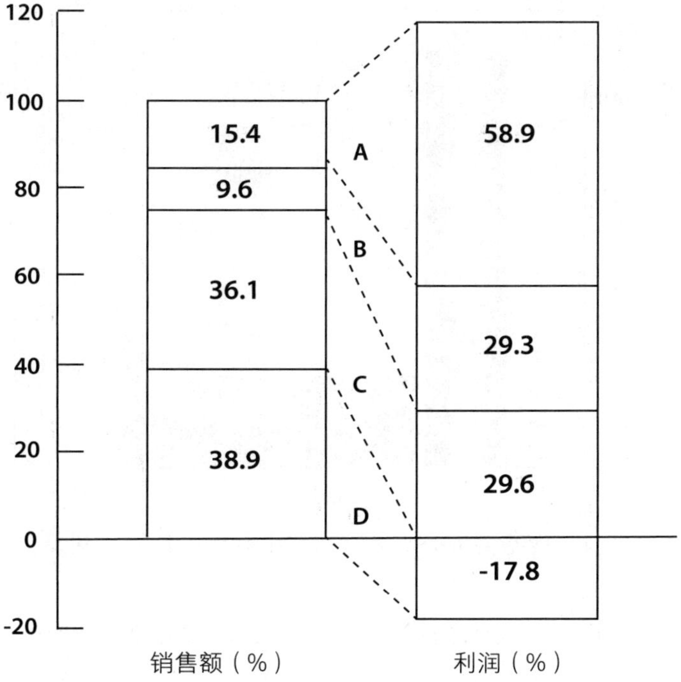

图13　电子仪器公司二八客户类型图

以咨询公司为例的二八分析

在分析了产品和客户之后，再来看看与您的公司紧密相关的其他业务。刚才提到的电子仪器公司已经没有特别需要分析的地方了，但为了说明销售和利润的简单分成，请看表5和图14所示的战略咨询公司的分成情况。

表5　战略咨询公司的大项目与小项目利润率

业务细分	（单位：千美元）销售额	利润	回报率(%)
大项目	35000	16000	45.7
小项目	135000	12825	9.5
总计	170000	28825	17.0

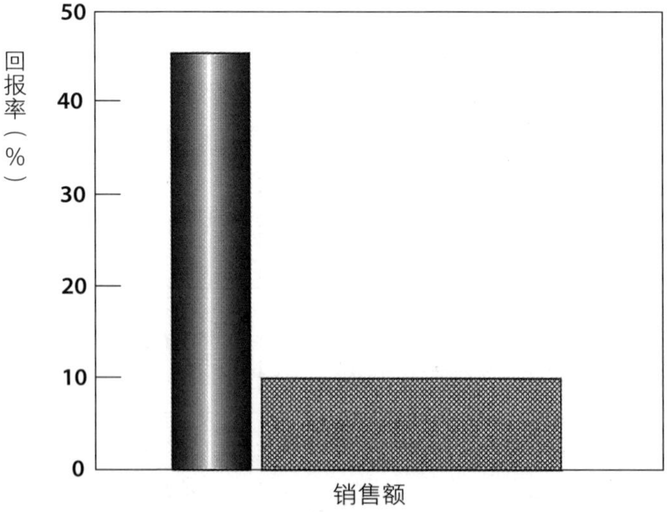

图14　战略咨询公司大客户与小客户销售额与利润

这些数字显示出一条56/21的规则：大型项目仅占营业额的21%，但却贡献了56%的利润。

另一种分析，如表6和图15所示，将业务分为老客户（三年以上）、新客户（不到六个月）以及时长介于两者之间的过渡客户。

表6　战略咨询公司新老客户盈利能力

客户细分	（单位：千美元）		回报率(%)
	销售额	利润	
老客户	43500	24055	55.3
过渡客户	101000	12726	12.6
新客户	25500	(7956)	（31.2）
总计	170000	28825	17.0

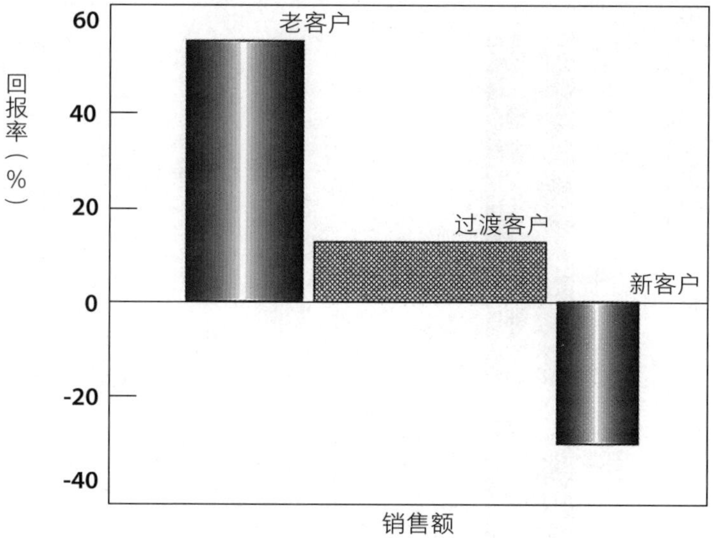

图15 战略咨询公司新老客户销售额与利润

这些数字告诉我们，26%的老客户贡献了公司84%的利润：这是一个84/26的法则。这里传达的信息是，首先要努力留住和扩大长期服务的客户，他们对价格最不敏感，而且可以以最低成本提供服务。无法转化为长期服务客户的新客户，被认为是亏损的，这导致了另一种更具选择性的业务推销方式：只有在相信有关的公司会变成长期客户的情况下，才会进行业务推销。

表7和图16总结了对该咨询公司的第三种分析，分析将项目划分为并购(M&A)、战略分析和项目运营。

表7 战略咨询公司按项目类型列出的盈利能力

项目类型	（单位：千美元）		回报率（%）
	销售额	利润	
并购	37600	25190	67.0
战略分析	75800	11600	15.3
项目运营	56600	7965	14.1
总计	170000	28825	17.0

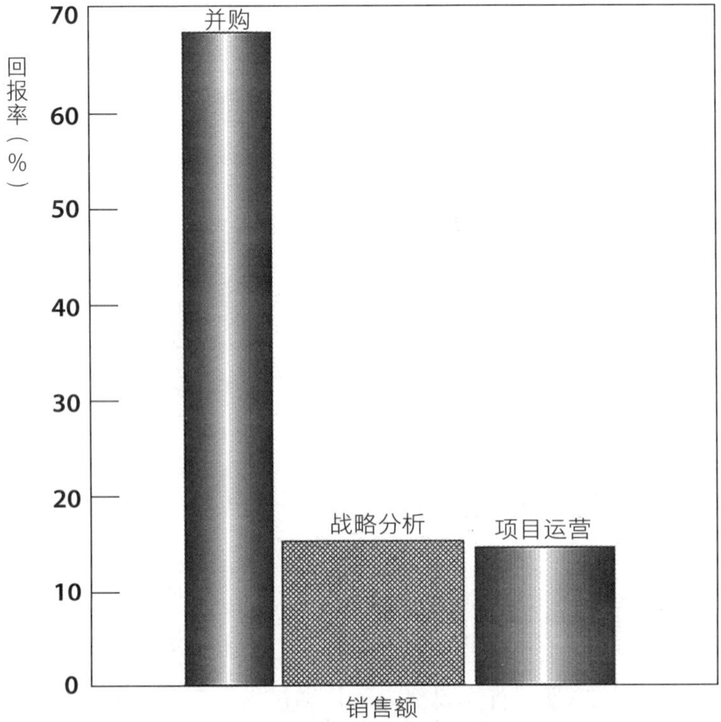

图16　战略咨询公司按项目类型划分的盈利能力

这种拆分体现了一条87/22法则：并购工作利润丰厚，87%的利润来源于仅22%的销售额。为此，成功的秘诀意味着加倍努力出售更多的并购项目！

当单独分析老客户的项目运营时，结果显示大约是盈亏平衡，而新客户的项目运营则出现了巨大的亏损。这让我们决定：不再承接新客户，而要么为老客户收取这类项目更高的费用，要么鼓励他们将项目外包给专业咨询公司。

细分市场是掌握和提高利润的关键

检验公司的利润率的最好办法，就是将其分解为竞争性细分市场。通常情况下，分析产品、客户或其他相关因素也能得到极具价值性的信息，但最深刻的见解往往源自客户和产品的结合。最重要的竞争对手将之称为“商圈”。尽管这似乎看起来轻而易举，但很少有公司会以这种方式分解业务，因此，我认为有必要先给大家做一个简述。

竞争性细分市场是什么

竞争性细分市场，指面临不同竞争对手或者不同竞争动态的公司业务的某一部分。

任何你能想到的业务都能成为竞争性细分市场：某种产品、某位客户、某个客户购买的生产线或者是公司业务中任何重要的部分［例如，顾问公司可能会想到M&A（企业并购）的工作］。现在，你需要问自己两个简单的问题：

➤ 与其他业务领域相比，你是否在这一业务中遇到一个完全不同的主要竞争对手？如果你的回答是“是的”，那么这部分的业务就是一个独立的竞争性细分市场（或者简称为细分市场）。

如果你的竞争对手是该业务领域的专家，那么公司的利润率既取决于双方的产品和服务之间的差别，也取决于客户的选择。相较于竞争对手，你提供的产品或服务的成本是多少？你的竞争对手，也将与其他关键影响因素一样，决定你的利润率。

因此，较为明智的做法，就是单独考察这个业务领域，制定独立的一个战略方案，以击败（或者联合）竞争对手。当然，还应单独考察其利润率，说不定喜从天降呢。

但是，如果你所观察的业务领域和另一业务领域有着相同的竞争对手（例如，A产品和B产品有相同的主要竞争对手），那你就需要问自己另外一个问题。

➤ 在这两个业务领域里，你和你的竞争对手所占的销售率和市场份额是否相同？或者你们各自在不同的领域里更有优势？

例如，如果你拥有20%的A产品市场份额，而你最大的竞争对手拥有40%（即他们拥有的是你的两倍），那么在B产品中是否也存在相同的情况：竞争对手的市场份额是你的两倍？如果你在B产品中的市场份额为15%，但你的竞争对手只拥有10%，那么你在这两种产品的市场中的相对竞争位置是不同的。

这必然事出有因，在B产品的业务领域中，客户可能更喜欢你的品牌，但是在A产品的业务领域中，客户又可能更喜欢竞争对手的牌子，因此，你的竞争对手可能并不在意产品B的业务领域。或许你的品牌在B产品的业务领域中生产效率高、价格更实惠，但在A产品中却略占下风。眼下你不需要知道原因，你需要做的是观察。虽然你面对的是同一个竞争对手，但你在两个业务领域中所具备的优势不同。因此，这两个领域是两个独立的细分市场，所表现出来的利润率自然也是不同的。

分析对手，抓住关键业务

竞争性细分市场的着手点，不是传统业务的分类，比如产品或者组织中不同部分的产出，而是单刀直入、分割业务进行评估，并抓住要害业务实现迅速发展。

先前提及的某电子仪器公司中，管理层没能就如何分割公司业务的问题达成共识。有些人认为产品是关键，另一些人认为，最重要的是客户从事的到底是管道业务（广义上的石油公司）还是连续加工工业（比如说食品加工厂商）。还有另外的一部分，则认为美国本土的业务不同于出口业务。由于他们基于不同的假设出发，而这些假设又极具真实性，所以无论在组织业务方面还是在沟通方面，管理层都很难取得实质性的进展。

将业务分割为竞争性细分市场就化解了这些纷争。原因很简单：如果你没有面临不同的竞争对手，或者处于不同的竞争地位，这就不算是独立的细分市场。我们很快就得出一系列人人皆可理解的细分市场，并不雅观，但十分清晰。

首先，显而易见，大多数（非全部）的竞争对手所提供的产品，都是千差万别的。当遇到相同的竞争对手，并且处于相似的竞争位置时，我们将产品归为一类。而在大多数其他领域，我们给产品分类。

其次，我们需得知管道业务和加工业务的客户所处的竞争位置是否不同。所得结果为，除了一种产品外，两个业务领域在其他所有产品中所处竞争位置相同。这一种不同的产品是液体浓缩机，最大的竞争对手是不同的。因此，我们对此分割了两个细分市场：液体浓缩管道业务和液体浓缩加工业务。

最后，我们需得知竞争对手，或其所处的竞争位置，在美国市场和国际市场的细分市场是否不同。得出的结论是——在大部分的细分市场中，都是不同的。如果国际市场足够重要，我们将问题投至不同的国家：美国的竞争对手和法国或者亚洲的竞争对手是同样的吗？在面临不同竞争对手的国家中，我们将业务分割为独立的细分市场。

我们最终将其分割为15个大的细分市场（为避免麻烦，我们将小的细分市场进行重组），通常情况下，细分的标准是产品和地理区域，只有在一个特殊的情况下，是由产品和客户类型所决定（比如液体浓缩机，我们将其细分为全球液体浓缩管道业务或全球液体浓缩加工业务）。每个细分市场都有不同的竞争对手，或处在不同的竞争位置。然后，我们分析了每个细分市场的销量和利润（见表8和图17）。

表8 电子仪器公司按细分市场划分的盈利能力

细分市场	销售额（千美元）	利润（千美元）	回报率（%）
1	2250	1030	45.8
2	3020	1310	43.4
3	5370	2298	42.8
4	2000	798	39.9

续表

细分市场	销售额（千美元）	利润（千美元）	回报率（%）
5	1750	532	30.4
6	17000	5110	30.1
7	3040	610	25.1
8	7845	1334	17.0
9	4224	546	12.9
10	13000	1300	10.0
11	21900	1927	8.8
12	18100	779	4.3
13	10841	（364）	（3.4）
14	5030	（820）	（15.5）
15	4000	（3010）	（75.3）
总计	119370	13380	11.2

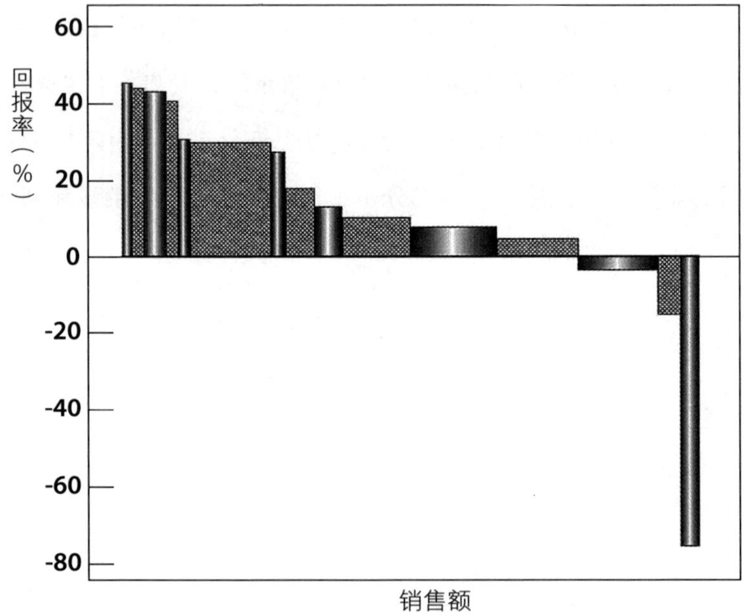

图17　电子仪器公司按细分市场划分的盈利能力

为突出细分市场的收益和利润之间的失衡关系，我们可以再绘制一个二八表格（见表9）或者二八图形（见图18）。

表9　电子仪器公司按细分市场划分的二八销售额和利润

细分市场	销售额（%）		利润（%）	
	类型	累计	类型	累计
1	1.9	1.9	7.7	7.7
2	2.5	4.4	9.8	17.5
3	4.5	8.9	17.2	34.7
4	1.7	10.6	6.0	40.7
5	1.5	12.1	4.0	44.7
6	14.2	26.3	38.2	82.9
7	2.5	28.8	4.6	87.5
8	6.6	35.4	10.0	97.5
9	3.5	38.9	4.1	101.6
10	10.9	49.8	9.7	111.3
11	18.3	68.1	14.4	125.7
12	15.2	83.3	5.8	131.5
13	9.1	92.4	−2.7	128.8
14	4.2	96.6	−6.0	122.6
15	3.4	100.0	−22.6	100.0

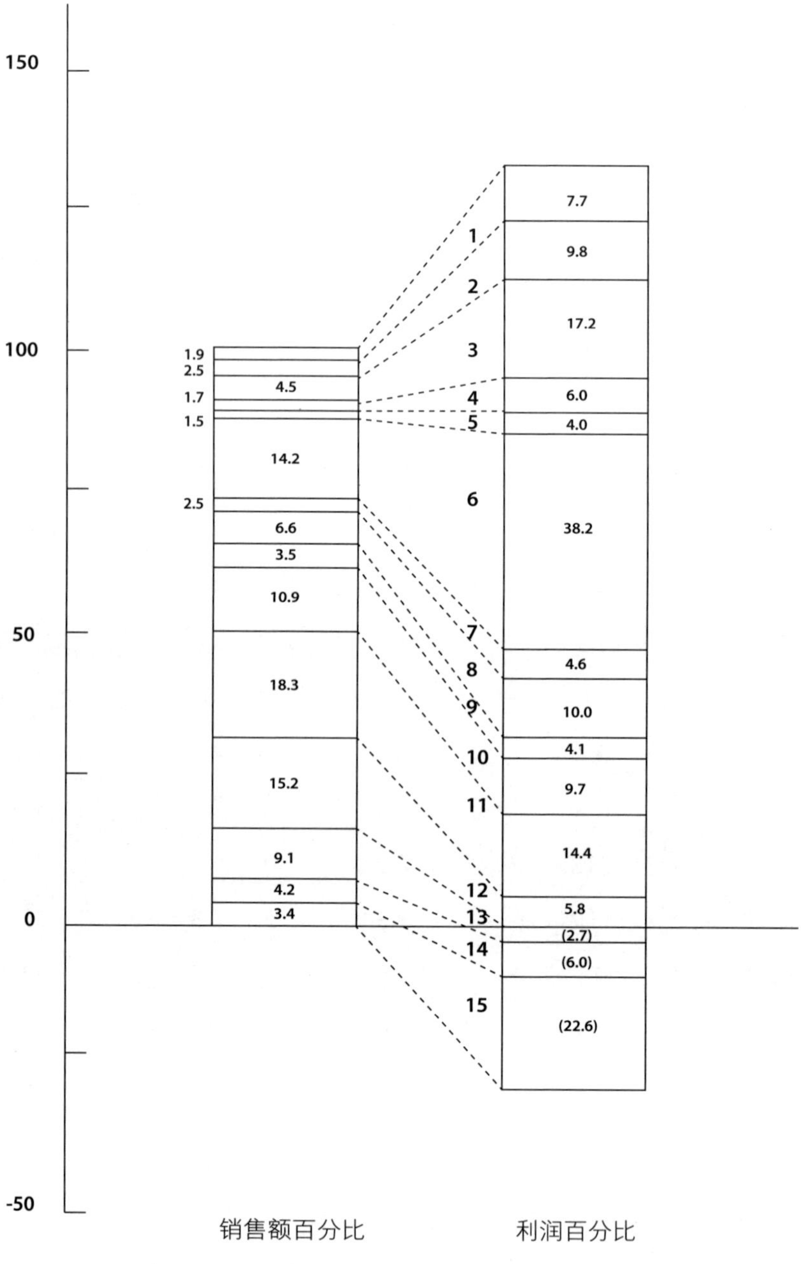

图18　电子仪器公司按细分市场划分的二八销售额和利润

从这些数据中，我们得知：前6个细分市场所得销售额仅为总销售额的26.3%，但所获利润却占总利润的82.9%。因此，我们可以得出一个83/26法则。

电子仪器公司如何提高利润

表10和表11集中探讨了三种类型的业务。

业务中盈利最高是细分市场1—6，这部分市场最初被定义为顶级A类业务，因其增长尤为明显，且超过80%的利润源自这些细分市场。然而，相较于它们带来的超高利润，花费在管理这些业务上的时间和精力仅为平均水平。于是，管理层决定将业务管理时间提高至总管理时间的三分之二。销售人员将集中精力销售更多的A类产品给新老客户。因为管理层意识到，公司可以利用额外的服务或者降价活动实现更高的盈利，因为这仍然有较好的回报率。

第二部的业务组成，是细分市场7—12。这部分细分市场的营业额为总营业额的57%，所获利润占总利润的49%。换句话说，略低于平均利润率。这部分细分市场被定义为B类业务，尽管有些细分市场（比如细分市场7和细分市场8）明显比其他市场（比如细分市场11和细分市场12）更引人关注。这部分细分市场的优先标准，仍然取决于本章开头的两个问题的回答，即每个细分市场能否盈利或者所处何种竞争位置，而问题的答案我将在本章节末揭晓。

表10 电子仪器公司二八分析结果

优先级	细分市场	销售额（%）	利润（%）	采取的行动
A	1—6	26.3	82.9	加大销售投入 增加管理时间 灵活调整（降低）价格
B	7—12	57.0	48.5	减少管理时间 减少销售力度 适当提高价格
X	13—15	16.7	（31.4）	审查可行性
总计		100.0	100.0	

在此阶段，管理层做出了一个决定：削减B业务细分市场的管理时间，将其从60%减少至一半，然后提高低利润率细分市场产品的价格。

第三部分，被指定为X业务，由亏损的细分市场组成（细分市场13—15）。针对这类细分市场，管理层做出的决定是，完成市场吸引力和公司在这些市场地位的优劣分析后，再进行处理。

不过，管理层暂时可以按照表11所示来重新设定优先顺序。

然而，在对所有细分市场做出最后决定之前，电子仪器公司的高管层除了对利润率研究考察外，还需考虑两个战略关键性的问题：

- 该细分市场是否具有吸引力？
- 公司在每个细分市场中的地位是怎样的？

表11　电子仪器公司战略判断

细分市场	市场吸引力强	有利位置	利润率
1	强	有利	非常高
2	强	有利	非常高
3	强	有利	非常高
4	强	有利	非常高
5	强	有利	高
6	强	有利	高
7	强	一般	高
8	强	一般	一般高
9	强	不利	一般
10	一般	有利	一般
11	一般	有利	一般
12	不强	一般	不佳
13	强	改进中	亏损
14	不强	一般	亏损
15	不强	不利	亏损

判断后应采取什么行动

所有的A类利润细分市场又极具市场吸引力——它们正在持续发展壮大、市场准入门槛很高、求大于供、不受技术竞争的威胁且具备与客户和供应商讨价还价的能力。因此，这些市场里几乎所有的竞争者都能收到高额回报。

这家电子仪器公司在A类市场的每个细分市场里，都有很好的竞争位置，这意味着它拥有很高的市场份额，是三大供应商之一。和其他的竞争对手相比，它的技术高于平均水平，成本也优于平均（这意味着它的成本较低）。

因为这些细分市场获利也是最高的，以上分析证实了利润配比方面的二八定律。因此，细分市场1—6属于A类细分市场，且这部分市场的主要策略是，将精力集中于现有业务，并且通过对新老客户增加销售量，来获得这些细分市场的利润份额。

然后，可以进一步完善B类业务中的其他细分市场的战略。细分市场9很有潜力，它的盈利率居中，但这并不是因为市场缺乏吸引力，相反，它具有很强的市场吸引力，大多数其他的参与者都能获取很高的利润。但是这家电子仪器公司在这一细分市场所占的市场份额较少，并且成本也较高，这主要是因为这家公司使用的是旧技术。

但更新技术需要付出极大努力，成本也比较高。因此，电子仪器公司做出一个决定："收割"这些细分市场，这意味着减少维持现有业务的投入并且提高产品和服务的价格，这一措施可能会在短时间内导致销量减少，但是一段时间后却增加了利润。实际上，削减运营投入、提高价格确实提高了利润率，但是在短期内减少的销量却很少。这说明，客户主要局限于旧技术，而在使用新技术前，他们并没有其他可选择的供货商。采取这一措施之后，这家电子仪器公司的利润率从12.9%升到20%以上，即使管理层认为这可能是暂时性的上升。

电子仪器公司在细分市场10和细分市场11中占较高的市场份额，但是这两个市场本质上缺乏吸引力，因为市场规模正在下降、产能过剩，逐渐形成了买方市场。尽管事实是——电子仪器公司处于市场中的领先位置，但它决定不再关注这些细分市场，并且取消了在这些市场中所有的新业务投资。

尽管出于不同的原因，该公司仍旧对细分市场12做出了同样的决定。细分市场12的市场吸引力甚至降到更低，而且公司所占的市场份额仅为中等。为此，公司停止了在这个市场中所有的新市场营销项目和投资。

那X类市场——亏损市场呢？这部分市场有三个细分市场，其中的两个——细分市场14和细分市场15，规模庞大，但极不具有市场吸引力，且公司在这两个市场的参与度不高。因此，我们做了个决定：放弃这两个细分市场，甚至还考虑将公司在其中一个细分市场中的一部分工厂抛售给竞争对手。虽然电子仪器公司在这两个市场中的产品价格低廉，但是至少能获得一点现金补贴，并在避免损失的基础上，还保留了一些工作岗位。而在另一个细分市场中，公司不得不关停所有的业务。

细分市场13，也属于X类市场，命运却截然不同。虽然公司在细分市场13中有亏损，但这一市场本质上极具吸引力，其年增长率为10%，且大多数竞争对手都在此业务中获取高额利润。事实上，尽管公司在分摊所有的消费后，在这个市场中依旧有所损失，但这一细分市场的利润很高。问题在于，公司仅在去年刚进入这一细分市场，并在技术和销售运营上进行了大量投资，但所占的市场份额在增加。如果继续保持这个增长速度，公司有望在三年内成为这一细分市场的最大供应商之一。到那时，通过高销售额分摊开销，就能获得高利润回报。因此，公司决定在细分市场13投入更多的精力，使公司尽快成为“规模玩家”（这指的是公司尽快达到盈利所需的最小经营规模）。

不要简化二八分析的结论

上述有关细分市场13的例子说明：一方面，运用二八分析利润，并不总是得出正确的结论。分析必然以某一时间点为参照，不能（从一开始就）提供发展趋势或者能够改变利润率的方法。二八类型的企业利润率分析是必要的，但仅凭二八定律的分析结果，不能制定最佳战略方案。

另一方面，毋庸置疑，赚钱的最好方法是及时止损。请注意，除了细分市场13，在其余14个细分市场（创造了总利润的90%）中，简单的二八利润分析将或多或少会给出一个正确结果。这并不意味着有了二八利润分析后，其他的战略分析就应该停止，而是应该以二八分析的结果为起点进行更多分析。想要得到完整的答案，公司就必须考察细分市场的吸引力，以及怎样对每个细分市场进行定位。某电子仪器公司采取的措施如表12所示。

表12　电子仪器公司在进行所有二八分析后采取的行动

细分市场	优先顺序	特征	采取的行动
1—6	A	市场吸引力强 市场份额不错 高盈利率	高度重视管理 加大销售力度 让利多销
7—8	B	有利可图 市场地位中等 盈利率不错	保持适当位置 无须刻意改变
9	C	有利可图 技术力量不足 市场占有率低	收获（降低成本，提高价格）
10—11	C	无利可图 市场份额不错 盈利率不错	减少投入
12	C-	无利可图 市场地位中等 盈利率低	减少更多投入
13	A	有利可图 市场地位逐步上升 亏损	迅速抢占市场

续表

细分市场	优先顺序	特征	采取的行动
14—15	Z	无利可图 市场地位中等/不佳 亏损	出售或关停

二八定律指引未来：凤凰涅槃，浴火重生

我们对现有业务细分市场的考察战略，到此就告一段落。事实证明，从二八利润分析着手，是很明智的选择。如我们所见，这些分析在制定细分市场战略时是必不可少的，但是我们在战略中，仍旧没有充分发挥二八定律的最大价值。此定律对于公司制定下一步发展具有重大意义。

我们常常认为，我们的公司、我们的行业都在竭尽所能做到最好；我们常常认为，我们处于一个已经实现了高度竞争的商业世界，并且已经达到了某种平衡或者终结，但事实并非如此！

最好从这样的观点出发：你所在的行业已经被彻底洗牌，并应该以更高效的方式进行组织，以高效地满足客户需求。而就个体公司而言，你可以设定一个十年的大转型目标。所以十年后，回首过去，公司员工会不禁喟然长叹，对彼此说："真不敢相信我们当时是那样经营业务的，我们当时肯定疯了。"

创新是关键，它能够帮助企业获得未来的竞争优势。我们常常认为，创新是很困难的，但是随着二八定律创造性的运用，创新就变得简单有趣了！例如，请查看以下的创新想法：

- 行业中20%的领域创造了80%的利润。列出你所知盈利最高的行业（例如制药或者咨询业），然后询问自己为何不能像这类行业一样盈利。

➤ 任何行业中20%的公司创造了80%的利润。如果你的公司不在其中，那为何你没有做出正确的战略决策？

➤ 客户给予的80%的价值与公司所做的20%的努力息息相关。那么，你的公司中，这20%的努力是什么？是什么阻碍你投入更多的努力？是什么阻碍你“创造”比20%更高比例的获利努力？

➤ 一个行业中80%的业务，为客户带来不足20%的利益。那80%的业务是什么？为何不放弃它呢？例如，如果你是位银行家，为什么要设立分行？如果你提供服务功能，为什么不设立电话服务和电脑服务呢？例如提供自助服务，减少流程或许会做得更好。客户能否参与提供某些服务？

➤ 任何产品或服务的80%利益，源于20%的成本投入。许多客户更愿意购买一些包装简约、价格实惠的产品。贵公司是否愿意提供此类产品呢？

➤ 任何行业80%的利润来自20%的客户。你的公司是否拥有较大份额的客户呢？如果没有，那你需要怎么做才能赢取大客户呢？

你的公司为何还需要真实的员工呢

产业转型的相关案例可能会对你有所帮助。我的祖母曾经营过一家街头杂货店，她收到订单后，会把物品挑选出来，然后我（或者一些可靠的小伙儿）会骑自行车送货。后来镇上开了一家超市。它鼓励顾客自行在超市里挑选想要的货物，然后自己带回家。为了弥补这种不便，超市为此供应了价格低廉、种类更多的货物，还特意修建了一个停车场。很快，我祖母店里的顾客也被超市抢走了。

某些行业，例如汽油零售，很快就开展了自助服务业务。其他的行业，例如家具零售业和银行业，认为此业务并不适用。每隔几年，就会出现一个新的竞争对手，比如家具行业的宜家，证明了传统老旧的自助服务观念也能通过新领域的应用，重获新生。

折扣也是一种长期的转型战略（更少选择、更少装饰、更少服务、更低价格）。80%的销售额集中在20%的产品上，因此，企业只需储备这些产品即可。我也曾经在一个酒庄工作过，老板是一个红酒商人，库存里有30种不同类型的红酒。谁需要这么多选择？后来一家连锁折扣店收购了这家公司，现在，他们在街尾开了个酒库。

50年前，没人会想到现在的人会喜欢快餐店呢？现如今，谁又会想到那些方便的自助餐大餐厅，拥有琳琅满目的有限菜色、价格合理，但只有90分钟的就餐时间，会直接威胁到传统的自主经营餐馆，并导致后者陷入倒闭的境地呢？

我们为什么要坚持用人力做更廉价的工作，而不用机器呢？航空公司什么时候运用机器人来服务顾客？大多数人更倾向于运用人力，但是机器实际上会更可靠，也更实惠。机器能够以20%的成本带来80%的效益。在某些情况下，例如提款机（自动取款机，也被称为墙上凿的洞），它们能够提供更好的服务，办事速度更快、成本也更低。不久的将来，只有我这样的老古董才会更喜欢和人类共事，或许我自己都会对这种迷恋和需求产生怀疑，并转向机器服务。

地毯过时了吗

我希望诸位可以充分发挥自己的想象力和创意。我给大家提供的最后一个例子——二八定律的运用改变了一家公司的命运，甚至改变了整个行业。

以佐治亚界面公司为例，这是一家地毯供应商，目前资产已达8亿美元。这家公司以前是卖地毯的，现在的主营业务是租借地毯，以及安装地毯织料而非整块地毯。界面公司意识到，20%的地毯使用率高达80%。通常情况下，一款地毯还处于外观完整的状态下就要被更换。为此，在公司的出租计划中，会定期对地毯进行检查，并更换任何有所磨损或者损坏的地毯织料，而不是整块地毯的更换，这一举措，同时降低了地毯公司和客户的成本。一个微小的二八观察，就能改变这家公司，也可能导致整个行业的运营模式的深度变革。

结论

二八定律表明，你的战略决策是错误的。如果你从小部分的业务活动中赚取了大多数钱，那你应该彻底地重组公司，然后集中精力做大这一小部分业务。然而，这只是一部分答案。在这专注经营的背后隐藏着一个更强大的真相，我们将在下文中讨论这一部分内容。

第五章
简单即美

我把简约当成了自己的努力方向。由于我们把所有东西都造得过于复杂了，普通百姓能买得起的东西就太少，甚至连最基本的生活必需品都很难负担（更别说那些人人本可享有的奢侈品了）。我们的衣服、食品和家具，都应该可以比它们现在的样子简单得多，同时也更好看些。

我们在上一章中讨论到，几乎所有的企业都存在利润率差距大的业务。二八定律提出了一个反常态的假设：公司收入的五分之一，贡献了五分之四的利润和现金收入。那么相应地，公司收入的五分之四，仅贡献了利润和现金收入的五分之一。这种假设非常的奇怪，如果假设一家这样的公司，它的销售额为1亿英镑，总利润为500万英镑。按照前述二八定律分析，那么2000万英镑的销售额，产生了400万英镑的利润，销售的回报率为20%。然而剩下8000万英镑的销售额，仅产生了100万英镑的利润，因此，销售回报率只有1.25%。这意味着排行前1/5的顶尖业务所得的利润，是其他业务的16倍。

尤其令人意想不到的是，当我们检验这个假设时，通常证明它是正确的，或者其比例与预期大同小异。

这怎么会是正确的呢？很显然，我们下意识地知道——某些业务肯定比其他业务所获利润更高。但是这个差距能达到16倍之多吗？这个差距几乎让人难以置信。并且，通常情况下，那些委托咨询公司进行生产线利润能力评估的高管，在第一次拿到评估结果时，往往会认为这是天方夜谭。甚至在亲自检验后，依旧百思不得其解。

拿到结果之后，管理层也不会轻易地放弃那80%无利可图的业务。理由很明显，80%的业务占据了企业收益的比例过大。他们认为，放弃这80%的业务将会降低企业利润，因为企业很难在任何一个合理的时间内，放弃这80%的业务。

当面临这些异议时，企业咨询师或顾问一般会选择向管理层妥协，只有那些最无利可图的业务才会被放弃，且公司只会小幅度地提升在最有利可图的业务上的投入。

然而，这种基于误解的妥协，是非常危险的。很少有人会问：为什么无利可图业务的比例如此之高？甚至很少有人会思考，是否能在实践和理论的基础上，完全放弃80%的薄利或无利业务，从而最大限度地从有利可图的业务中获取利益。

事实是，无利可图的业务之所以利润低，是因为它需要大量的杂项开支，并且这么多不同的业务组合，会导致公司变得异常复杂。同样地，有利可图的业务不需要杂项开支，或者只需要一小部分即可。你的公司可以仅做有利可图的业务，它可以为公司带来绝对利润，前提是公司组织和经营的模式需要重组。

那么，为何要简化公司业务？原因是相同的：简单即美。商界人士似乎钟爱于错综复杂的业务。一家简单的企业刚成功，管理层就会投入大量的精力，使之复杂化。但是，企业的回报厌恶复杂化，当企业变得复杂了，回报率就会急剧下降。这不仅因为更多的边际业务被放弃，也因为企业的复杂化行为，是人类已知行为方式中，最能够降低回报率的方式。

由此可见，这个过程是可以逆转的。一个复杂化的公司能够变得简单化，回报率也能随之猛增。我们所需要做的就是理解复杂化的代价（或者简单化的价值），并且鼓足勇气去减少高达80%的过度管理开销。

简单即美，复杂即丑

我们这些信奉二八定律的人，只有在证明简单即美并找到原因之后，才有可能成功实现产业转型。只有人们理解了这个道理，他们才会愿意放弃80%的现有业务和杂项开支。

所以，我们需要返璞归真，从根源上扭转对企业成功的认识。要做到这一点，我们必须参与到公司的规模对业务的发展是助力还是阻力的争论中去。解决了此争论，我们就能够明白为何简单即美。

我们的产业结构正在发生一系列有趣的、前所未有的变化。自工业革命以来，公司的规模越来越大、越来越多样化。直到19世纪末，几乎所有的企业都是国家性或者地区性企业，他们的大部分收入都源自本国业务，而且这些公司几乎都专职做一项业务。20世纪发生了一系列的变革，改变了商业的性质，也改变了我们的生活。首先，感谢亨利·福特对汽车工业“平民化”的追求，实现了轰动世界的成功。这导致流水线的迅速发展，大幅提高了公司收益，开创性地创造出了大量品牌的消费品，极大地减少了商品成本，增强了公司实力。其次，所谓的跨国企业出现了，它们最初在美国和欧洲兴起，随后扩展到了全世界。接着出现了大型联合企业，这是一个新的企业类型，它不局限于一项业务活动，而是迅速涉及许多工业部门和各种产品。之后，在管理层的雄心壮志以及财务杠杆的共同促使下，恶意收购和改善进一步推动了企业规模的扩大。最后，在20世纪的最后30年，主要来自日本的行业领导者，决心在其优势市场上抢占全球领导地位，并尽可能地获得更多的市场份额，这加大了人们对企业规模的盲目崇拜。

因此，由于各种各样的原因，在20世纪的头75年里，企业的规模以及企业业务活动所占比例，在逐步地、明显地、不可阻挡地无限扩大。但是，到20世纪后20年里，后一种趋势突然地、戏剧般地发生了逆转。1979年，《财富》杂志评选的全美500强企业几乎占据了全美近60%的国民生产总值，但是在20世纪90年代的初期，这一比例又骤降到40%。

这是否意味着小即美

不，并非如此。行业领导者和战略家们，长期以来都坚信企业规模和市场份额非常重要，这一点并无过错。额外的规模会带来更多的销量，可以分摊固定成本，特别是占总成本的绝大部分杂项开支（现在公司已经变得非常高效了），且市场份额也有助于提高价格。最受欢迎的公司，即拥有最高的市场份额、最好的声誉和品牌，以及拥有最多忠实客户的公司。相较于市场份额低的竞争对手来说，还拥有价格优势。

然而，为什么大公司占据的市场份额会被一些小公司蚕食呢？为什么在实践当中，与理论截然相反的是，公司规模和市场份额的优势并未能如愿转化为高利润？为什么公司经常能看到迅速上升的销量，然而销售回报率和资产回报率却在下降，并没有像理论上预测的那样，同样呈现上升的趋势呢？

复杂化的成本

最重要的原因是，复杂化的成本。问题不在于扩大的规模，而在于额外产生的复杂性。

在不增加额外的复杂性的情况下，增加公司规模能够降低单位成本。向顾客提供更多的同类产品和服务，就会提高回报率。

然而，在增加市场规模后，就很难维持相同的产品和服务。即使顾客没有变，额外的变量通常来自改进现有产品、提供新产品或者增加更多服务，这些都需要高昂的成本。这些成本通常都是隐藏起来的，而且是切切实实存在的。如果涉及新客户，情况就会糟糕得多。吸收新客户的成本高，而且与现有客户相比，新客户的需求通常是不同的，这就极大地增加了复杂性和成本投入。

内部复杂性意味着大量的隐性成本

当新业务与现有业务不同时，哪怕只有细微的差别，成本往往也会有所上升。上升的程度不仅会按比例增加，甚至会远远超过业务量的增长。原因是复杂性会减慢简单系统的运行速度，并且需要配备新的管理者去处理新的需求。当未完成的工作，中途受到其他人员干预，然后又继续时，业务中止又重新开始的成本，与其他客户之间的沟通（以及沟通失败）的成本，以及不同客户之间的需求“差异”所造成的成本，都将是巨大的，并且由于这些成本都是隐性的，所以破坏力会更强。如果沟通需要跨越不同的部门、机构或者国家，结果将会更糟。

这一作用过程，如图19所示。竞争对手B比竞争对手A的公司规模要大，然而它的成本却更高。这并不是因为规模曲线（增量等于低成本）没有起作用。相反，是因为竞争对手B的规模增加后，复杂性更高，而这会带来巨大的影响，而且远大于与竞争对手A相关的额外成本。规模曲线的确发挥了作用，但是它的成效被额外的复杂性所颠覆了。

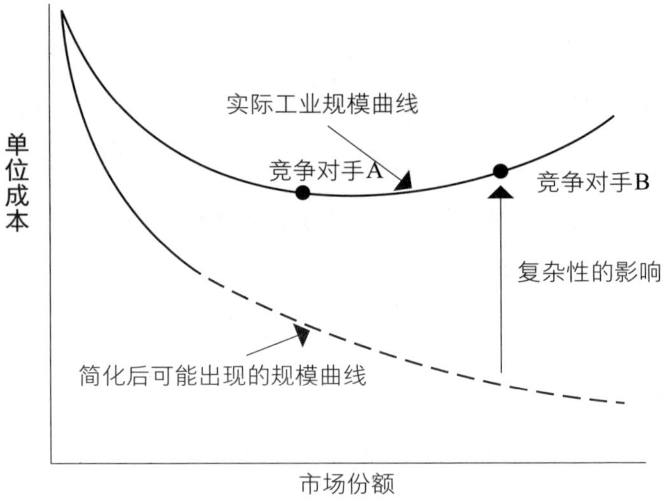

图19　复杂性的成本分析

简单即美和二八定律

理解复杂性的成本，有助于我们进一步理解企业规模的利弊，而这并不意味着小即是美，在其他条件平等的情况下，大也是美。但鉴于所有其他条件都处于失衡状态，因为其复杂性，所以企业的庞大规模不仅变得丑陋，而且也十分昂贵。企业的大规模，可以是美的，但简单永远都是美。

即使是专门研究企业管理学的人，也迟迟没有意识到简单的重要性。在冈特·隆美尔（Gunter Rommel）领导的一项对德国39家中小型企业的研究中发现，区分成功企业和失败企业的唯一标准是——简单化。成功的企业销售的产品种类少、客户少、供应商也少。研究表明，简单化的企业反而最擅于销售复杂化的产品。

这一突破性认知，有助于解释如何将看似奇特的二八定律应用到企业的获利中，以及为何能够成功运用。20%的收益能够产生80%的利润。对利润贡献最大的20%的收益，比贡献最少的20%的收益，多16倍（或者换句话说，即后20%带来了巨大的损失！）。简单即美，很大程度解释了二八定律有效的原因：

➤ 简单并且纯粹的市场份额的价值，得到前所未有的肯定。多样规模的复杂性成本，掩盖了单一规模所取得的回报。不同的业务领域，通常会面对不同的竞争对手，且因为竞争对手的不同，而具备不同的相对竞争优势。当企业在狭窄的限定市场领域中占据主导时，相比于一个存在主导性的竞争者（镜像）的市场，其所得回报很可能会比平常高出数倍。

➤ 企业在成熟和简单的业务领域中，能够获得超乎想象的高利润。减少产品、客户和供应商，通常会提高利润，这一方面是因为企业可以专注于利润最高的业务活动和客户，另一方面也是因为可以削减复杂性导致的（杂项开支和管理支出）成本。

➤ 在不同的产品中，企业从外部（行话叫外包）购买产品或服务的程度往往会有所差异。外包是减小复杂性和削减成本的好方法。最好的方法是确定公司在哪一部分增值链（研发—制造—发行销售—营销—服务）中拥有最大竞争优势，然后将其余部分外包出去。这既能够减少大部分复杂性的成本，也能够大幅削减员工人数，同时加快产品上市的时间。最终取得的结果是：成本大大降低，价格明显上涨。

➤ 简单化还可以解决因为中央集权管理而导致的功能复杂性及产生的相关成本。如果你只处于一个业务领域，你就不需要设立总部、地区分部或者职能部门。撤销总部能够大大刺激利润的增长。一个统一管理的总部存在的关键问题，不是成本，而是它剥夺了那些能够为客户增值的员工的责任和主动权。撤销总部等统一管理的职能部门之后，企业或许可以首次以客户需求为工作中心，而不是花大量精力去关注管理层。

撤销总部之前，不同的业务领域会招致不同程度的总部关注和干预。但那些能够自主经营、无须总部“帮助”的产品和服务，通常是获利最多的，这就是为什么当二八利润分析应用在实践中时，高管们会惊讶地发现，最受忽视的业务领域往往是最有利可图的。这并非巧合。（但不幸的是，二八分析有时候会导致管理层过多地关注那些最有利可图的业务领域，并进而导致因为过度的关注而使得这部分的利润率下降。）

➤ 因此，简单的业务领域，会更容易被客户接受。鉴于来自管理层的干预会更少，客户的需求得到聆听，感觉到自己得到尊重和有价值，也就更愿意出更高的价格。对于客户来说，对自身价值和重要性的追求，与对价值的追求同样重要。简而言之，简单化不仅提升了价格，也降低了成本。

为杂项开支做贡献：蹩脚的无作为借口

面对二八分析的结果，管理层经常会提出抗议，认为他们不能仅仅关注那些最有利可图的部门。并且指出，那些最无利可图的部门，即使是那些亏损的部门，对于杂项开支都有积极贡献。这实际上是最蹩脚的借口，只是在自欺欺人罢了。

如果仅专注于最有利可图的部门，它们的利润就会惊人地增长。（几乎是以每年20%的增速增长，甚至会更快。）要记住，先发优势和客户的特许经销权十分重要，所以强化最优势业务的利润，比提高整体业务利益更容易，且很快就能够解决掉无利可图部门导致的不必要的杂项开支。

然而事实是，你不需要等待。“如果你的眼睛进了沙子，就马上把它弄出来”，同样的道理，适用于移除多余的杂项开支。如果你意志坚定，那你就能做到。最无利可图的部门可以售卖出去，也可以关闭。（不要听那些会计师说“减少成本”的抱怨，这只不过是纸上空谈的数字，并不是资金亏损。即使出现了资金亏损，正常情况下，很快就能回本。考虑到简单化的重要性和好处，收回的速度可能比会计师说的快得多。）第三种选择，往往是最有利可图的，是收割这些部门的利益，故意将一些市场份额输给对手。通过放弃盈利少的客户和产品，企业可以减少大部分的开支和销售活动，提高价格，尽管销量可能下降5%—20%，但却可以因此获利颇丰、十分得意。

专注发展最简单的20%业务

最简单、最标准的业务，比复杂性的业务具备更高的生产率和更低的成本。最简单的信息，无论是对同事、客户，还是对供应商来说，都更具吸引力，也最适用。最简单的结构和流程，往往最吸引人、成本也低。让客户参与到业务系统的流程中，就像各种形式的自助服务那样，同样能够创造机遇，带来经济效益、速度和开支。

在任何产品类型、流程、营销信息、销售渠道、产品设计、产品制造、运输服务和客户反馈机制中，都应尽力找出那最简单的20%，然后培养和不断完善，直到将这部分达到最简化的程度。尽可能在国际化和全球化的基础上，简化产品和服务的交付标准。摒弃花里胡哨的无用功，尽力把最简单的20%向更高质量和持续性道路发展。如果事情变得烦琐复杂，那就简化它。如果你做不到，那就清除它。

康宁公司的简化方案

陷入困境的企业如何运用二八定律实现简化和提高利润？康宁公司（Corning）就是一个很好的案例。这家公司在美国俄亥俄州的格林威尔和德国的凯撒斯劳滕生产汽车排气系统的陶瓷基片。

1992年的美国经济低迷，德国在次年也陷入相同的情况，市场大幅下跌。康宁公司的领导层没有慌乱，反而长期细致地观察其产品的利润率。

和世界上其他的公司一样，康宁的领导层也曾运用标准成本法来决定生产何种产品。但是，标准成本体系，需要二八定律对其进行补充的一个最重要的原因是——标准成本体系无法估算正确的产品利润率，很大程度是因为它无法区别产品产量的高低。当康宁公司尝试将各种各样的成本（杂项开支、培训费、设备维修费和停工费）进行分配后，得出的结果令他们大吃一惊。

以凯撒斯劳滕生产的两种产品为例：其中一种是高产的、简单的、对称型陶瓷基片，在此我们称之为R10。另一种是低产的、不规则陶瓷基片，在此我们称之为R5。R5的标准成本比R10要多20%，但当我们把生产R5的额外工程费用和车间成本算在内时，其成本突然大幅上涨，大约比R10的生产成本高了5000倍！

但是，经过反复检验之后，康宁公司认可了这个数据的可信度。R10是可以自主研发的，而R5需要聘请昂贵的工程师亲自指导，才能确保产品符合规格。因此，如果只生产R10，就不需要在工程师上花费太多的成本。通过消除低产量、无利可图的产品（对收益贡献程度低，有亏损），工程费就会减少25%。

50/5原则

康宁公司的分析，令我们注意到一个与二八定律相似的法则——50/5原则。

50/5原则认为，通常情况下，公司50%的客户、产品、部门和供应商，仅会创造不到5%的收入和利润。为此，淘汰50%的低产量（或者负效益）产品，是降低复杂性的关键。

50/5原则在康宁公司发挥了巨大作用。格林威尔生产的450种产品中，一半的产品创造了96.3%的收益，剩余的一半产品仅供献了3.7%的收益。根据所分析的时期的不同，德国的分部表示，50%的低产量产品，只产生了2%—5%的销售额。两个生产基地都存在这种相似情况：利润贡献率靠后的50%产品造成了亏损。

多即坏

盲目地追求产量，只会使公司走向绝境。这是因为产量的增加，容易催生边际产品、边际客户以及不断增强的边际复杂性。因为复杂性对管理层来说，既充满乐趣，又能带来收益，所以管理层往往会容忍或者鼓励复杂性，直至公司无法承受复杂性的后果。康宁公司同样充满了亏损的、复杂的业务。要解决这一问题，就需要大幅削减产量（至少一半以上）。为此，康宁公司不再选择与1000家供应商签署订单合同，而是通过与200家供应商合作，满足总供应的95%（95/20法则）。这样一来，公司的效率就能更高，业务也会更趋向于扁平化。

在市场暴跌的高峰时期，康宁公司拒绝了大批订单。这看似有悖常理，实则很有效。一个简单化、小型的业务，迅速恢复了企业的利润，证明了少即是多。

管理层钟爱复杂性

此时，你可能会问：既然复杂性会明显破坏企业创造价值的能力，那为何本应该追求利润最大化的公司会变得如此复杂?

对此问题的一个很重要回答是：业务管理层喜欢复杂。复杂化会刺激和挑战人的智力，给日常生活增加色彩，让生活不再枯燥乏味，也会为管理层创造有趣的工作。有些人认为，即使无人推动，复杂化也会自动生成。毋庸置疑，复杂化的出现与管理层的促成密不可分。大多数的公司，即使是表面上看起来商业化、资本化的公司，也有管理层处心积虑谋划的复杂性，而这违背了客户、投资者和外部世界的利益。除非公司面临经济危机，或者出现一位不同寻常的领导者（重视投资者和客户的利益，而不是以自己或者管理层的利益为重），否则过度的管理行为仍会重现，因为这符合掌权的管理层的利益。

通过简化降低成本

因此，商业也同我们的生活一样，自然而然会趋向过度复杂化。所有的公司，特别是大型和复杂的公司，本质上都属于低效和资源浪费的公司，因为过度复杂，它们自然也就不会关注应完成的本职工作，即应当为客户和潜在的客户带来效益。任何无法达成目标所开展的活动，都是没有意义的。然而，大多数大型的公司从事的都是高损耗、低效率的业务活动。

每个人、每个团体都是集合的整体，而这个集合整体中的各种力量，总是处于拉锯状态，“战争”在次要多数和关键少数之间进行。次要多数包括普遍的惰性和低效率，关键少数则指的是突破性的效率、智慧和良好状态。大多数活动的价值不大、变化较少，少部分强有力的干预则会带来很大影响。不同因素之间的“战争”很难观察，因为这些战争发生在相同的人、相同的单位、相同的组织之间，它们同时产生了大量的弱（负）产出，以及极少的高价值产出。我们能辨别的只是总体的结果，而无法在过程中取其精华、去其糟粕。

由此可见，任何组织总是在削减成本、为客户创造收益方面有着巨大的潜力。只要通过简化工作，淘汰低产或者负价值的活动，就能够实现这些巨大的潜力。

请记住以下几点：

- 浪费因复杂而生；效率因简约而生。
- 占据大多数的业务活动总是毫无意义、计划不周、指导不当、执行不力、背离客户需求。
- 小部分的业务活动总是极其有效、受客户重视，这或许与我们的常规预期背道而驰，但这些业务活动总是隐晦的，被掩埋在一系列效率低的业务中。
- 所有的组织都混杂着高生产率因素和低生产率因素：人力、关系和资产。
- 糟糕的绩效总是常见性问题，通常隐藏在小部分优质绩效背后。
- 转变行事风格、少做无效的事，就可能取得巨大的改进。

在简化企业业务和管理的过程中，始终牢记二八定律：如果研究所在公司的产出，那么就会发现，四分之一或者五分之一的业务活动，创造了3/4或4/5的利润。因此，你需要做的是增加这四分之一或者五分之一的业务活动的投入，提升其余部分的效率，或者干脆停止无效的业务。

运用二八定律，减少成本

降低成本的所有高效方法，都运用了二八定律的观点：简化，淘汰无利可图的业务活动；专注，集中精力在关键的改进驱动因素上；比较业绩。后两项需要详细阐述。

有所取舍

不要对所有业务一视同仁，投入同等的财力和物力。降低成本并非易事！

为此，需要先确定最有可能降低成本的业务领域（或许只占整体业务的20%），然后投入80%的精力专注于这部分的改善。

如果你不想困在微观分析中，你应该运用二八定律帮助你。问问自己：你可以减少哪些多余时间？你目前工作流程的80%的时间拖延或成本消耗在什么地方？将如何应对这些问题？

要想成功，就需要分清轻重缓急……大多数组织都适用帕累托法则：20%的成本支撑80%的重要业务……例如，太平洋贝尔客户支付中心的一项研究表明，该中心25%的工作用于处理0.1%的付款，而三分之一的付款则会经过两次处理，有时会是多次处理。

在降低成本、提高产品和服务质量时，要记住：相同的成本，不一定能带来相同的客户满意度。小部分的成本具有极大的生产力，但大多数的成本与客户需求并无关联。为此，请找出、重视并且增加少部分具有生产力的成本，剔除不必要的成本投入。

运用二八定律，确定需要改进的区域

二八分析能够解释特定问题出现的原因，并将精力集中于需要改进的关键领域。举一个简单的例子，假设你经营了一家图书出版公司，所需生产成本比预算高出30%。这时，你的产品经理告诉你，超支的理由有1001个（比如，作者没有按时交稿、校对或编辑时间超出预期，等等）。在很多情况下，书本的出版周期比预期长得多，图表和其他的一些数据往往需要修正，而且还会存在很多其他的特殊原因。

你能做的就是花一段时间，比如三个月，仔细追查所有造成超支的原因。你应该记录下每个超支的主要原因，以及相应产生的财务开支。

表13以表格形式展示了这些原因，并按照发生频率的多少进行了排序。

表13 出版公司排版费用超支原因

原因	次数	百分比	累计百分比
作者修改原稿耗时过长	45	30.0	30.0
作者延期交稿	37	24.7	54.7
书稿需修改之处过多	34	22.7	77.4
需要修正数据	13	8.6	86.0
书稿撰写周期超过预期	6	4.0	90.0
校对速度慢	3	2.0	92.0
做索引慢	3	2.0	94.0
收到使用许可证晚	2	1.3	95.3
排版公司的电脑故障	1	0.67	96.0
排版人员修改时出错	1	0.67	96.6
编辑改变进度	1	0.67	97.3
因市场运作的需要调整出版计划	1	0.67	98.0
印刷厂改期	1	0.67	98.7
排版公司失火	1	0.67	99.3
与排版公司发生法律纠纷	1	0.67	100.0
总计	150	100	100

图20将这些信息转化为80/20频率分布曲线图。构建此图的想法，是将原因按照重要性的降序排列，左侧纵轴表示的是原因的数量的百分比，右侧纵轴表示的是累计百分比。这样构图的方式比较直观，所显示的数据也很有说服力。

如图20所示，我们可以得知，15种原因中的3种（精确的表示是20%）几乎导致了80%的超支。累计曲线在前五个原因之后，立马趋于平滑。这意味着，越往后，原因就越趋向于“次要多数”的原因。

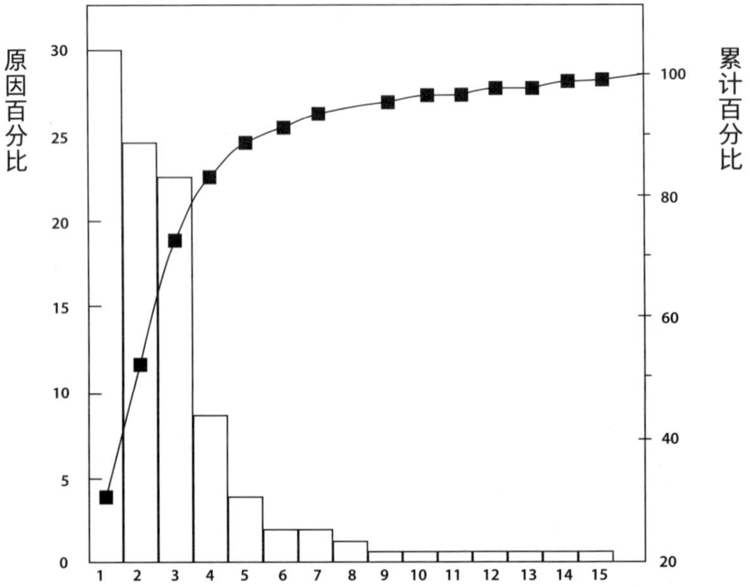

图20　出版公司排版费用超支原因的80/20频率分布曲线图

鉴于主要的三个原因都与作者息息相关，为了避免因作者问题导致延期或成本超支，出版社应通过在合约中写入相应条款来约束读者按时交稿。该条款规定，作者应负责所有延期或者修订过多所造成的额外排版费用，这样一个细微的改变，就能解决超过80%的问题。

有时，根据问题（或机遇）的财务影响而绘制的二八图表，比根据原因的数量绘制的图表更有用，但其方法和逻辑其实是完全相同的。

比较业绩

二八定律指出，公司里总会存在少数高生产效率的业务领域，以及多数生产效率低的业务。过去30年里，所有最有效的减少成本的技术，都运用了此定律（往往有意识地承认二八定律）来比较业绩。大多数表现落后者都肩负着提升业绩（有时候是提升90%，有时候是提升75%，通常会在这个范围内浮动）的职责，如果业绩没有得到增长，那么这些低业绩者就会被这个领域所淘汰。

在此，我并非要探讨例如设定基准、最佳业绩或者重组等降低成本/提高价值的技术。所有的这些技术都是二八定律的系统性延伸，如果（极大可能的情况）能够坚持不懈地追求这些技术，就能极大地为客户创造收益。然而，这些技术常常会成为风行一时、昙花一现的管理风尚或者自成一体的规划。如果将这些技术与具有推动力的二八定律结合，那么它们成功的机会就会更大：

- 只有小部分的业务活动是有用的。
- 公司极少对客户所感受到的价值进行衡量，而这些价值通常是不均的。
- 巨大的进步需要衡量和比较客户感受的价值，知道客户为此付出了多少。

结论：简单具备无穷的力量

由于大量的业务活动总是浪费的，并且存在复杂性和浪费互相推动的恶性循环，简单的业务活动总是比复杂的业务活动效果更好。因为不管复杂程度如何，企业规模总是很重要的，最好将业务做大。因此，规模大、简单的业务才是最好的。

创造伟大事物的途径，就是创造简单事物的途径。删繁就简，任何诚心诚意为客户创造价值的企业都能做到这一点。但所有的大型企业总是塞满了“乘客”——无利可图的产品、工艺流程、供应商、客户，以及在企业中最重要的管理层。而所有的这些“乘客”都阻碍了企业的发展。进步需要简单，而简单需要决绝，这也解释了为何简单既稀有珍贵又美丽。

第六章
抓住关键客户

那些对自身成功原因进行过分析的人明白，二八定律非常有用。因为他们80%的发展、利润和满意度，来自20%的客户。因此，公司至少应当找出这关键的20%的客户，才能清晰地描绘出未来增长的预期前景。

二八定律对正确销售和市场营销，以及与任何组织的整体战略相关的生产、交货、服务流程，都起着至关重要的作用。我们将向大家展示如何以这种方式去运用二八定律。但是，首先，我们应该清除在工业化和市场化之下发展而来的“伪知识分子”（即种种假象）。例如，人们常说，我们生活在后工业化的世界，企业不应该以生产为主要任务，而应该以市场为导向、以客户为中心。这充其量只是个半真半假的说法。为解释其中的原因，我们有必要简单地考证市场和企业的发展历史。

起初，大多数的企业没有经过过多的考虑，就自然而然地以市场、重要客户为中心。完全没有必要将市场作为一个单独的功能单位或者活动，但小型的企业仍需要确保以客户为中心。

接着是工业革命，创造了大型企业、专业化（比如亚当·斯密的别针厂）生产，以及最终形成的生产线。大型企业的必然趋势，是使客户需求服从于低成本大规模生产的需要。亨利·福特有句名言是这样说的：“顾客可以将这辆车漆成他喜欢的任何颜色，我们只要确保它出厂时为黑色。”直到20世纪50年代末，各地的大型企业仍然以产品为导向。

现如今，见多识广的市场营销员和商人，肯定会对这种产品导向型的做法嗤之以鼻。事实上，福特的方法在当时是非常适用的。然而，如今富裕的消费社会的基础，需要企业简化产品、降低成本，同时保持产品的市场吸引力。以前曾被排除在目标市场之外的消费者也可以买到（或者用令人反感的话来说，就是“买得起”）低成本工厂生产的越来越高档的产品。大型市场的产生，也催生了以往不存在的消费能力，从而形成了更低成本生产—更高消费—更高就业率—更高购买力—更高单位产量—更低单价—更高消费……的良性循环，这是一种渐进式的、不间断的、螺旋式上升的循环过程。

从这个角度看，亨利·福特并非一个产品导向性的顽固分子。他是一个创造性的天才，向普通民众发出了可享受服务的信号。1909年，他指出自己的使命是“汽车民主化”。当时，人们都嘲笑他，因为只有富人才买得起车。但是，成本仅占早期汽车成本小部分的T型汽车的量产，也的确实现了这一目标。我们享受着“福特主义者”提供的“丰饶号角”，不管这是好事还是坏事，总归是有好处的。

大规模工业化和创新的发展，并不满足于停留在汽车行业。很多产品，例如冰箱到索尼随声听或者只读光盘，这些都不能单凭市场调研就能制造出来。没有人在19世纪会需要冷冻食品，因为当时冰柜还没有被发明出来。从火的发现到车轮的发明开始，这些所有重大的突破，都是生产所取得的胜利，随后才创造了它们自己的市场领域。所以说我们生活在一个后工业化的时代的言论，完全是无稽之谈。当前的服务业和所谓的工业化时代的实体产品一样，都在逐步工业化。零售业、农业、花卉生产、语言、娱乐、教育、卫生、酒店，甚至是餐饮业，过去都是个人服务供应商的专属领域，它们既不是工业化的产物，也不能向外输出。而现在，这些领域都在迅速地走上工业化的道路，有的领域甚至迈向了全球化的进程。

20世纪60年代重新发现市场营销，90年代则重新发现顾客

以制作产品、扩大生产规模、降低成本为核心的产品导向法的成功，最终凸显了其自身的不足。在20世纪60年代初期，著名的市场营销专家、美国哈佛大学管理学院西奥多·莱维特（Theodore Levitt）就曾建议管理层要以市场为导向。1996年，他在《哈佛商业评论》中发表的《市场营销近视症》（*Marketing myopia*）一文中鼓励企业将主要精力放在市场需要（消费需要），而非产品（或者技术）上。这一新理论在当时引起了社会的激烈讨论。商人们千方百计以求得顾客的信任，故而，一个相对较新的商业研究的分支领域——市场调研迅速地发展起来，商人们以此来观察和了解顾客的需求。市场营销在当时成了商学院的热门专题课程，市场高管们取代了那些有生产背景的人，成了新一代的首席执行官。大规模的市场成了过去时，产品和顾客的细分市场成了更明智的选择。最近，在20世纪80年代到90年代，满足顾客的需求、以顾客为中心、使客户开心等观念，成了大多数有远见、成功企业的目标。

客户导向法，喜忧参半

毋庸置疑，市场导向和以客户为中心，显然都是正确的方法。但是，也产生了伴随而来的危险和潜在致命的副作用。如果产品的业务范围扩展到过多领域，或者客户导向招徕了越来越多的边际消费者，单位成本就会上升，收益也会相应下降。随着产品范围的领域增加，由于复杂性所带来的成本代价，杂项开支就会剧增。现如今，企业的成本已经降到很低，这部分开销仅占企业附加值的一小部分，也就是一般情况下，不到产品售价的10%。企业的绝大部分开支都在企业之外，如果产品范围的业务领域过大，开销也就越大。

相似地，盲目追求太多顾客，会增加市场营销和销售的成本，导致物流成本

上升，而且对于新老顾客而言最危险的是，盲目追求客户的开发会导致销售价格长期低迷。

在这个问题上，二八定律将发挥至关重要的作用。它能够在产品导向和市场导向结合的基础上，为企业提供一个全新的方法，确保企业能专注地将精力放在有利可图的市场和顾客身上（而不是在无利可图的顾客身上白费工夫）。

二八市场营销法则

任何企业，在以市场和顾客为中心时，都应深谋远虑，考虑周全。一般来说，选择的那一部分市场和顾客通常是企业现有的。此外，在市场导向和以客户为中心的传统观念里，仅有20%是正确的。

我们提供了下面三条黄金法则：

- 市场营销和整个企业，都应专注于在现有20%的生产线内提供优质产品和服务。

- 市场营销和整个企业都应付出巨大的努力，使为企业创造80%的销售额或利润的20%的顾客更满意，并使之保持和提高销售额。

- 生产和市场营销之间没有真正的冲突。只有在被营销的东西与众不同，即对于你的目标客户而言，他们没有其他获取渠道，或者你提供给他们的产品、服务、价格比其他获取渠道更优，你才可以肯定获得成功。以上情况只适用于20%的现有生产线，并且你很可能从这20%里获得超过80%的实际利润。如果这些情况都不适用于你所在企业的生产线，唯有创新才是实现成功的唯一途径。在这个时候，创造性的企业经营者，必须以产品为导向，并且所有的创新必须是市场导向的产物。创新，需要新产品或者新服务。

仅在少数关键产品/细分市场中以营销为导向

在计算所有的支出，包括与产品相关的杂项开支之后，你会发现创造20%收入的产品，很可能贡献了所在企业利润的80%。而且更有可能的是，20%的产品，创造了80%的利润。比尔·罗奇（Bill Roatch）是雷利超市（Raley）的化妆品采购商，也是美国加利福尼亚州萨克拉门托市的零售商，他说道：

> 80%的利润源自20%的产品。问题是（对于一个零售商而言），你能在80%的产品中负担多少的损失（在不丢失化妆品行业的口碑的情况下）。
>
> ……
>
> 如果你问化妆品经销商，他们会告诉你这必将造成损失。如果是零售商，他们会告诉你可以削减产品数量。

合理的做法是扩大最有利可图的20%产品和最畅销的口红（产品）的业务市场，并且逐步淘汰最无利可图的产品。此外，可以与最有利可图的20%产品的最顶尖的供应商合作，在店内举办大促销活动。需要注意的是，关于我们为什么需要那80%的无利可图的产品，总是存在很多显而易见的“好借口”，在这种情况下，你担忧的或许是因为生产线的削减而导致你“失去行业名誉”。这样的借口一般都源于奇怪的想法，例如顾客喜欢看很多不打算购买的物品，以此来分散对想要购买物品的注意力。无论何时，我们对这一点进行验证时，99%的案例所得答案都是：淘汰边际产品，可以大幅提高利润，同时也不会影响顾客的消费体验。

一家制造汽车外观类产品（蜡、抛光剂和其他的清洗产品）的公司，通过洗车业务来营销它的产品。从理论上来说，这是符合逻辑的。因为洗车公司只需将产品陈列在展示柜上，就能增加其利润。这家公司的营销理念是，将公司的产品放在最显眼的位置，以最大限度地销售目标产品。

但当公司出售了汽车外观产品的业务，新的管理层对此进行全面的分析后，他们发现，“二八定律适用于此领域，即公司80%的收入源于20%的零售点”。当新上任的首席执行官巡视了50家低销售额的洗车店时，他发现，陈列产品被放置到角落或者视线不佳的位置，人们经常忽略这些产品，此外，这些销售点的产品还经常缺货。

因此，首席执行官对销量低的洗车店长进行了滔滔不绝的训斥。他告诉他们要加把劲儿，好好管理产品陈列点，但这并不管用。相反，他应该把精力投入到表现最好的那20%的洗车店。看看他们是怎么做的？他们是否能够做得更好？他们之间有什么共同之处？如何发现更多这类专营店？当大型、专业的连锁企业管理这些成功的专营店时，他应该重点培养这些专营店，而不是提高那些本身表现较差的独家代理商的业绩。

仅以少数关键客户为中心

关注少数优质产品固然重要，但我们也同样需要关注少数关键客户。许多成功的营销专家，都从中得到了教训。可以举几个案例。在电信行业：

将你的注意力投入那些真正存在威胁竞争的地方。在大多数的情况下，二八定律仍然适用，即80%的收益源于20%的客户。为此，我们需要知道谁是给你带来最大利益的顾客，并确保他们的需求得到满足。

在合同管理领域：

牢记经久不衰的二八定律，与带来80%业务的20%客户保持密切联系。每周日晚上，花时间翻阅合同管理文件，做个笔记，给客户寄张卡片或者与长期没有联系的顾客通个电话。

自1994年以来，美国通运公司开展了很多活动，以加强其与批发商和创造高通运销量的顾客之间特许经营权关系。南佛罗里达州的销售总监卡洛斯·维埃拉（Carlos Viera）对此解释道：

经久不衰的二八定律指出：大部分的业务源自20%的市场，因此，这种活动更像是公关活动。

成功的市场营销，就是把精力放在数量相对较少、购买产品或服务时消费最积极的顾客。因为当少部分的顾客购买了大部分的产品，而大部分的顾客只购买了少部分的产品时，后者的贡献率可以忽略不计。关键消费群体（即那些消费量大且频繁的群体）是非常重要的。例如，埃米斯广播公司（Emmis Broadcasting）旗下的WQHT和WRKS电台，针对核心听众成功开展了市场营销活动，以增加听众的收听时间：

听众们不再每周花12个小时去听他们喜欢的电台，而是花25个小时……我们所有的电台都运用了二八定律……我们吸引每个目标听众，趁此让听众尽可能地多花费时间在电台上。

关注20%的关键顾客，在很大程度上比关注100%要简单得多。以全部的客户为中心很难实现，但珍惜这关键的20%客户，不仅是可行的，而且会带来高回报。

锁定核心客户的四个步骤

在确定哪些人是关键的20%客户之前，你需要设法锁定这部分客户。

首先，客户群体较小的公司，可以逐个对客户进行分析，然后找出关键客户。然而，那些较大客户群体的公司，也需要知道哪些是关键客户（这些客户或者是分销商，或者是带来大宗消费的常客）。

其次，你需要为他们提供例外甚至是“专享”的服务。咨询师丹·沙利文建议，如果公司想要创造一个有保障的保险代理平台，那么公司应该建立20个客户关系，并像运行服务一样覆盖它们。客户需要的是独具特色的服务，而不仅仅满足于好服务或者是常规性的服务。当客户有任何需求的时候，你需要像SWAT团队一样，快速作出反应，因此，你需要有预见性，未雨绸缪。诀窍就是——无论是在职责范围以外，还是超出一般行业标准的要求，你都需要为客户提供令他们满意而感到惊喜的服务。虽然这样做会带来短期的成本消耗，但最重要的是，它能够带来长期收益。

再次，有针对性地为这些核心的、关键的20%客户群体，单独开设生产线、生产新的产品，并且提供称心的服务。公司想要获取更多的市场份额，首先要争取让现有的核心客户购买更多的产品。一般来说，这不单单仅与销售技巧相关。尽管很多常客的订单总能带来高效的回报、提高短期和长期利润，但仅仅将现有产品销售给他们，是不可能实现市场份额提升的。眼下，提高现有产品的品质，或者研发完全新的优质产品，才是重中之重，因为这些问题才是客户所关注的。如果可能的话，还可与核心客户合作开发生产线，毕竟创新应该建立在与核心客户合作的基础上。

最后，我们的目标，应该是维系与核心客户之间的关系，让他们成为公司的长期顾客群体。核心客户就如同银行里的钱，任何客户的损失都必然会影响利润。因此，为了留住核心客户，你需要花更多的心思。尽管维护客户看起来会降低利润，但在某个特定时期，利润必然会大幅提升。专门为他们提供的独特服务，也有助于提高短期利润，即推动核心客户购买更多的产品。但是获利能力，只是一个衡量企业发展的积分卡，它可以作为事后衡量企业健康状况的指标。衡量企业健康的真正标准是：是否与核心客户建立深层次和长期的合作关系。无论在何种情况下，客户的忠诚都是驱动盈利的基本要素。如果你开始失去核心客户，不管你怎么努力实现了短期效益的上涨，公司最终也将走向没落。如果核心客户缺失严重，你需要做的就是尽快转卖公司，或者解雇管理层。如果你就是公司老板，那你应该引咎辞职。在追回核心客户或者稳住现有客户的过程中，必要的话，可以采取相应的强硬措施。从另一方面看，如果核心客户满意了，那么公司就有把握进行长期业务扩张。

服务20%的核心客户，必须成为公司的宗旨

只有将所有精力集中于关键的20%的客户，才能使市场营销成为公司的核心工作。本节一开头，我们就论述了生产从产品导向转为市场导向的过程，因此，我们得知，所谓的过度营销方式，是因为我们专注于所有的客户，而没有将服务的范围锁定到20%的核心客户上。对于这20%的关键客户，任何的营销都不可能被视为过度。你可以尽情地在他们身上花钱或者消耗人力，因为你知道这终将会带来丰厚的利润。

一家公司不可能关注所有客户的需求，但应该以20%的客户为中心。关注这部分人的需求，是每一个营销人员的主要工作，但这种营销观念也应成为公司公认的宗旨。顾客会看到公司里每个员工的付出，也会以此来评估公司的整体诚意。从这个意义上来说，二八定律也得到了全新的应用：一方面，它使营销成为公司的核心业务，让公司专注于营销；另一方面，公司里的每个人的工作都围绕着市场营销展开。此外，对于公司成员来说，市场营销则意味着为核心的20%的顾客，提供更高层次的服务。

销售领域的二八定律应用

销售与市场营销唇齿相依，因为销售是与客户沟通、倾听客户诉求的前线活动。正如我们即将看到的，二八思考不仅对于销售很重要，对于市场营销也至关

重要。

取得卓越的销售业绩的关键，是不要再以平均投入的思维行事，而是要学会以二八定律进行思考。平均式的销售业绩，通常具有误导性。少部分销售人员的年薪超过10万英镑，然而大部分的销售人员仅拿到最低工资标准。平均式的销售业绩，对于销售人员或者他们的老板来说毫无意义。

对任何一个销售力量或者工作进行二八分析，你会发现销售和销售人员之间存在着失衡的关系。多数研究表明，销售业绩前20%的销售人员，创造了70%到80%的销售额。对于那些没有意识到二八关系普遍存在于生活中的人来说，这是一个相当了不起的成就。但是对于任何公司的员工来说，二八关系是短期提高利润的关键。因此，短期内，利润与销售密切挂钩。为什么二八定律适用于销售？我们应该做些什么呢？

有两组原因导致销售人员之间的销售额差别如此之大：第一组仅与销售人员的业绩相关。第二组与客户关注的结构相关。

销售业绩

试想，如果你的二八分析结果与最近的一个例子重复，并发现20%的销售人员创造了73%的销售额，此时你应该怎么做呢？

第一，留住业绩出色的员工。这也是一个显而易见，但通常又容易被我们忽视的重要因素。你不应该遵循那句老话：如果东西没有坏掉，就不要去修理它；反之，如果东西没有坏掉，就一定要保证它不会坏（即不要一直试图改变已经很好的、正在顺利进行的事）。为了与你的顾客保持密切联系，你需要做的下一件事，就是与顶尖优秀的销售员保持密切联系，让他们保持积极向上的工作状态，而这就不仅仅是靠金钱能做到的。

第二，雇用更多高效的销售员。在选择销售人员的时候，不一定需要选择具备相同资质的人，性格和态度更重要。将你所有的高业绩销售“冠军”聚集在一个工作间里，看看他们之间有何共同之处。更好的方法，是让他们帮你去聘请更多和他们类似的销售员。

第三，尝试找出销售员销售的黄金时间点，以及他们所做的不同之处。二八定律不仅适用于时间，也适用于人：每个销售员80%的销售额，可能是在20%的工作时间内创造的。努力找出那些所谓的幸运时刻，及其发生的原因。一位读者的评论充分说明了这一点：

如果你是销售员，想想你以前取得最好的业绩时刻。

你在那周有何不同的作为？我不知道球员或者销售员，哪一个更迷信……但是在各自领域成功的人，往往都会去回顾他们最幸运的时刻具备的所有条件，然后尽力去维持它们。然而，如果你是销售员，那你和球员就不同，你需要在好运来临的时刻，第一时间抓住机会。

第四，让销售员自行选用产出投入最高的方法。有时候可以刊登广告，有时候可以进行上门销售，有时候可以发送邮件，有时候可以打电话。在充分利用时间和金钱的情况下，尽可能多做些事情。你也可以去分析，但观察顶尖销售员的工作方式，会更快得到答案，也更节约成本。

第五，将成功的团队从其所在领域与另一领域不成功的团队互换位置。真正地完成这个操作，很快你就会发现优秀的团队能否战胜结构性的困难，或被结构性的困难击败。如果在以往困难的领域，优秀的团队都能攻克艰难，但另一个队伍却失败了，那就去问问优秀的队伍应该怎样做：答案可能是拆分团队然后重组。最近，我的一位客户在国际销售市场取得了极大的成功，但是在国内市场却没有什么活力，也失去了市场份额。我建议他试着将国内和国外市场的销售团队互调。这位老板一开始表示反对，因为国外的销售团队有语言的优势，如果到国内销售，这很大程度上是人才的资源浪费。但最后他同意将国外的一支销售队伍对调到国内，并且解雇了国内的销售总监，然后从国外销售人才里挑选了一个年轻人来替代。很快，原先损失的国内市场份额回来了。当然，并非所有类似的操作都有圆满结局，但在销售领域，失败就是最糟糕的结局，无所谓更糟糕，成功也同理。

第六，不妨专门开展销售人员培训。“培训业绩较差的80%销售人员，提高他们的业务水平能力，这是不是笔划算的买卖？或者说这只是在浪费时间，因为他们中的大多数人不管是否培训，都将被淘汰。”在任何问题上，问问自己二八定律给你什么答案。以下是我的答案：

- 只培训那些你有理由确信会长久为你工作的人。
- 任命顶尖销售人员作为培训师，并根据受训人员的表现，奖励那些销售冠军。
- 加大对那些在第一批训练中表现出色人员的投资。将80%的精力集中投资给表现最好的20%的受训人员。停止对垫底的50%的受训人员的培训，除非你可以肯定自己能从这部分人员中收回投资，获得回报。

很多销售人员的业绩差异，确实源于不同的销售技巧，但很多人也并非只有这个原因。通过二八定律的分析，我们也能够找出其背后的结构性的因素。

好的销售不仅需要好的销售技巧

二八分析能够找出在个人能力之外的销售层面的结构性原因。这些结构性的因素通常很容易处理，甚至比解决个人能力问题更有价值。大部分的销售业绩，通常取决于所销售的产品和服务的客户。

观察销售人员后，我们发现：20%的销售人员创造了73%的销售额；16%的产品占据了80%的销售额；22%的客户带来了77%的销售额……

进一步观察我们的销售人员，我们发现，布莱克有100个活跃的主顾，其中，20个人为布莱克带来了80%的销售额。格林负责100个县的业务，我们发现她80%的客户主要集中于24县。怀特销售30种不同的产品，其中6种占了81%的销售额。

我们已经在本节的市场营销部分内容中，强调了二八定律在产品和客户中的应用。因此，销售主管应该：

- 确保每个销售人员将精力专注于产生80%销售额的20%的产品上。确保最获利的产品能够吸引四倍同等低利润产品的客户。公司应该奖励那些销售利润最高产品的销售员，而不是销售利润最低产品的销售员。
- 销售员应专注于带来80%销售额和80%利润的20%核心客户。让销售团队学会按照客户创造的销售额和利润的高低排序，选出核心客户。销售员要坚定不移地用80%的时间搞定贡献率最大的20%的核心客户，哪怕这意味着他们或许要忽视其他一些不怎么重要的客户。
- 销售员要在少数带来高销售额的客户上，花更多的心思和工夫，引导他们够买更多的产品。如果向客户推销现有产品的可能性已经不复存在，就应该着重为他们提供优质的服务，这样既能确保稳定现有的业务，也能掌握核心客户的新需求。
- 无论客户身处何地，将创造高销售额和高利润的那部分客户，会集到一个销售员或者一个销售团队之下。尽可能地拥有更多的全国性客户，而非地区性客户。

过去，无论全国性客户购买的产品需要运往何处，他们的业务也仅由公司旗下的一个买手负责全部购买。在这种情况下，由一名高级全国代理销售主管负责一个重要的买手，是很明智的选择。但是随着越来越多的全国性客户的出现，公司应该选取专门的销售员或者销售团队，重点去负责这部分的业务，即便这个客户购买的产品需要运往千差万别的目的地。美国国际联合电脑公司（Computer Associates International）的前高级销售副总裁里奇·基亚雷洛（Rich Chiarello）对此评论道：

前20%的客户给我带来了80%的利润。我将这些客户作为全国性的客户。我不在乎一个销售代理是否要飞遍整个国家，他的作用就是要拿下这个客户。并且，我们正针对目标客户里的每一个人，制订相应的销售计划，以成功销售我们的产品。

➤ 降低营销成本。那些不太重要的客户，用电话联系就可以了。销售人员经常抱怨：缩减销售人员的规模，或者在大客户上花过多的时间，会导致一些销售区域的客户数量超出销售人员合理工作量的两倍。一个解决方案就是放弃某些客户，但这应该是走投无路的下下策。通常来说，最好的解决方案是集中80%的小客户，利用电话销售和订单服务来满足他们的需求。这样做，相较于面对面的销售服务来说，在有效地提供了服务的同时，也能够降低成本。

➤ 最后，确保销售人员回访以前给公司带来大业务的老客户。这就意味着他们需要去老客户家里或者拨打老客户留下的电话号码。

这是一个神奇的成功销售技巧，但通常会被人们所忽视。过去对业务满意的老客户，极有可能会再次购买产品。贝恩咨询公司的创始人比尔·贝恩，曾经在美国南部诸州挨家挨户推销圣经。他一开始盲目地挨家挨户吃力地推销，但却没有获得任何业绩，因为他忽视了一个明显的销售点。最后，他回访了上一个购买了圣经的客户，然后客户又买了一本。而另一个成功运用相同的技巧的男士，是美国最顶尖的一个房地产经纪人，他的名字叫尼古拉斯·巴尔桑，是罗马尼亚移民。他每年赚取了超过100万美元的个人佣金，其中三分之一的收入源自回头客。巴尔桑先生会实地走访老客户，询问屋主（他的客户）是否愿意出租或出售房屋。

利用二八结构的影响力，平庸的销售人员也能够成为优秀的销售人员，而优秀的销售人员会更上一层楼，成为销售冠军。一个优秀的销售团队，对公司最终盈利的影响是立竿见影的。更为重要的是，对市场份额和客户的满意度（精力充沛、自信十分的销售团队为之服务）的长期影响力，决定了公司能够为核心客户群体提供最好的服务，并同时倾听了他们真正的诉求。

少数重要客户

某些客户很重要，但是大多数都不怎么重要。有些销售付出的努力取得了出乎意料的成效，但是大多数又是无效的，甚至有些会让你赔钱。

在营销渠道和销售工作的过程中，你可以为少数潜在客户提供一些独特、更好，或者比他们从其他渠道获得的更高价值的东西，当然，前提是你必须确保自己能够在此过程中获得更高的利润。任何一家企业，都能够根据这个简单明了的原则（二八定律）获得成功。

第七章
二八定律的10大商业应用

二八定律的应用非常广泛：它几乎可以用于任何领域，来指导战略部署和改善财务状况。因此，如表14所示，二八定律的十大应用其实是随机的选择。在编制这张表的时候，我考虑的因素有：以往商界使用二八定律的程度，以及我自己对二八定律潜在的、尚未被开发领域价值的一些看法。

前面的章节已经涵盖了二八定律的前六大用途：第四章和第五章关于企业战略；第三章关于质量和信息技术；第五章关于成本降低和服务改善；第六章关于市场营销和销售。本章则总结了二八定律在商业领域的其他四个用途。

表14　二八原则的十大商业应用

1	战略
2	质量
3	成本降低和服务改善
4	市场营销
5	销售
6	信息技术
7	决策与分析
8	库存管理
9	项目管理
10	谈判

二八定律在决策与分析中的应用

商界需要的决策的特点是：频率高、速度快，而且往往来不及判断这些决策是对还是错。自1950年以来，商界受到越来越多的管理学家和分析经理的“青睐”或“祸害”，这些人才成长于商学院、会计师事务所和咨询公司，可以对任何问题进行分析（这通常要求广泛而昂贵的数据收集）。在过去的半个世纪里，分析业务可能是美国所有行业中增长最快的行业，并且在美国一些最伟大的胜利（比如登月）中发挥了重要作用。

大企业把分析看得太重

但分析也有其弊端：直到现在才得到合理削减的异常的企业员工数量暴涨；对算术高深的咨询师兜售的“最新时尚”的迷恋；股市对近期收益的越来越复杂的分析的痴迷，即便这些分析只反映了某家公司真正价值的冰山一角；以及过于看重分析导致对大量前沿业务失去竞争信心。最后一个例子不仅导致了“分析瘫痪”（只进行分析导致企业几乎瘫痪）这个老生常谈现象背后的普遍现实，也导致了西方大公司经营状况的整体恶化。分析吞噬了企业的远见能力，就像数据分析师把具有远见卓识的统筹者赶下了首席执行官的位置那样。

简而言之，分析也不应该被过度看重。毫无疑问，美国和英国有一种奇怪的分析错配：对私营企业分析得太多，而对国有企业分析得太少。大公司需要的分析不多，但得精。

二八定律是分析性的，但分析要适度

要记住，二八定律的主旨：

- 关键少数和次要多数原则：只有少数事物会产生重要结果。

➤ 大多数的努力都无法实现预期的结果。

➤ 一般来说，所见非所得：总有潜在的力量在发挥作用。

➤ 要想弄清楚正在发生什么，通常太复杂、太累人，也没有必要：你只需要知道某件事情是否能发挥作用即可。如果不能，就改变其组合成分，直到它发挥效用；然后保持这个组合不变，直到它失去时效性，再继续改进。

➤ 大多数好事的发生，是由于一小部分高生产力力量在发挥作用；大多数坏事的发生，是由于一小部分高破坏力力量在发挥作用。

➤ 大多数活动，无论是集体的还是个人的，都是在浪费时间，并不会对预期的结果产生实质性影响。

运用二八定律进行决策的五个定律

定律一：大多数决策无关紧要。在做任何决定之前，先想象自己面前有两个托盘——就像桌面上收纳文件的托盘——一个标有“重要决策”，另一个标有“次要决策”。在脑海里为这些决策分类，并按照只有二十分之一的决定能归为“重要决策”的原则，将决策放到各自的收纳托盘里。不要为次要决策苦恼，最重要的是不要为其进行昂贵而耗时的分析。如果可能的话，把它们全部委托给别人。如果不能，就决定哪个决策有更大的可能正确无误。如果你不能快速做决定，不妨抛个硬币试试。

定律二：最重要的决定，往往是那些墨守成规的决定。因为商场瞬息万变，转折点可能在尚未意识到之前就已经错过。比如，由于没有及时留心大客户的不满并解决问题，造成他们流失；或你的竞争对手开发了新产品（就像IBM的竞争对手开发了新型计算机），而你认为这种产品的构思是错误的，永远不可能在消费者间流行；又或者，由于分销渠道的变化，你无意间失去了市场份额的领先地位，或者你发明了一种很棒的新产品，并享受它的小幅成功，但别人却照葫芦画瓢，推出了一样的产品，疯狂地赚了几十亿；再或者，为你搞研发的“书呆子”突然决定自立门户、创立了微软……

当出现这种情况时，没有任何数据或分析能帮你解决实际问题或提供新的机遇。你需要的是直觉和洞察力：提出正确的问题，而不是将错就错。要想找到关键的转折点，唯一的办法就是，每月抽出一天，丢掉所有数据和分析，再思考以下问题：

➤ 有哪些可能产生蝴蝶效应的未知问题和机会，正在不经意间不断酝酿和累积？

➤ 哪些因素在不被看好的情况下还能出乎意料地顺利进行？什么产品或服务是我们无意中为客户提供的，却无心插柳柳成荫？

➤ 是否有一些事情步入了严重的歧途？我们认为自己明白怎么回事，但事实与我们的理解完全背道而驰？

➤ 既然某些重要的事情总是在暗中无人注意的情况下发生，那么这次会是什么呢？

定律三：在需要做出重要决策时，先收集80%的数据，在可用时间的前20%里，完成80%的相关分析，然后用100%的时间做出决策，并果断执行，就好像你100%笃定这个决策正确似的。为了方便记忆，我们可以称它为80/20/100/100的决策法则。

定律四：如果你的决策不起作用，想法的转变应宜早不宜迟。广义上说，市场——正在运营的市场——相较于大量分析，是一个更可靠的指标。所以，不要害怕尝试，也不要顽固地迷信已经被市场否定的策略。总之，不要与市场对抗。

定律五：当某项业务进展顺利时，可以成倍地追加你的筹码。你可能不知道它能够顺利开展的原因，但是当宇宙的好运在向你倾斜的时候，就要毫不犹豫地尽你所能，借势而起。风险投资家们知道这一点。他们投资组合中的大多数都达不到预期、损失巨大，但他们的损失，能够被那些少数成功的超级明星投资弥补，且这些投资的成功超乎人们的想象。当企业的业绩持续低于预算时，你或许会备受困扰。但是当企业的业绩持续超出预期时，你至少有很好的机会，实现10倍或100倍的成倍增长。在这种情况下，大多数人选择知足常乐，但那些敢于放手一搏的人却能够成为超级富豪。

库存管理

我们从第五章中可知，简化意味着减少产品，为此，库存管理将成为二八定律的另一个关键应用领域。良好的库存管理应遵循二八定律，这对赚取利润和现金至关重要；它也是一家企业追求简单还是复杂的最佳验证。

几乎所有的企业都存在库存剩余的情况，一个原因是产品过多，另一个原因是每种产品的衍生种类过多。库存是以库存保有单位(SKU)来衡量的，每个衍生种类都等于一个独立的库存单位。

此外，库存的构成几乎无一例外地遵循二八分销方式：大约80%的库存，只占销售量或收入的20%。这意味着，滞销产品会产生高昂的库存成本，并消耗大量的现金用于存储，而且涉及的产品通常都是不盈利的。

我们一起来看看两个最近的库存审计的例子，其中一个例子是：

经过数据分析，帕累托的二八定律得到了验证：20%的库存保有单位，占日销售量的75%，这些单位大部分是批量订单，每个单位存货都有大量需求。其余80%的库存保有单位，仅占日销售量的25%，而这些单位只有少数几位买家。

这20%库存管理单位利润非常丰厚，而剩下的80%则无利可图。另一个案例来自一个仓库，他们引进了一个新型电子系统；在引进之前，该仓库决定先看看库存是否适量。

初步研究的结果表明，库存并不符合二八定律：占到整个仓库吞吐量80%的，不是20%的库存保有单位，而仅0.5%的库存保有单位（即只有144个库存保有单位），就占到了仓库吞吐量的70%。

同理，虽然我对这个仓库的产品一无所知，但可以肯定的是，销量排名前0.5%的库存保有单位的利润，比剩下的99.5%的单位的利润要高得多。

对我来说，有一个非常重要的例子——斐来仕（Filofax，一家活页式笔记本生产公司）。因为纠正它的决策错误让我赚了很多钱。我当时的生意伙伴罗宾·菲尔德讲了这个故事：

虽然斐来仕的设计和功能（在20世纪年代末）一直保持不变，但产品线的范围已经扩大到无法控制。同样的常规款活页笔记本有各种尺寸，由大量的皮料制成（主要是异国情调的皮料）的封面。只要客户说出某种生物的名字，斐来仕就会订做几千个用它的皮制成的活页笔记本，并自豪地将它们列入销售目录和库存。我不知道Karung（水蛇）是什么，但在1990年，我拥有很多水蛇皮制成的活页笔记本。

同样地，不管是什么主题的事物：桥梁、象棋、摄影、观鸟、帆板运动等，斐来仕都会有成千上万的定制插页，并将这些放入库存。

当然，这不仅导致了大量滞销的存货过剩、企业管理负担的剧增，还搅和了零售商布局，导致他们无法确定营销的重点。

好的库存管理固然很重要，但做到这样只需四个关键。最具战略意义的一点即：从根本上削减无利可图的产品，这点已经在第三章中有所涉及。

任何给定数量的产品，都应该减少衍生产品种类的数量，首先可以从滞销产品开始，就像斐来仕那样，直接将它们从产品线中剔除。不要盲目听信他人说那些滞销产品真的有用。如果它们真的有用，早就卖出去了。

尝试将库存管理的问题和成本，输出到企业增值链的其他部分，可以转嫁到供应商或客户身上。理想的解决方案，是确保库存量永远低于生产设施的产能，即按需生产。随着现代信息技术的发展，这种做法变得越来越可行，并且可以在降低成本的同时提高服务标准。

最后，如果你必须保持一定数量的库存，那么可以利用二八定律的战术性方法，来降低成本、提高吞吐量：

在许多库存场景中，二八定律都是可靠的，即大约80%的销量，只涉及大约20%的库存。原来按尺寸和重量划分的库存区域，现在也可以按编号划分为销售量大或小的区域。一般来说，畅销产品应尽量触手可及，以此减少操作人员的工作量、减少疲劳操作等。

未来的库存管理

尽管库存管理有“棕色外套”和“尘封的仓库”这样的别称，但它也是一个快速发展且令人兴奋的领域。在线订单处理的“虚拟库存”的应用也正变得越来越广泛，这不仅降低了成本，而且改善了对供应商和客户的服务。百特国际（Baxter International）的医院供应业务等创新者，在“客户亲密型”库存系统方面取得了巨大的成功。在所有运用二八定律改良经营的案例中，进步都来自于专注：专注于最重要的客户，专注于简单的产品线、简单的状态跟踪、简单的货物交付。

二八定律也适用于企业价值创造的另一个越来越重要的领域——项目管理。

项目管理

我们逐渐意识到管理结构存在的不足，它们破坏的价值通常比增加的价值多。项目管理则可以帮助规避这个问题，从而为有价值的客户创造价值。自总裁以下，许多活力充沛的人在企业中并未发挥实际才干：相反，他们追求的是项目的数量，而非质量。

项目管理是一个奇怪的任务：一方面，一个项目涉及一个团队：它是合作性的，并不体现自上而下的领导和指挥。另一方面，团队成员通常并不知道要做什么，因为项目需要创新和临时安排。项目经理的任务，就是将所有团队成员集中在少数真正重要的事情上。

简化目标

首先，简化任务。一个项目不仅包含单个项目：几乎无一例外，一个项目都是几个项目的结合。项目中可能存在一个中心主题和一系列附属问题；或者，同一个项目中可能包含三四个主题。随便回顾一下你所熟悉的项目，你就会明白这一点。

项目遵循组织复杂性的规律。一个项目的目标越多，为圆满完成项目所做的努力就越大。这些努力增长的速度不是按比例的，而是按几何级数增加的。

任何项目80%的价值，将来自20%的相关活动；而另外80%的活动，则是因为不必要的复杂性而产生。因此，简化项目的目标之前，不要开始项目。我们的目标是，丢掉不必要的包袱，轻装出发！

制定不可能完成的任务进度表

制定不可能的时间进度表，将确保项目团队只专注于真正具备高价值的任务。

面对一个不可能的时间表，（项目成员）将确定并执行20%的需求，以实现80%的利益。同样，正是因为“锦上添花”的想法，本可以按期完成的项目最终变成了无限延期的灾难。

给项目团队制定超乎难度的目标。“绝地求生”会激发出创造性的解决方案。你可以要求团队在4个星期内提供原型；要求在3个月内上线试运行。这将迫使开发团队应用二八定律，并真正使其发挥作用。但同时要牢记，将风险设定在可控的范围内。

先计后战

一个项目的时间周期越短，就越应该留出更多的时间进行详细的规划和思考。当我还是贝恩管理咨询公司（Bain & Company）的合伙人时，我们的实践证明，我们管理得最好的项目——那些客户和顾问满意度最高、浪费时间最少、利润率最高的项目——都是那些规划时间长，但执行时间短的项目。

在计划阶段，写下需要解决的所有关键问题。（如果这些问题超过7个，就把重要性最低的问题去掉。）然后假设这些问题的可能答案，即使这些问题纯属预测（但要尽最大的努力去猜测）。找出需要收集哪些信息，或需要完成哪些过程，来验证答案的正确性。确定好团队分工，在项目运行一段较短时间之后，再根据新掌握的知识和与之前猜测的不同之处，重新规划。

行动之前，规划先行

特别是当项目涉及产品设计或服务时，要确保在开始实施之前的设计阶段就得到最好的方案。二八定律告诉我们：任何项目中仅20%的问题，都会消耗80%的成本或超支；而80%的关键性问题，是在设计阶段出现的。此外，问题发生之后要纠正的成本非常高，需要大量返工，在某些情况下还得打回重做，所以最好在设计阶段就将这些可能的问题解决掉。

谈判

谈判是二八定律在商业上十大应用的最后一个。鉴于人们已经对谈判进行了大量研究，二八定律只增加了两点，但它们都至关重要。

谈判中的少数观点值得重视

20%或更少的争议点，将消耗整个谈判80%以上的时间。你可能认为双方都对此心知肚明，但争强好胜是人的天性，甚至不惜在完全不重要的问题上浪费生命。同样，他们也会对彼此的让步做出反应，哪怕是微不足道的让步。

因此，在谈判初期，就应该提出一长串假设的关注点和要求，让对方误认为这些要求很重要。但是，这些点必须是脱离实际的，或者至少不能让对方在没有任何损失的情况下可以全身而退（否则他们会因为灵活应对和适当让步而获得阶段性胜利）。然后，在谈判的最后阶段，你可以通过在不重要的点上的让步，换取超额的、真正重要的点上的胜利。

例如，假设你正在与独家供应商就你生产的某种关键产品的100个部件进行价格谈判。任何产品80%的成本，都取决于20%的零部件，因此你真正应该关心的就是这20个部件的价格。但是，如果你在谈判中过早地在其他80个部件的要价上让步，你就会失去宝贵的谈判筹码。因此，你应该虚构一些理由，说明那些不重要的80个零件价格为什么对你很重要，也许可以通过夸大可能消费的数量来作为佐证。这样的烟雾弹，能够迷惑供应商，让其放松警惕，并有可能让你获得关键的20个部件的价格胜利。

不要过早亮出底牌

人们经常发现，大多数谈判都要经过一场虚假的拉锯战争，只有在接近结束时，双方才会就真正重要的问题认真地进行谈判。

此外，由于时间对谈判的压力极大，80%的让步将发生在最后20%的时间里，这似乎也是事实。如果在早期就提出真正的要求，双方可能都不愿意让步，整个交易就会宣告失败。但是，如果在谈判的最后20%的时间里，出现了额外的要求或问题，双方就会更容易妥协，并最终促成谈判目标的达成。

好的谈判者必须有耐心。

如何赢得加薪的谈判

奥腾·斯金纳（Orten Skinner）举了一个有趣的例子，说明如何利用二八定律进行成功的谈判。

80%的让步将在谈判时间的最后20%做出。如果你将期待已久的加薪谈判安排在上午9点，并知道老板在10点还有其他的事项安排，那么提出加薪要求的最关键时刻是9:50左右。因此，要根据这个时间节点，相应地安排谈话的内容和节奏。

不要过早地提出你的要求，否则就是在大幅度地向老板让步。

十大应用领域之外的二八定律应用

现在你可能已经意识到，二八定律可以应用在任何假设的场景或情况中。这份洞察力来自人们背后活生生的现实，来自企业，来自企业运作的世界背后的领域。二八定律之所以如此普遍，是因为它反映了统治人类生存的更深层力量。因此，现在是时候凝聚这股力量了。

第八章
关键少数原则助力成功

二八定律很像雷达和自动驾驶仪。雷达给我们洞察力：它帮助我们发现机会、避开危险；自动驾驶仪则让我们在商业舞台上闲庭漫步，能与客户和其他重要的人员交谈，并确信我们仍然掌握着自己的命运。二八定律的逻辑，要求我们掌握并内化少数简单的要点；然后，我们就可以轻松地进行“二八思考”，采取“二八行动”。

少数事物，总是比大多数事物更重要

这是千真万确的，但或许一开始令人难以接受。除非我们手上有数据证明，或遵循了二八思维的指导，我们总是倾向于相信，大多数事情的重要性总是高于少数实际上更重要的事情。即使我们认识并接受了这个观点，也很难落实到下一步的行动中。因此，我们要把“关键少数”放在心上，不断反思自己是否把更多的时间和精力花在关键少数上，而不是次要多数。

进步意味着提升资源的利用效率

像个人企业家一样，自由市场将资源从生产力较低的领域转移到生产力和收益较高的领域。但是，无论是市场还是企业家，更不用说今天过于复杂的公司或政府官僚机构，在资源的优化配置方面，都做得不够好。总是存在大量的浪费，80%的资源只能产生20%的价值，而这总会给精明的企业家创造套利机会。实际上，市场和研究人员一直低估了企业家套利的能力。

少数人创造了大部分价值

最优秀的员工，指的是最适合岗位并可以完全胜任的人。他们会创造巨大的价值，通常远远超过他们得到的回报。但通常这样的人很少，因为大多数人创造的价值和他们获得的回报大致相等，很大一部分人（往往也还是大多数人）创造的价值远低于他们获得的回报。这种资源分配不当的情况，在规模较大和较多样化的公司中最为严重。

任何一个大的管理型公司，都会面临收入分配不当的问题。公司越大、复杂性越强，这种情况就越严重。那些在公司工作过的人，或者与公司有广泛来往的人，都知道少数员工是无价的。他们所创造的价值，远远超过他们的工作成本。而多数员工都是“吃白饭的”，他们所创造的价值，却远远低于他们的工作成本。另外10%—20%的员工，不仅没创造价值，甚至还会造成公司的损失。

造成这种情况的原因很多：真正的绩效难以衡量；高管的政治谋略不足或其他个人因素；任人唯亲、开后门的现象难以根除；岗位职责应该和个人绩效相等或更多的荒谬但普遍的想法；以及通常被促进团队工作的良好愿望掩盖的纯粹平均主义倾向；此外，在企业的复杂性和管理的民主性交汇时很容易出现人员浪费和闲置的现象。

关于如何分配每年极其庞大的奖金数额，我曾向一家投资银行的行长提过建议。我这位客户是一位商人，白手起家、极其富有，他成功的乐趣和源泉在于发现和利用市场的不完善之处。他很相信市场，并且也知道，数百位会获得奖金的员工中，有两个人去年为他创造了50%以上的收益；这在银行投资行业，并非罕见现象。但当我建议把总奖金的一半以上分给这两位员工时，他惊呆了。后来，我们谈到了一位高管，我们都认识他，都知道他消耗的价值比增加的价值要多（但他既讨人喜欢，又是银行内部极其精明的“政客”）。我建议说，为什么不把他的奖金减为零呢？这个建议再一次超出了银行行长的想象，他说：“天啊，理查德，我已经把他的奖金减到去年的四分之一了，我不敢再减了。”但是在我看来，我甚至觉得这位高管应该向银行支付他在此工作的费用，而不是领着薪水不干事，还收割巨额的绩效奖金。可喜的是，这个问题最终还是按照我的思路解决了，这个高管的奖金被定为零，他现在已经换到了能够发挥他价值的岗位。

会计制度也是公平报酬的敌人，因为会计师绝对擅长掩盖金钱的真正来源，即做假账。这就是为什么，除去人性的弱点之外，在大型综合公司内，绩效和报酬之间的不平衡，比小企业更大。拥有四名员工的小企业家知道谁在为公司赚钱，以及赚了多少钱，并不需要下属的损益报告就能够清楚地知道。反过来，大公司的首席执行官，却需要依靠误导性的会计数据和人力资源主管粉饰（可怕的词！）后的汇报，来判断员工的实际贡献情况。在大公司中，表现最好的人得到的比他们应得的少，而大量平庸的管理者最终得到的比他们应得的多，这并不是什么稀罕事儿。

差异巨大的利润

在价值与成本之间、努力与回报之间的利润总是存在巨大的差异。高利润活动只占总活动的一小部分，但却占总利润的大部分。如果我们不干预资源的自然分配，这些不平衡会变得尤为明显。但是，大多数人选择“鸵鸟心态”，把头埋在沙子里（会计制度专门为此提供了无尽的便捷沙滩），拒绝承认这样一个现实：我们和公司所做的大部分工作的价值，远远低于那些少数高利润活动。

资源总是分配不均

我们为低利润活动提供了太多资源，而给高利润活动提供的资源却太少。尽管我们做出了最大努力，但获得极少补贴资源的高收入活动依旧继续蓬勃发展，得到大量补贴的活动没有呈现应有的发展势头。在资源可供利用的情况下，随着高利润活动进入了疲软期，低利润活动将逐渐消耗越来越多的资源，但同时继续给再投资带来很少的盈余，甚至是零或负盈余。

我们不断地惊讶于高利润活动的出色表现，以及低收入活动要花多长的时间才能扭转局面。但不幸的是，通常情况下，扭转亏损几乎是不可能的事，但我们仍然执迷不悟。只有新老板来临、出现危机或管理咨询师提出建议时才幡然醒悟，去做我们早就该做的事情。

成功往往被低估

成功的价值常常被人低估、被无视或被忽略。人们常常把它当作一种运气，但运气和意外一样，并不像我们想象的那样经常发生。“运气”是我们无法理解成功时的措辞。但运气的背后，总有一个高效的机制在运作，不管我们是否注意到它，它都会产生盈余。因为无法理解、不敢相信自己的“运气”，我们无法从加强创造价值的良性循环中受益。

平衡是一种假象

没有什么东西是永恒的，也没有什么东西是永衡的。创新是唯一固定的“常量”。创新总是受到抵制，而且常常被搁置，但很少被消灭。成功地创新比维持现状更具生产力；也只有如此，我们才能改变现状。积累到一定程度的有效创新，就会质变为势不可当。个人、企业和国家的成功不在于发明，甚至不在于创造市场化的创新，而在于发现创新即将成为不可抗拒的那个点，并尝试不惜一切代价地驾驭它。

变革是生存的必要条件。建设性变革需要洞察什么是最有效的，并专注于这种成功的方式。

大赢始于小利

最后，大事物总是由小事物发展而来的。小事业、小产品、小公司、小市场、小系统：所有这些小事物，往往都是大事物的起点，然而它们却很少被认识到。我们通常只关注大量的现存事物，而忽视了可能引起质变的小现象中明显的趋势。我们通常只会在事情演变成为大事件之后才会注意到它，然而这时的增长已经在减速了。只有极少数人才能够获得巨大的财富，正是因为只有他们，在小事物成长还很小、还在加速的时候就发现了它们并抓住了一起腾飞的机会。但很遗憾，即使是大多数正在参与事物成长过程的人，也很少意识到其重要性或蕴含的发财潜力。

放弃50/50思维

我们可能需要反复重组思维、调整思想，才能够停止惯性的50/50思考，并改用二八思维去思考和分析问题。在这方面，图21给出了一些窍门。

- 以不平衡为基础进行反向思考，期待20%等于80%，期待80%等于20%。
- 期待出乎意料的结果。期待20%的原因会导致80%的结果，80%的原因会导致20%的结果。

➤ 期待一切——你的时间、你的公司、你的市场和你遇到的每一个人或实体经济——都有20%的质量：它的本质、它的力量、它的价值，以及一小部分被大量的平庸所掩盖的所有的优点。你的任务，就是找出这强大的20%。

➤ 寻找看不见的20%和潜藏的20%。找到这20%之后，令人出乎意料的成功就成了努力的奖赏。如果一项商业活动的成功超出预期，那20%的活动还能激发更多潜能。

➤ 期待明天的20%与今天的20%有所不同。明天的20%的萌芽、种子在哪里？能成长到20%并创造80%价值的1%在哪里？去年只是1%，但在今年已成为3%的内容在哪里？

➤ 培养出能够在思维层面忽略80%的能力——简单的答案、显然的现实、明显的质量、当前的责任、传统的思维、普遍的共识，等等，这些都看似重要，但毫无价值，根本不值得占用和浪费我们的脑力。这80%是镜花水月，阻止你看到那真实的20%。当你看到这些幻象，看透它们，看穿它们，看过它们。不管你怎么做，就是要忽略它们，假装它们不存在。把你的眼光放在难以捉摸的20%上。

图21 如何运用二八思维

然而，心理学家告诉我们，思想和态度可以通过适当的行动来改变，反之亦然。开始进行二八思考的最好方法，是开始按照二八定律采取行动，正如开始进行二八行动的最好方法，是开始按照二八定律思考一样。你必须将它们串联起来尝试。图22包含了关于如何开展二八行动的秘诀。

➤ 每当你发现一项20%的活动时，就奔向它、拥抱它、与它周旋并投入其怀中，为它申请专利，让自己成为它的专家、崇拜者、大祭司、伙伴、创造者、宣传者和不可或缺的盟友。充分利用它。如果“充分”超出了你的想象，那就解放你的想象力。

➤ 人才、金钱、朋友、商业盟友、说服力、信用、公司、你所拥有的或能掠夺的一切——利用你所掌握的一切资源去抓住、放大和利用你所遇到的任何20%的人。

➤ 广泛利用与他人的联盟，但只与属于20%的人结盟，并与其中20%的人，结成强大的盟友。然后寻求寻找与其他20%的人合作的机会，并挑选他们中的20%结盟。

➤ 利用二八定律套利。只要你有那个能力，就把资源从80%的活动转移到20%的活动中去。这样做的利润是巨大的，因为它是高度杠杆化的套利。你用不太有价值的资源，去创造一些非常有价值的东西，就可以在交换中实现双赢。

二八套利主要有两个媒介：人力资源和资金，或者说是可代表货币的资产或可以变现的资产。

把20%的人（包括你自己），从80%的活动中转移到20%的活动中。

把资金从80%的活动转移到20%的活动中去。如果可能且风险不大，在这个过程中使用杠杆原理（杠杆比率）。如果你的确将80%的资金转移到20%的活动中，那么实际蕴含的风险其实并不大。资金杠杆有两种形式：一种是借贷，另一种是用别人的钱（OPM）作为股权而不是作为债务。别人的钱用于80%的活动的风险巨大，且大多惨淡收场；但如果这笔钱用于20%的活动，就会创造出全方位的赢家，而且，理所当然地，让你成为最大的赢家。

➤ 改进20%的新活动。从其他地方“偷取”20%的想法：可以是其他人、其他产品、其他行业、其他知识领域、其他国家，并把它们应用在自己20%的活动里。

➤ 无情地削减80%的活动。80%的时间驱逐了20%的时间；80%的盟友霸占了应该给20%盟友的空间；80%的可用资产耗费了20%的活动资金；80%的业务关系取代了20%的业务关系；在80%的组织或地方工作，你就无法把时间花在20%的组织或场所；住在一个80%的地方，会阻碍你搬到另一个20%的地方；在80%的活动上花费的心力，会占用对20%项目的关注。

图22　如何采取二八行动

因此，我们得出的成功秘诀是，按照二八定律思考和行动。那些无视二八定律的人，注定只能获得普通的回报；而学会运用这一原则的人，则必然能够获得非凡成就。

第三部分

少工作、多赚钱、多享受

二八定律已经证明了它在商业中的价值，并帮助西方和亚洲的企业取得了惊人的成功。即使是那些不热衷于商业，或不知道二八定律的人，也至少曾被少数运用二八定律的人所取得的进步触动。

然而，二八定律是一个生活的原则，而不是商业的原则。它起源于对经济学的学术研究，它之所以在商业中起作用，不是因为商业中存在特别符合二八定律的地方，而是因为它反映了世界的运作方式。在任何情况下，二八定律都只有正确和错误两种状态，且实践已经证明，无论在商业领域内还是在商业领域外，它都同样有效。只是这个原则在商业和企业的范围内，得到了更多的实践和检验。

现在是解锁二八定律的力量，并将其用于商业领域之外的时候了。商业和资本主义体系，是生活中令人兴奋的重要部分，但它们基本上只是流程，是生活的外壳，而不是生活的全部内容。生命最珍贵的部分，始终在于个人的内在和外在生活，在于个人关系，在于社会的互动和价值。

因此，第三部分试图将二八定律与我们自己的生活、成就和幸福联系起来。与迄今为止所讲的内容相比，第三部分更有针对性，也更难以证实，但它可能更加重要。加入我们，一起开始对未知世界的探索吧！

第九章
自由自在

二八定律，能像真理一样让你得到自由。你可以少工作，同时多赚钱、多享受，但前提是：你需要严格地执行二八思考。这将催生一些关键性的领悟，如果你按它们行事，你的生活可能就会彻底改变。

这可以在没有宗教、意识形态或任何其他外部强加观点的影响下发生。二八思维的优点在于，它是务实的、自发的、以个人为中心的。

不过，有一个小问题。你自己必须进行思考——必须从自己出发，结合实际对二八定律进行“个性化”和阐述。但这应该不会太难。

到目前为止，人们对二八思维的领悟不多，但都很有用。并非所有的领悟都适用于每个读者。所以，如果你发现你的体验和书中的某个领悟不同，你可以跳过它，去找到和你境遇相符的领悟。

从自己的生活开始，成为一个二八思考者

我的目的不仅仅是给诸位提供二八思维的领悟，还让你结合自身实际情况进行调整。实际上，我的目标要比这大得多：我希望你能专注于二八思维的本质，这样你就能发展出自己的领悟，这些领悟无论特殊还是一般，都会是我没有想到的、专属于你个人的。我希望你们也可以加入二八思维的大军，将它普及全世界。

二八思维的共性是：它具有反思性、非传统性、享乐性、战略性和非线性的

特点；它将野心勃勃（指想把事情变得更好）与轻松自信的态度结合在一起。我们还在不断寻找二八类型的假设和领悟。对这些方面的一些解释，将为如何进行二八思考提供一个指向，这样你就会知道自己是否朝着正确的方向前进。

二八思维具有反思性

二八思考的目标，是创造行动来明显改善你和他人的生活。我们期望的行动类型，需要不同寻常的洞察力。领悟需要反思和反省。这份领悟有时需要收集数据，当它关乎你的个人生活时，我认为我们有必要花点时间沉浸其中。但很多时候，领悟可以纯粹通过反思产生，而不需要收集明确的信息，因为大脑中的信息量已经远远超过我们的想象。

二八思维与当今盛行的思维类型不同。后者通常是仓促的、投机的、线性的（例如，x是好是坏？这是什么原因造成的？）和渐进的。它们总是与即刻行动紧密结合在一起，因此大大缺乏相应思考，即所谓的行动支配思考。作为二八思考者，我们的目标是把行动抛在脑后，静静地思考，挖掘出几小块宝贵的领悟，然后再采取行动：做到有所为、有所不为，即针对有限目标集中采取行动；同时要做到处事果断而坚定，通过投入尽可能少的精力和资源获得超乎想象的成就。

二八思维具有非传统性

二八思维指出了传统观念的谬误，因为传统观念通常是错误的。它帮助我们识别出生活中固有的浪费和遗憾，从我们的日常生活开始，督促我们采取行动，这就是进步的来源。传统观念除了作为一个对立指标之外，没有任何其他作用。正是所谓的传统的智慧，首先导致了浪费和遗憾。二八定律的力量，源自非传统的不同做法。这就要求你找出为什么大多数人做的事情都是错误的，或者为什么只发挥了他们潜力的一小部分。如果你的见解不具备非传统性，那就不是二八思维。

二八思维具有享乐性

二八思维追求快乐。它认为生活就是为了享受，且大多数成就都应该是兴趣、快乐和对未来幸福的渴望的副产品。这似乎没有争议，但大多数人即使知道能够让自己变得更幸福或快乐的简单事情是什么，但他们也不会去做。

这是因为大多数人都会陷入下列一个或多个陷阱。他们花了很多时间和自己不怎么喜欢的人在一起，做着自己不热衷的工作，把大部分的“空闲时间”（值得一提的是，这是一个反享乐主义的概念）用在他们并不十分喜欢的活动上。反之亦然：他们没有花大部分时间与他们最喜欢的人在一起；他们没有从事他们最喜欢的职业；他们没有把大部分空闲时间用在他们最喜欢的活动上。他们不是乐观主义者，即使是乐观主义者也不会认真规划、让自己的未来生活更加美好。

所有这些都很奇怪。人们可以说这是经验对希望的胜利，但“经验”本身就是一种自我创造的建构，通常更多地归功于我们对外部现实的感知，而不是客观的外部现实本身。更好的表述是，它是罪恶感对喜悦感的胜利、是遗传学对智慧的胜利、是宿命对选择的胜利；在非常现实的意义上，是死亡对生命的胜利。

“享乐主义”常常被认为是指自私，无视他人，缺乏野心。这些都是一种污蔑，因为享乐主义是帮助他人、成就自己的必要条件。如果取得有价值的成就但却不去享受，那这个过程只会永远是困难的，还会造成很多浪费。如果有更多的人享乐，这个世界就会变得更加美好，从各种意义上说，也会变得更加丰富。

二八思维相信进步

在过去的3000年里，人们一直没有在以下方面达成共识：进步是否存在，宇宙和人类的历史是在曲折中发展，还是在曲折中退步。8世纪以前，大多数在世的哲学家和科学家都反对进步的概念，其中包括赫西俄德（Hesiod）（公元前800年左右）、柏拉图（Plato）（公元前428年至前348年）、亚里士多德（Aristotle）（公元前384年至前322年）、塞内加（Seneca）（公元前4年至公元54年）、贺拉斯（Horace）（公元前65年至前8年）、圣奥古斯丁（St Augustine）（公元354年至430年）等。但是到了17世纪末和18世纪，几乎所有的启蒙运动人物都赞成进步的思想，如丰特奈尔（Fontenelle）和孔多塞（Condorcet），以及包括达尔文和马克思在内的大多数19世纪的思想家和科学家。而进步思想的最忠实拥护者，必须是爱德华·吉本（Edward Gibbon，1737–1794），这位古怪的历史学家在《罗马帝国衰亡史》（*The Decline and Fall of the Roman Empire*）中写道：

我们无法确定，人类在走向完美的过程中，会达到什么样的高度。因此，我们可以放心地接受这样一个令人欣喜的结论：人类真正的财富、幸福感、知识，也许还有美德，在每一个时代都在增加，而且现在还在增加。

当然，现在，反对进步的证据比吉本那个时代要强得多，但支持进步的证据也同样变得更强有力。这场辩论永远无法用经验来解决。相信进步必须是一种信仰行为，如果我们不相信进步的可能性，我们就不可能使世界变得更好，而商业界深谙此道。总的来说，商业与科学的联合，为进步提供了最大的证据。正如我们发现自然资源是取之有尽的那样，商业和科学的出现为非自然的取之不尽提供了新的资源：经济空间、微芯片、新的使能技术。但是，为了获得最大的利益，进步不应局限于科学、技术和商业领域。我们需要将进步应用于个人和集体的生活质量的提升。

二八思维本质上是乐观的，因为从某种程度上说，它揭示了一种非理想化事态。只有20%的资源对成就真正重要。其余的资源，即绝大多数资源，都是在拖延时间，为整体努力做出象征性的贡献。因此，我们应该给这20%更多的力量，并让其余的80%达到正常的水平，这样就可以获得成倍的产出。进步会把你带到一个新的更高的水平，但即使是在这个水平上，仍然会有投入/产出的二八分配原则，并继续将你推向一个更高的水平。

商业和科学的进步，证明了二八定律的正确性。建造一台巨大的计算机，让它可以比以前的任何机器快数倍进行计算，再要求把它做得更小、更快、更便宜，然后再小几倍、快几倍、便宜几倍。重复这个过程，再重复一次，这样的进步是没有尽头的。现在，把同样的原则应用到生活的其他部分。如果我们相信进步，二八定律就可以帮助我们实现目标。我们甚至可能最终证明爱德华·吉本是对的：真正的财富、幸福感、知识，也许还有美德，不管身处哪个时代，都可以不断地增加。

二八思维具有战略性

战略性就是要，专注于那些能够给我们带来比较优势的少数目标，专注于对我们来说重要的东西，而不是其他的东西。战略性就是规划和坚定不移地执行由此产生的计划。

二八思维具有非线性

传统思维被包裹在一个有效的，但有时不准确和具有破坏性的心理模型中。它是线性的，并认为x导致y，y导致z，或b是a的必然结果。比如，你让我不开心是因为你迟到了；我的成绩不好，导致我找不到有前途的工作；我成功是因为我很聪明；希特勒导致了第二次世界大战；我的公司发展不佳，因为这个行业正在衰退；失业是我们要为低通货膨胀率付出的代价；如果我们想照顾穷人、病人和老人这样的弱势群体，高税收是必要的……

所有这些都是线性思维的例子。线性思维之所以吸引人，是因为它简单、方便、干脆。问题是，这是对世界拙劣的描述，更是让世界变得更糟糕的准备。科学家和历史学家早就抛弃了线性思维，你为什么还要坚持它呢？

二八思维为我们提供了一个救生筏，让我们逃出线性思维。没有什么事情是由一个简单的原因产生的；没有什么是不可避免的；没有什么是永远平衡、不可改变的。没有什么糟糕事态值得忍受，没有什么令人向往的东西是不可得的。无论好事坏事，很少有人明白什么是事情发生的真正原因。原因可能是“牵一发而动全身”，却不是特别明显或是大多数（尚未）。事态的平衡，可以因为一个小小的行动而发生重大的改变。只有少数决定是真正重要的，而那些真正重要的决定则具备颠覆性的效果。且如何做出选择，是可以通过练习来优化的。

二八思维借助经验、内省和想象力，来摆脱线性逻辑的陷阱。如果你不快乐，不要担心导致不开心情绪的近因。想一想你曾经快乐的时候，并引导自己进入当时的状态中。如果你的事业毫无进展，不要在边缘事物上寻求不断的改进：比如一个更大的办公室、一辆更昂贵的汽车、一个听起来更宏伟的头衔、更少的工作时间、一个更体恤你的老板。而应该想一想你一生中最重要的少量成就，并寻求在这些方面达到更多的成就。如有必要，可以换工作甚至转行。不要找原因，尤其不要为失败找原因，而是应该反过来，想象并创造将使你既快乐又有效率的环境。

二八思维将极致的野心与轻松自信的态度相结合

我们已经习惯于认为，雄心壮志必须与推崇亢奋、长时间工作、无情、为事业牺牲自己和他人以及极端忙碌等相伴。简而言之，就是老鼠赛跑（一个现金流游戏，在“老鼠赛跑”圈内人们为金钱而工作，每月的支出主要靠工资来维持，没有属于自己的资产，或者虽有资产，但带来的收入还不足以维持家庭的花费，所以只能在“老鼠赛跑”之中求生存）。我们为这种思想的结合付出了沉重的代价。这种结合既不可取也没必要。

一个更有吸引力的、至少具备同等可实现性的组合是，极端的雄心壮志与自信、放松和文明的态度相结合。这是二八思维的理想状态，但它建立在坚实的经验基础上。大多数伟大的成就，都是勤奋和灵感共同缔造的。想象一下准备洗澡的阿基米德，或者树下坐着被苹果砸中的牛顿。如果阿基米德没有思考浴桶里的排水量问题，或牛顿没有思考万有引力问题，那么在这些情境中涌现的可能改变人类历史进程的领悟就不会发生；但如果阿基米德执迷于书本知识，或牛顿疯狂带着科学家团队搞研究，这些领悟也不会发生。

我们所有人，在生活中所取得的大部分成就、对自己和他人有重大意义的价值，都只发生在我们工作时间中的很小一部分。二八思考和观察，也清楚地证明了这一点。我们实际上并不缺乏时间，但我们贬低自己，要么是因为缺乏雄心壮志，要么盲目地认为雄心壮志必须通过忙乱嘈杂的生活来体现。事实上，成就的动力来自洞察力和有选择性的行动。我们寻求平静的小声音，实际上是生活中的大多数。当我们感到放松和自我感觉良好时，洞察力就会出现。洞察力需要时间——尽管人们通常认为时间不够用，但它是充裕的。

适用于个人的二八思想

我们将在第三部分的剩余篇幅中，探讨个人生活中的二八思想。在此之前，先简单地介绍一些要点。并且，只需将以下某些思想付诸实际行动，我们的生活质量就能得到极大的提升。

➤ 人生80%的成就和幸福，发生在20%的时间里，并且这部分时间能够大幅增长。

➤ 生活中发生的一些特定事件或者做出的特定决定，无论是好是坏，必然会对我们产生深刻的影响。这些决定通常都是在无意识情况下做出的，而不是有意识发出的，为此，我们的生活成为一种顺其自然，而不是刻意的塑造。如果我们能够把握这些转折点，做出一些让我们快乐和带来效益的决定，就能够改善我们的生活。

➤ 事情的发生总存在一些关键因素，但通常情况下，它们并不明显。如果能够确定和找出关键因素，我们对其施加意愿和作用的能力往往超出我们的预期。

➤ 每个人都能取得一些重要的成就。成功的关键不在于努力，而在于找到适合自己的目标。与其他人相比，你确实在某些方面付出的努力更富有成效，但是如果你盲目从事太多事情，而且这些事情是你个人十分不擅长的，那么效率就被抵消。

➤ 万事皆有输赢，且往往输家多，赢家少。只有选择适合自己的竞赛、进入制胜的队伍、使用正确的方法，才能获取成功，使自己成为赢家。想要提升成为赢家的可能性，就要选择对自己有利的局势（正当的、公平的），而非单单努力提高自己的表现。此外，在赢过的领域再度竞争；或者细心筛选将参加的比赛，都能够提升胜率。

➤ 我们大多数的失败，都发生在被动的情况下（被迫加入别人占据优势的竞争中）。反过来看，这就意味着我们大多数的成功，都发生在我们想要主动进入竞争的情况下。多数竞争的失败，是因为我们进入了太多错误的领域，这些领域适合别人，但并不适合我们。

➤ 很少有人会郑重其事地对待目标。他们往往会将所有的精力都均分给太多的事情，而非将精力和努力集中投入在少数关键的事情上。那些总是获得成功的人，既会谨慎选择，也富有专注一致的决断力。

➤ 多数人会把大部分的时间投入到对他们自己和他人而言都没有价值的活动中。二八思维者就会避免这样的错误，并能在付出少数努力的情况下，轻松实现更多的少数高价值的目标。

➤ 人生中最重要的决定之一，就是盟友的选择。独行不如结伴而行，没有盟友，所有的目标几乎就无法实现。但是多数人对此事漫不经心，也不够谨慎。因此，对他人来说，结盟的关系或许来得有点莫名其妙。但是，让生活做出不一定理性的选择，并随波逐流，可能会导致严重的后果。大多数人建立了错误的盟友关系，也有少数人在幸运地获得了正确的结盟关系之后却未能善用。运用二八思维的人，会慎重选择少数的盟友，并细心经营结盟关系，不断夯实盟友关系，从而实现他们具体的目标。

➤ 在选择盟友方面，粗心大意的一个极端例子，就是选择了错误的"重要盟友"或者人生伴侣。大多数人可能有很多朋友，但因为不懂得如何筛选，所以也无法享受一个强化核心的朋友圈子带来的好处。此外，多数人选择了错误的人生伴侣，甚至更多的人完全没有花心思培养正确的人际关系。

➤ 合理分配资金，是提升生活方式的一个机遇。很少有人知道如何以钱生钱，但是运用二八思维的人却能够做到。只要确保钱服务于生活，并使人快乐，那么钱生钱的做法，就不会带来坏处。

➤ 很少有人会花足够的时间去思考怎样获得快乐。他们寻找能够带来快乐的间接目标，比方说钱或者晋升。这些目标本身并不容易实现，即便得偿所愿，他们最终会发些这些东西并不能带来真正的快乐。快乐不等同于金钱，其本质也与金钱大不相同。余留的金钱可存于银行或用于投资、获取利息、积累财富，但是今天的快乐，没办法储存起来放到明天使用。快乐，和思想一样，如果不加以锻炼，就会萎缩。运用二八思维的人，知道真正的快乐来自何处，有明确的目标，并对此孜孜以求，能够利用今天的快乐去打造、增加明天的快乐。

时间革命，整装待发

运用二八思维去获取成就和快乐的最佳着手点，是时间。我们所处的社会，对于时间的品质和作用的认知还远远不够。很多人已经直观地理解了这一点，然而依旧有成百上千的管理层人员，妄图通过所谓的时间管理来徒劳无功地弥补时间的不足。我们所有人都需要转变观念，正确认识时间。此刻，我们需要的不是时间管理，真正需要的是——时间革命。

第十章
时间革命

总是听到背后传来
光阴乘着羽翼马车追赶的声音
而横亘在我们眼前的
却是荒漠般永恒的无垠

我们每个人，无论是极致忙碌或是超级悠闲，都需要时间革命。不是因为我们时间不够，或者是我们时间太充裕，而是我们对待时间的方式，甚至是我们的态度，这才是问题的关键所在，同时也是一个机遇。那些没有经历过时间革命的人，恰恰最需要时间革命，因为这是获得真正的快乐和高效的最快途径。

二八定律和时间革命

二八定律在时间的运用中，提出了以下假设：

➤ 一个人一生中大部分的重大成就(个人、职业、智力、艺术、文化或者体育方面的成就)都是在少数时间中取得的。无论是以天、周、月、年还是一生去衡量，我们取得的成就和所耗费的时间之间，都存在严重的失衡关系。

➤ 相似地，一个人一生中大部分的快乐时光都发生在有限的时间里。如果我们可以衡量快乐，无论是以天、周、月、年还是一生去衡量，都会发现，大多数的快乐时光都很短暂。

我们可以运用二八定律，简明地阐述这两个假设：

➤ 80%的成就花费了20%的时间。反过来说，即80%的时间仅创造了20%的价值。

➤ 人生80%的快乐仅存在于20%的时间里；而80%的时间只创造了20%的快乐。

请记住，以上假设不是显而易见的真理，或者详尽调查得出的结论，因此诸位都需根据自身经验加以验证。

如果假设是正确的（在大多数案例中已经得到验证），**那么它有四个含义：**

➤ 我们做的大多数事情毫无价值。

➤ 我们少部分的时间，比其余大部分的时间更有价值。

➤ 如果说要为此做些什么，我们能做的就是彻底地改变：只缝缝补补不能或者稍微提升时间利用的效率，实际上没有任何意义。

➤ 如果我们把握好这20%的时间，就能不断加以利用，实现时间的用之不竭。

花几分钟或者几个小时做一个反思：在前述方面，二八定律是否适用于你的生活。具体的百分比数字是多少并不重要，且在任何情况下，我们都无法对此进行精确衡量。问题的关键在于，花费的时间和成就或者快乐之间是否存在严重的失衡关系。你最有效的20%的时间，是否带来了80%的价值？80%的快乐时光，是否集聚于你人生20%的时间里？

这些都是很重要的问题，都需慎重地回答。也许此时，你应该放下这本书，

去散散步，思考你的时间分配是否失衡，并在得出一个结论后，再往下翻阅。

关键不是更优秀的时间管理

如果你的时间分配是失衡的，那你就需要进行时间革命。你无须尝试更好地规划自己的时间，或者微调各事项上时间的分配，你需要做的，是彻底改变你使用时间的方式，还可能需要改变对时间的态度。

然而，你不能将时间革命与时间管理的概念混淆。时间管理起源于丹麦，主要作为一种培训的方法，帮助繁忙的管理人员高效组织时间。现如今，这种方法已经成为一个价值10亿美元的行业，业务遍布全球。

现在，时间管理的主要业务不再是培训，而是兜售“时间管理者”，即行政电子记事簿，既有传统的纸质版本，也有日益普遍的电子版本。时间管理通常都带有强烈的“传教”色彩：此行业中发展速度最快的公司——富兰克林公司（Franklin），就带有厚重的摩门教色彩。

时间管理并非毫无用处的管理风尚，因为它的用户们经常对此体系加以称赞，结果也表明，他们的效率提高了15%—25%。然而，时间管理的本质，是在已经密集的行程里，见缝插针地添加更多的事项，特别是针对那些对于时间追求有太多需求的商业人士来说，时间管理的目的是提速。其理念在于：更好地规划每个细分时间段，能够帮助管理人员更高效地工作。时间管理还倡导建立明确的优先顺序，以免被日常琐事（虽然非常紧急，但并非很重要）所困扰。

时间管理假设隐含的前提是，我们知道什么是好的（或坏的）时间分配方式。如果二八定律成立，这就是一个不安全的假设。因为在任何情况下，如果我们能够分清事情的轻重缓急，我们早就先着手做最重要的事情了，根本不需要所谓的时间管理。

时间管理通常建议人们将自己“要做的事情”分类，按照轻重缓急排序A、B、

C、D。实践中，大多数人将60%—70%的活动归为A、B等级，并因此得出结论，他们的时间严重短缺，所以需要时间管理，以此来更好地规划时间、延长工作时间、更加专注，但同时只会导致更加懊丧的结果。他们沉迷于时间管理，但并未从根本上改变现状，也无法减少因力不从心而带来的愧疚感。

“时间管理”，从名称上就说明了其存在的问题。它意味着时间，作为一种有价值又稀缺的资源，有可能进行高效管理。因此，我们必须紧随时间的脚步，也必须节约时间，因为稍不留神，时间就会从我们眼皮底下溜走。时间管理学家对此的描述是：光阴一去不复返。

我们正生活在一个快节奏的时代。要想过上悠闲的生活，我们要么老老实实等到一定年纪退休，要么失业。我们现在处在查尔斯·汉迪（Charles Handy）所说的荒谬局面——每周工作60小时成为常态——同时还面临着工作短缺的问题。

如今，社会上已经分化出两类人：有钱没时间享受的人和有时间却没有钱的人。时间管理的流行，与人们担心如何正确分配时间，以及是否有足够的时间圆满完成工作的空前焦虑并行不悖。

二八定律的时间

二八定律颠覆了人们对时间的传统观念，给出了关于时间的截然不同的分析，并且极大地解放了那些困于传统时间观念的人。在时间方面，二八定律的主张如下：

- 就目前来看，我们对时间的利用是不合理的。因此，如果我们在利用时间时，寻求一些微不足道的改进，那么这是毫无意义的。我们需要回到起点，推翻关于时间的所有传统假设。
- 我们不缺时间。事实上，我们的时间实在是太充裕了。真正的问题在于，我们仅充分利用了20%的时间。对于那些极具才华的人来说，通常是那微小的一部分时间，造就了他们杰出的贡献。二八定律指出，如果我们在前20%的活动中，投入的时间翻倍，那么每周只需要工作两天，就能比现在多取得60%的成就。

➤ 二八定律将时间比作朋友，而非敌人。时间过去并不意味着时间的失去，时间总会再出现，这就是一周有七天，一年有十二个月，以及四季更替的原因。如果我们在对待时间时，将自己放在一个舒适、放松和协作的位置上，就很可能获得深刻有价值的见解。我们的敌人是运用时间的方式，而非时间本身。

➤ 二八定律指出，我们应该减少行动。一旦我们专注行动，就会忽略思考。因为我们有太多的时间，所以就会肆意地挥霍。在项目中，通常最后20%的时间是最有效的，因为我们必须在截止日期前完成工作。如果我们将项目时间缩短一半，效率往往就能提升一倍。因此，并没有任何证据表明我们缺少时间。

时间连接过去、现在和未来

我们应该担心的不是时间不够，而是大多数时间都倾向于低效利用的问题。加速或者提高运用时间的“效率”并没有任何作用。实际上，这样的思考方式更可能带来问题，而非得出解决方法。

二八思考引导我们以一种更“东方”的时间观念去思考。我们不应该按照商业领域通行的方式，强行将时间视为从左到右的序列。最好将时间视为一个同步的、周期运转的装置，就如时钟的发明者所想的那样。时间不断地更替轮回，使我们有了学习的机会、加深关键有价值的关系、生产出优质产品或者带来收益，以及提升生命的价值。我们不仅存于现在，也同样来自过去，拥有过去所获得的财富；我们的未来，如同过去一般，与现在连接。在我们的生活中，表示时间最好的图形是从左到右的、相互嵌套的、逐渐变大变高的三角形，如图23所示。

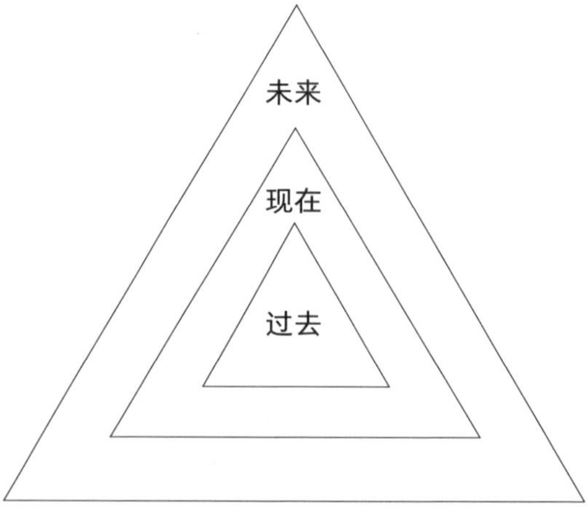

图23　时间嵌套三角图

以此方式思考的好处在于，它强调了我们一生中最需要、最珍贵和最有价值的20%，即我们的个性、能力、友情，乃至有形资产。然后让这20%得到培育、发展、增强和深化，以此提高我们的效率、增加人生价值和获取真正的快乐。要做到这一点，就需我们相信自己能够将过去到现在最好的20%高效利用，创造一个更好的未来，并形成一个乐观的心态，然后在此基础上形成并持之以恒地维系良好的关系。因为，从此角度来看，未来并不是一部随机播放的电影，看到一半时才（恐惧地）意识到时间飞驰而过。相反，未来是现在和过去的一个维度，给予我们机遇去创造。二八思考认为，这是有很大的可能性的。因此，我们需要做的就是更自由地驾驭和引导最积极的那20%时间。

时间革命入门

以下，是引爆时间革命的七个步骤。

思想上的重大飞跃：付出不一定得到回报

无论是否信奉什么，付出一定有所回报这一工作理念，在每个人心中都根深蒂固，因此，我们需要有意识地消除这种思想。问题是，我们确实享受努力工作的状态，或者至少会将完成工作视为一种美德。因此，我们必须要做的是，在我们的大脑中植入这样一种观念：努力工作，尤其是为他人工作，并非实现自身价值的有效途径。努力工作有可能只得到了低回报。所以朝着想要的方向去思考、行动，才能得到高额回报。

选择适合自己的高效又懒惰的守护神。我的守护神是罗纳德·里根（Ronald Reagan）和沃伦·巴菲特（Warren Buffett）。里根轻松地就从一个二流演员成长为共和党右翼的宠儿，随后成为加州州长，最后成为美国总统，一路上顺风顺水，不费吹灰之力。

里根有何过人之处？他外表英俊，拥有任何场合都适用的悦耳的声音（最值得一提的是，当他遇刺时，和自己的妻子南希说的话："亲爱的，我忘了躲开了"）。此外，拥有足智多谋的竞选团队、老式的优雅和迪士尼式的英雄式美国观念及世界的看法，是里根获得成功的原因。里根并未竭尽全力去展示自己的才华，他对时事的把握越来越少，他激励美国民众摧毁共产主义的能力越来越令人生畏。借用丘吉尔的话来说：从未有人能付出如此少的努力，却取得如此大的成就。

沃伦·巴菲特（一度）成为美国首富，他获得成功的方式并非努力工作，而是投资。虽然起步投入的资本很少，但巴菲特通过历年来远高于股市的平均增幅，积累自己的财富。巴菲特大多数的投资并没有基于大量的计算分析（他在计算尺发明之前就开始投资了），仅坚持不懈地运用着基本的投资思想。

巴菲特的"财富过山车之旅"始于一个野心勃勃的目标：美国当地报纸的区域垄断，使之构成最完美的商业特许经营权。掌握了这一简单想法，他很快就获取了人生第一笔财富，随后他的财富大多都投入到自己熟悉的媒体行业中。

如果不是懒惰，那么巴菲特就是在精打细算地消耗精力。大多数的基金管理人会购买大量不同种类的股票，然后频繁地在股票市场上进行买卖换手。然而巴菲特仅购买了少量的股票，并且选择长期持股。这意味着他的工作量并不多。他对传统的组合式多元投资嗤之以鼻，他称之为诺亚方舟式的方法："每个种类买两个，最后变成了动物园。"他自己的投资哲学是"近乎懒惰"的。

每当我试图去做很多事情，我就会用罗纳德·里根和沃伦·巴菲特提醒自己。你应该多找几个案例，无论是你的朋友，还是公众人物，每当控制不住地想要去多做事情时，就多想想这些懒散的典型人士。

抛弃愧疚

显然，抛弃愧疚感与过度努力工作的危害有关，但同时也适用于你喜欢做的事情。就前者而言，抛弃愧疚感并没有错，因为做自己不喜欢的事情是没有任何意义的。

因此，尽量做自己喜欢做的事情，使之成为你的工作。几乎所有有钱人都能得到的一个额外好处是，通过做自己喜欢的事情致富。我们可以将这视为与二八定律背道而驰的另一个例子。

20%的人，不仅享有80%的财富，而且独占了80%的工作乐趣！违背常规二八定律的是，这20%的人是同一批！

脾气古怪的约翰·肯尼斯·加尔布雷斯（John Kenneth Galbraith，1908–2006）使人们注意到职场中的天然不公平现象。中产阶级不仅在工作中获取高额报酬，而且从工作中享受了更多的乐趣。他们配备了秘书、助手协助工作，也能享受头等舱、奢华的酒店待遇，甚至有更有趣的工作内容。然而事实上，大多数普通职场人，可能需要丰厚的私人财产，才能付得起这些先富起来的实业家们日常享受的特权开销。

加尔布雷斯提出一个颠覆性的观点：那些从事枯燥工作的人，应该比工作乐趣多的人享有更高的报酬。真是个扫兴的主意啊！这样的观点虽然发人深省，但也无济于事。和许多80/20相关的现象一样，如果你能够透过事物表象看到本质，就会发现在表面的职场不平等的背后，有着更深层的逻辑关系。

在这个例子中，逻辑很简单。那些成就大的人自然该享受特权。只有满足自己，才能创造出具备独特价值的东西。例如，不妨想一想，任何领域的伟大的艺术家，他们的作品产量及质量都是惊人的。梵高从未停止创作，毕加索早在安迪·沃霍尔之前就创办了一家艺术工厂，这是因为他热爱自己的工作。

米开朗琪罗的伟大作品由性驱使，令人赞叹的作品源源不断。我只能回想起他的一部分作品——《大卫》《垂死的奴隶》，以及劳伦斯图书馆、新圣殿、西斯廷教堂的天花板、圣彼得堡的壁画等，仅仅是这些作品，都是个人创作者难以企及的高度。米开朗琪罗的如此丰产的创作，并非仅仅因为这是他的工作，也不是因为他惧怕暴躁的罗马教皇尤利乌斯二世，而是因为他热爱自己的作品，热爱年轻人。

我们或许缺乏可以与这些艺术家们比肩的创作热情和驱动力，但没有了对创作的热爱，具有不朽价值的作品就不可能实现。这一点既适用于个人，也适用于商业事务。

我并不提倡无休止的懒惰。失业人士、退休人士以及那些一夜暴富的人，或许很快就会发现，工作是一种满足内在需求的自然活动。如何把握乐观的工作/生活之间的节奏，每个人都有自己的平衡状态，大部分人在过于懒惰或者勤奋时，都能自然而然地有所感知。无论是在工作还是在休闲娱乐时期，二八思考的重要价值在于，鼓励人们追求高价值/满足感的活动，而非鼓励人们用工作取代娱乐。但是我怀疑大多数人在错误的道路上越走越远。如果更少的工作能够创造更多的创造力和智慧，那么现代世界就能获利。如果能使我们中最懒惰的20%的人受益的工作变得越来越多，而那最努力工作的20%的人能够受益的工作变得越来越少，这两种趋势都将为现代社会带来好处。因为工作的质量比数量要重要，质量取决于我们自我的方向。

将自己从他人强加的义务中解放出来

我敢说，当80%的时间投入得到20%的结果，这80%的付出一定是在别人的强行要求下完成的。

直接为他人工作或找一份有保障但自由受限的工作，已经成为工作史上过时的一个阶段（尽管这一观念已经存在超过两个世纪）。即使你在一家大企业工作，即使你从庞大的集团公司领薪水，你也应该将自己的工作视为独立的个体企业，并告诉自己：我在为自己工作。

二八定律反复表明：成就最多的20%人群，要么为自己工作，要么在工作中将自己视为老板。

同样的想法也适用于工作之外的领域。如果你不会控制自己的时间，就无法利用好它（即使你能控制好时间，也很难做到利用好，因为你会被愧疚感包围，传统观念以及其他的外部压力也会困住你，但是至少你有机会将这样的负面影响尽量削减）。

但也不要将这个意见看得过重，因为这很难做到，甚至不可取。我们总是会对他人负有某种义务，且从你的角度来看，这些义务都是极其有用的，哪怕是创业的企业家也无法单打独斗。

他们也会需要合作伙伴、员工、盟友，以及人脉关系网。当然，没有付出，也就没有回报。关键是要慎重选择自己的合作伙伴和应负的义务。

打破常规的时间观念

你不可能将20%最有价值的时间运用在满足他人的期待上，例如，花在扮演一名“好士兵”上，花在别人对你的期待上，花在参加大家都认为你会出席的会议上，花在大多数同龄人都在做的事情上，或者花在遵循社会为你设定的角色上。事实上，你应该质疑这些事情是否有必要。

如果你遵循传统的行为方式，或者接纳了所谓的传统解决方案，那么你就无法逃脱被二八定律掌控的命运，即80%的时间很可能都花在了毫无意义的事情上。

最好的方法就是打破常规的时间观念：在可控范围内，最大限度地偏离约定俗成的常规。并不是所有稀奇古怪的时间管理方法都能确保效率的倍增，但是至少有那么一个方法是有效的。拟定几个方案，然后选取其中一个能够让你将最高效时间花在你最喜欢的事业上的方案。

在你熟知的人之中，有哪些人的时间利用是高效又与众不同的？看看他们是如何分配时间、如何打破常规的。你也许可以尝试效仿他们的做法。

找出能带来80%成效的20%时间

大约20%的时间投入，能给你带来80%的成就或者结果，以及80%的快乐。（虽然这通常会有交叉重叠的部分），但带来成功和幸福的20%时间并不完全相同，因此你首先要做的就是弄清楚你的目标是什么，最终目的是成就还是快乐。为此，我的建议是将此一分为二，分开思考。

对于快乐来说，你需要做的是找到自己的“快乐岛屿”：那些给你带来无限快乐的短暂时光，或者短暂的几年。拿出一张白纸，在纸张的上方写下“快乐岛屿”，然后逐条列出你所记得的快乐事件，尝试找找它们之间的共同点。

按照上述方法，再列举一个“不快乐岛屿”清单。但这些通常不会完全占据其余的80%时间，因为（对于大多数人来说）介于快乐与不快乐岛屿之间，还有有一个无悲无喜的中间领地。然而，重要的是找出不快乐的最重要原因，以及这些不快乐事件之间的共同之处。

重复上述步骤，列举自己的“成就岛屿”。在你每周、每月、每年或者一生中的某个时期里，实现了最高效成就的某个短暂时期。在纸张的上方写上“成就岛屿”，尽可能多地列举你所取得的成就，如果可能的话，可以将自己一生的成就都列举出来。

试着找出这些成就事件之间的共同点。在结束分析之前，你可以参考本书的

“十大高效时间运用法”。这是根据多人的经验所得出的综合清单，或许能对你有所帮助。

继续按照上述方法，列举“无成就岛屿”，即无所作为和最低效率的时期。本书的“十大低效时间运用法”或许对你有所帮助。然后同样地，找出这些事件之间的共同点。

现在就按照上述方法，行动起来吧。

延长能够带来80%效益的20%时间

当你找到了自己的快乐岛屿和成就岛屿，就应该在这些领域以及相似的领域上花更多的时间。

很多人认为我关于这个想法的解释中存在逻辑漏洞。因为在最有效的20%时间里花过多的时间，可能会导致收益减少，而且翻倍增加这有效的20%时间的投入，也不会带来另一个80%的产出，或者只能得到40%、50%、60%或者70%的效益。

关于这个质疑，我的回应有两点：首先，因为（目前）没有任何精确的方法可以衡量快乐或者效率，而关于我们是否快乐或有效率的批判，或许只在某些情况下是正确的。但是即便错了又如何？最有效的20%时间依旧会明显地增加。

其次，整体而言，我并不认为这个批判是正确的。因为，我并没有建议大家直接将当前贡献了80%成就的20%时间操作照搬或复制，找出快乐岛屿和成就岛屿的共同之处的关键，就是通过已经取得的结果，分析其根源，并找到能够带来最佳表现的本质操作。

很有可能有些事情是你应该去做的（能够实现真正的成就或者快乐），但一开始并没有做得尽善尽美，或在某种程度上，你甚至还没有开始行动。例如，迪克·弗朗西斯（Dick Francis）是一位出色的国家赛马骑师，他在年近40岁时才出版自己的第一本赛马解谜的书籍。他在书籍出版中获得的成功、赚到的钱、得到的个人满足感，远远超过他在赛马比赛中的收获。理查德·亚当斯（Richard Adams）在他写出畅销书《海底沉船》前，也不过是一个碌碌无为的中年中层公务员。

对快乐岛屿和成就岛屿进行分析时，人们通常能够得知自己擅长的领域，以及什么是最重要的，从而促使他们花更多的时间探索能够带来比以往活动更高效率和更多成就的全新领域。但是，这种尝试既可能带来收益的增加，也可能导致回报的减少。事实上，改变职业生涯或者生活方式，是一件尤为值得我们慎重思考的事情。

当你找出20%时间消耗里，能够产生80%的快乐或者成就的特殊活动及其特定类别时，你主要的任务应该是尽可能地增加高效活动或者相似活动的时间投入，使其不仅仅占20%。

一个短期可行的目标是，在一年内，将花在高价值的活动的时间从20%提高到40%。这一行动会让你的生产效率提高到60%到80%。（你现在会有两个80%的产出，源于你两个20%的时间投入。因此，如果你将低价值的活动中的20%转移到高价值活动上，总体的产出会达到100%到160%！）

最理想的做法，就是将高价值活动的时间从20%提高到100%。要实现这一目标，可能需要改变职业生涯或者生活方式。如果这就是你的目标，不妨制订一个计划，写上完成的期限，然后逐步改变。

消除或减少低价值活动

对于只能得到20%产出的80%投入的活动，最理想的做法就是将其消除。你可能需要先完成这个任务，才有可能在高价值活动中分配更多时间。（但人们经常发现，逼迫自己在高价值活动上花更多的时间，比逼迫他们削减花在低价值活动的时间更容易实现。）

人们的第一反应通常是，要摆脱低价值活动的束缚太难了。他们表示，这些活动通常是家庭生活、社会、工作义务中不可避免的一部分。如果你发现自己也是这样想的，请务必首先转变思想。

在你现有的环境中，通常有很多去做不同事情的可能。请记住上述建议：打破常规的时间观念，不要随波逐流。

试试执行新计划，看看会发生什么。鉴于想要替代的活动几乎没有什么价值，即便停止去做这些事情，人们可能也不会注意到，哪怕他们注意到了，如果他们认为这同样需要他们付出很多努力，他们可能不会强迫你去做。

但是即便是降低低价值活动占据的时间，也需要你对当前的处境进行彻底的改变。例如，换一份新工作、开启一个新的职业生涯、结交一个新朋友，甚至是选择新的生活方式或者合作伙伴。为此，你需要制订一个计划，然后按照计划实施，做出你想要的改变。否则，你将无法发挥自己的潜力，也就无法获得成就和真正的快乐。

有效运用时间的四个例证

第一个例子是威廉·尤尔特·格莱斯顿（William Ewart Gladstone），他是英国维多利亚时期主要的自由派政治家，曾四次当选首相。格莱斯顿在很多方面的作风精奇古怪，虽然他试图拯救卖淫的“堕落女人”，但以失败告终，他还经常自我鞭策。在这里，我们仅关注他异于常人的时间观。

格莱斯顿并没有受限于自身的政治身份，或者，更为确切地说，他的工作效率很高效，因为他显然能够以各种方式，将大量时间投入到自己喜欢的事情上。无论是在英国境内还是在境外，他都是一个不折不扣的“驴友”。在担任首相期间，他经常因为私事穿梭于法国、意大利和德国。

他热爱戏剧表演；曾经有过几桩追求女性的风流韵事（几乎可以肯定不是肉体上的追求）；热衷于阅读（一生中大约读过2000本书）；在英国下议院发表过超级长篇的演讲（尽管篇幅很长，但议员们逼不得已地听完）。实际上，他发明了现代的选举制度，以极大的热情推动选举运动，并乐此不疲。一旦他感觉身体稍有不适，他至少会卧床休息一天，其间还不忘阅读和思考。他极大的政治精力投入和高效，源自他不同寻常的时间观。

在后来继任的英国首相中，也只有劳合·乔治（Lloyd George）、丘吉尔和撒切尔夫人的时间观能和格莱斯顿相媲美，并且这三位首相都呈现出高效的工作效率。

三位特立独行的管理顾问

另一个打破常规时间观的例子，来自管理咨询界。我们对咨询师的常规印象，都是工作时间长、事务异常繁忙。我对这三位顾问都了解颇深，他们都不是循规蹈矩之人，而且都取得了惊人的成就。

第一位咨询师，我通常称他为弗雷德，在这一行业赚取了数千万美元。他并没有去商学院进修过，但却建立了一个大型且成功的咨询公司，且业务繁忙到几乎所有人每周都需要工作70个小时及以上。弗雷德偶尔去一趟办公室，每月主持一次合伙人会议，来自世界各地的公司合伙人都必须参加。此外，他更喜欢将时间投入到打网球和思考上。他以强硬的手段管理公司，但待人一贯地和风细雨。弗雷德与他安排的五个下属负责人，组成了主要管理团队，管理公司事务。

第二位咨询师是兰迪（化名），是一名合作人，除了创始人的身份，实际上他又是公司里唯一的例外——非工作狂。他去了一个遥远的国度，在那儿经营了一家办事处，业绩蒸蒸日上，发展迅速。而位于他的家乡并远程办公的职员也异常努力。没有人知道兰迪是怎样规划时间的，也不知道他一天到底工作了几个小时，但他的确活得休闲自在。兰迪只参加最重要的客户会议，其他事务都委托给了年轻的合伙人。有的时候，他甚至会找一些非常奇怪的借口，来逃避出席会议。

尽管身为办事处的负责人，兰迪对任何行政事务毫不关心。他所有的精力都花在了思考如何与关键重要客户一起增加收入，然后建立一个工作机制，确保可以通过最少的努力去完成目标。兰迪设定的优先事项从来不会超过三个，确切地说，通常只会有一个重点事项，其他的都搁置一边。兰迪的工作状态属实让人担忧，但他的工作效率确实高。

第三个也是最后一个例子，是我的朋友，同时也是我的合作伙伴，我们姑且称它为吉姆。令我记忆深刻的是，我们和其他同事共用一个小办公室的时光。那是一个异常拥挤的空间，我们在里边做着各种事务：有人在打电话、有人急急忙忙做报告，整个办公室充斥着各种各样吵杂的声音。

但是，吉姆，是一个特例，他就这样安安静静地做着自己的事务，专心地看着自己的日历，思考着要做些什么。他偶尔会叫几个同事一起去个安静的房间，然后给大家分配任务。不是一次，也不是两次，他通常会交代三次，而且会细致到令人发指的程度。然后吉姆会让所有人重复他交代的事务，确认每个人都知晓自己的任务。吉姆是个慢节奏的人，他慢悠悠的、十分慵懒。但他是个很优秀的领导。他把所有的精力都放在思考哪个任务是高价值的，谁应该去负责这个项目，然后确保这些任务成功完成等重要事情上。

最浪费时间的10件事

只有放弃了低价值的活动，才可以将时间都投入到高价值的活动（无论是为了成就还是快乐）。我在上文邀请诸位弄清楚自己做了哪些低价值的活动；再次请诸位回顾前文内容，看看自己是否遗漏了一些要点，图24列出了低效利用时间的最常见的10项活动。

如果你发现自己也正在做类似的活动，不要犹豫，立即停止！在任何情况下，都不要将自己宝贵的时间浪费在其他人身上。最重要的是，不要言听计从，因为他人提出了要求或者接到一个电话、收到一封邮件就去做某事。遵循南希·里根（Nancy Reagan）的建议（在另一种情况下），勇敢地说“不！”或者按照乔治·布朗（George Brown）所说的“忽略法”来对待。

1. 他人想要你做的事
2. 循规蹈矩完成的事
3. 你不擅长做的事
4. 你不喜欢的事
5. 总是被打断的事
6. 很少有人感兴趣的事
7. 比预期要多花两倍时间的事
8. 与不可靠或者办事效率低的合作伙伴一起做的事
9. 存在可预测周期的事
10. 接听电话

图24 最浪费时间的10件事

时间利用效率最高的10件事

1. 推进人生目标的事
2. 你一直想做的事
3. 符合80/20时间结果关系的事
4. 运用创新的方法，缩短时间/或提高产出质量的事
5. 别人告诉你不可能完成的事
6. 他人在不同领域取得成功的事
7. 发挥自己创造力的事
8. 别人可以替你做而自己可以减少努力的事
9. 和早已超越80/20时间法则、高效运用时间的高质量合作者做的事
10. 千载难逢或稍纵即逝的事

图25 最高效利用时间的10件事

在思考任何运用时间方法的可能效用时，不妨问自己以下两个问题：

- 这是打破常规的吗？
- 这能够数倍地提高效率吗？

只有在这两个问题的答案都是“肯定”的情况下，才可以算作运用好了时间。

时间革命是否可行

你们中的许多人可能会觉得我的建议太过颠覆性，或者说对于你们现在的环境来说是天方夜谭。来自读者们的评论或者批评有以下这些：

- 我没法儿选择怎样运用我的时间。我的老板不会允许的。
- 如果遵循了你的建议，那我需要换一份工作，但我承担不了这样的风险。
- 你的建议适用于有钱人，但我还没达到这样财务自由程度。
- 如果遵循了你的建议，那我就必须离婚！
- 我的野心就是将效率提升25%，而非250%。我觉得要实现后者，简直就是痴心妄想。
- 如果真如你说的那样简单，每个人早就做到了。

如果你发现自己存在上述的想法，时间革命就不适合你。

没有下定革命的决心，不要开始时间革命

我可以把这些回应（或者说是讽刺）概括为：“我不是一个激进分子，也不是一个革命者，所以别管我，我对自己的现状很满意。”听起来颇有道理，但革命就

是颠覆；革命就会使人不适、让人痛苦，甚至会带来危险。在你开始时间革命前，你必须意识到有可能将会陷入风险之中，并且将会引领你去到未知的领域。

那些想要进行时间革命的人需要将过去、现在和未来连接在一起，如图23所建议的那样。在如何分配时间的背后，隐藏着更为基础的问题：我们到底想要从生活中得到什么？

第十一章
总是能够得偿所愿

重要之事不可受无关紧要（芝麻绿豆）小事的牵绊。

首先，我们需要搞清楚自己对生活的期望是什么。在20世纪80年代，人们的目标是“拥有一切”。你想要的一切都会得到：任何类型的工作；任何类型的人际关系；让你感到快乐满足的社会、精神和审美的刺激；满足理想生活方式所需的金钱；以及你要有所成就或服务他人的任何需求。如果你的目标不是拥有一切，那你就什么都拥有不了，无所求就无所得。想要实现目标，首先要知道自己想要什么。

我们大多数人都不知道自己到底想要什么。因此，大多数人的生活都是失衡的。我们可能很好地完成了工作，但你的人际关系却是一团糟，或反之亦然。我们可能向往金钱或者成就，但是当我们得偿所愿，又觉得这样的成功毫无意义。

二八定律见证了这样的遗憾。我们投入20%的原因，带来了80%的结果。但是剩下的80%原因，只产生20%的结果。我们在低价值的活动上浪费了80%的努力。20%的时间创造了80%的价值；80%的时间浪费在毫无价值的事情上。20%的时间带来了80%的快乐，但是80%的时间仅产出了少量的快乐。

但是二八定律并不总是适用于所有情况，或者说没必要适用。它只是用于诊断，去指出那些令人不满意或浪费的事件。我们应该以突破二八定律为目标，或者至少将它上升到获得更多快乐和更高效的层次。记住二八定律的承诺：如果我们遵循它的指引，我们就能够少工作、多挣钱、多享受、多成就。

要达成这一愿望，我们首先要全面地了解我们想要的是什么。这就是本章所讨论的问题。第十二章、第十三章、第十四章会更详细地分别解释这些细节成分——人际关系、职业生涯、金钱。随后我们将去往第十五章，即人生的终极目标：快乐。

改变之始：生活方式

你享受你现在的生活吗？不是指你生活的一部分，而是你整个生活，或者至少80%？无论你是否喜欢你现在的生活，是否有更适合你的生活方式呢？不妨问问自己以下问题：

- 我现在和对的人一起生活吗？
- 我现在生活在对的地方吗？
- 我现在工作的时长是对的吗？这是否与我理想的工作/娱乐节奏相匹配？这是否满足我的家庭和社会需要？
- 我能够获得生活的掌控感吗？
- 我能顺应心意地去运动或者沉思吗？
- 我的环境让我感到放松和舒适了吗？
- 我的生活方式有助于我创造和发挥潜力吗？
- 我的钱够花吗？生活所需是否都有序安排好，并且不用我再劳神费心了？
- 我的生活方式是否有助于帮助我想施以援手的人生活呢？
- 我时常与好友相见吗？
- 我生活中旅行的频率是否合适？不多不少、恰到好处了吗？
- 我的生活方式适合我的伴侣和家庭吗？

➤ 现在我拥有我需要的一切了吗？

关于工作

工作是生活的关键部分，这部分不宜过多，也不宜过少，应该恰到好处。无论是否有报酬，几乎每个人都需要工作。无论再怎么喜欢工作，也没有人会想要整个生活只剩下工作。工作时间也不应由社会惯例所决定。二八定律在此能够提供一个好的衡量标准，为你提供一个很好的判断方法，它会告诉你需要工作的时间长度。简而言之，这就是一种套利的思维：总体来说，如果你在没有工作的时候最快乐，那你就应该少工作或者换一份工作。如果你在工作的时候最快乐，那你就应该多工作或者改变工作之余的生活方式。如果你在工作和休闲的时候一样快乐，或者至少80%的工作时间和80%的休闲时间都是快乐的，那你就找到了适合自己的工作和生活方式。

职业的异化

大部分人都不是很喜欢自己的工作。甚至会觉得这并不是自己应该去做的工作，但是又身不由己，为了维持生活和生计，他们不得不工作。你可能会认识一些人，也不能说他们不喜欢自己的工作，但他们处在矛盾的关系中：有时候，或者某些部分，他们享受自己的工作；而在其他的场合，或者说其他的部分，他们厌恶自己的工作。如果做其他的事情能够拿到和现在工作相同的报酬（在能得到相同报酬的前提下），很多人（或许大部分你认识的人），宁愿做其他的事情，也不愿做自己的工作。

不可孤立地分析职业

你或你的伴侣所追求事业的成功，应该从整体角度出发，即从事业对生活质量的影响来进行评判：你住在哪儿；你和伴侣以及朋友一起相处的时间；从实际工作中获得的满足感；税后工资能否维持你的生活；等等。

你有更多职业选择的余地，你当前的工作可能是正确的选择，也可以将此作为基准。但你也可以换一种思路，创造性地想想：我是否不喜欢其他的工作和生活方式。为现在和未来的生活方式构建不同的选择。

进行思考的前提是，工作和你无比享受的生活之间，不一定要存在冲突。很多事情都可以成为“工作”，特别是在休闲行业占据经济很大一部分份额的当今时代。你也可以在自己喜欢的领域工作，或者将自己的兴趣变成工作。请记住，热情可以带来成功。通常情况下，将兴趣爱好变成工作会更轻松；反过来，想要爱上别人给你安排的工作，恐怕就困难得多！

无论你做什么，都要清楚自己想要达到的最优点是什么，并且在生活中用整体的视角去看待。但说起来容易，做起来困难，毕竟积习难改，生活方式的重要性，很容易屈服于传统职业观的需求。

例如，1983年，我和两位同事一同创立管理咨询公司的时候，我们就意识到，以往老板要求的长期加班、长途出差，给我们的生活带来了消极影响。所以，我们决定在新公司中实行一套“全面生活方式法”，强调生活质量的重要性不亚于收入。但当工作量超负荷时，我们还是走回了每周工作80个小时的老路，更糟糕的是，我们要求员工也这样做（起初，我不明白一位极度痛苦的咨询师指责我和我们的合伙人“毁掉了他们的生活”的含义）。在追求金钱的过程中，全面生活方式的方法很快就被我们抛置脑后。

何种工作会使我们快乐

我在这里倡导你“退出”这场激烈的职场竞争了吗？不一定。或许你非常享受这种压榨自己的商业竞争模式；或许你和我一样，都是喜欢竞争的人。

你应当清楚自己喜欢什么，然后努力将之融入自己的工作。但是你“所做的”

只是其中的一个因素。你还需要考虑自己适合的工作环境，以及职业成就对你的影响。在决定你职业的幸福感时，至少这些因素都是重要的。

你应该清楚自己在以下两个方面的自我定位：

- 你是否具备很强的驱动力，追求成就和事业的成功？
- 你最心仪什么工作：在大公司上班？自己创业（个体经营者）？

类型一：这类人雄心勃勃，更喜欢在别人提供的环境和组织下工作。典型的“企业型男人”（和女人）就属于这一类型。这类人的数量正在减少，因为大型公司招聘名额越来越少，而且越来越大的大型公司的市场份额被小公司所分割（前一个的趋势将继续，后一个可能不会）。但如果大企业中的职位供应下降，那么他们需要的人也会减少。如果你想成为这一类型的人，无论多么不合时宜，你都应该弄清楚局势，继续追求你的雄心壮志。即使无法提供安全保障，大型公司仍然会提供保留完善的组织结构和社会地位。

类型二：这类人通常是专业人士，他们渴望获得业界人士的认可，想要成为领域中的佼佼者。他们追求独立，不适应组织生活，除非组织采用（例如很多大学）“放养”态度。这类人应该尽快自主创业，一旦开始创业，他们应该抵制雇用他人的诱惑，即使这能带来高额的经济回报。类型二的这些人是个体经营者，他们希望避免在专业上对他人的依赖。

类型三：这类人有着极大的干劲儿和野心，不愿受雇于人，也不愿成为单打独斗的个体经营者。他们不因循守旧，是建设者。他们想要在自己的工作中建立一张网或者构建一个组织结构。他们是未来的企业家。

比尔·盖茨，美国最有钱的人之一，他大学辍学，沉迷于个人电脑软件的开发。但比尔·盖茨不是一个个体经营者，他需要很多的人、大量的人为他工作。很多人都是这样的。但放权的意识形态掩盖了这类需求，使得创建企业的追求看似过时。如果你想和其他人工作，但不是为他们工作，那你就属于第三种类型的人。你最好清楚地认识到这一点，然后采取相应的行动。很多受挫的专业人士都喜欢自己的工作，他们本应属于第三类型的人，却做着第一类型和第二类型的人的工作。他们并未意识到自己受挫的根源，不是专业能力的问题，而在于组织架构的因素。

类型四：这类人在事业上没有什么动力，但是喜欢和其他人一起工作。无论是在传统的工作模式下，还是在义务工作中，他们应该保证自己每周投入足够的时间。

类型五：这类人没有什么雄心壮志，但是对于工作有很强烈的自主性追求。与其成立自己的公司，对于这类人来说，最适合的工作是自由职业者，在自己方便的时候，为其他公司做项目，工作自由自在。

类型六：这类人对于事业的需求不高，但是喜欢组织和发展他人。很多老师、社会工作者和慈善工作者，都属于第六类型的人，他们完美地契合自己的角色。对于这类人来说，他们注重结果，而非过程。

物以类聚，人以群分，大部分人都能找到适合自己的领域，但是人们往往会因为进入不属于自己的领域而产生了职业分化。

关于金钱

金钱确实很重要！大多数人都有着独特的金钱观。他们高估了金钱的重要性，也高估了挣钱的难度。鉴于大多数人想要拥有更多的财富，那我们就先谈谈第二点。

我认为钱不难挣，一旦你有了闲钱，想要翻倍不难。

那如何才能挣到第一桶金？最好的答案是，做自己喜欢的事情，这通常也是最有效、来钱最快的方式。

逻辑如下：如果你喜欢某件事情，你肯定会很擅长。与其做不喜欢的事情，在喜欢的领域你会做得更好（这不一定是正确的，但很少有例外）。如果你擅长某件事情，那你能够创造某些可以让别人满意的东西。如果你满足了别人的需求，他们会付给你更高的酬劳。因为大多数人从事自己不喜欢的事情，也就不会像你一样高效，所以你就能在行业中挣到更多的钱。

但是这个逻辑并非适用于所有领域，比如在演艺行业，供大于求，在此情况下该怎么做呢?

你首先该做的就是不应放弃。我们需要找到供求平衡的行业，但也要确保职业与你个人喜好相关。这样的相关职业通常是存在的，尽管有时候它们不会立刻显现出来，为此我们需要创造性地思考。例如，政治家的需求和演员的需求很相似。最有影响力的政治家，比如罗纳德·里根、约翰·肯尼迪、温斯顿·丘吉尔、哈罗德·麦克米伦或者玛格丽特·撒切尔，他们要么是演员，要么有能力成为很成功的演员。查理·卓别林（Charlie Chaplin）和希特勒长得一模一样，这并非巧合。遗憾的是，希特勒是当时世纪最优秀的、最有魅力的演员之一。这一点似乎显而易见，但是即使竞争不强，回报也比较高，也很少有演员会愿意踏足政界。

如果你所热爱职业的市场行情并不好，并且也无法在相似的职业中找到好的发展前景呢? 那么你就需要尝试找一份自己第二喜欢的工作，然后重复这个过程，直到你找到喜欢的、收入高的工作。

一旦找到喜欢的工作，如果对你来说挣钱很重要，而且你所做的也是自己擅长的，那么你应该树立一个目标，尽快成为个体经营者，然后，雇用他人为自己做事。

我从二八定律中有关套利的观点中得出这个结论。任何组织或者行业中，80%的价值源自20%的专业人士。表现好的人会得到比表现低于平均水平的人更高的报酬，但这也无法反映两类人群之间的业绩水平的差异。因为，按照前述逻辑，表现好的人获得的薪酬总是偏低，而表现差的人获得的薪酬总是偏高。作为一个优秀的员工，你也会陷入此番境地。你的老板或许会认为你做得很好，但是相较于其他人来说，不会通过更高的薪酬肯定你更高的水平或更优秀的贡献。为此，唯一的出路就是自己创业，如果你愿意，还可以雇用其他的优秀员工。然而，如果你无法适应创业或者当老板，就不要采取这些步骤（见图26）。

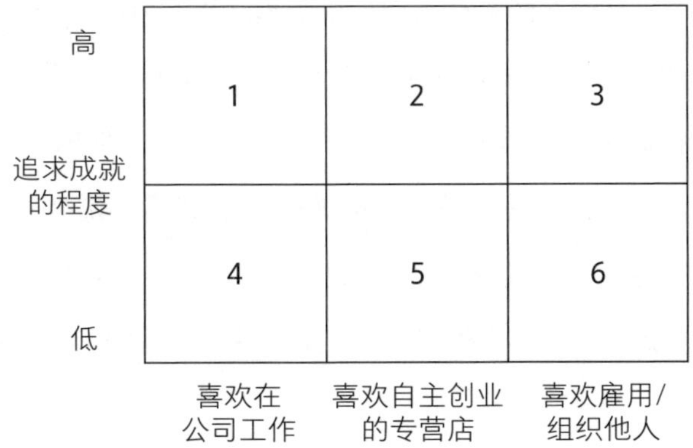

图26 期望的职业和生活方式

以钱生钱，并非难事

此外，你还需谨记：一旦你有了闲钱，想要翻倍并不难。将这些剩余资金存起来并且进行投资，这就是资本主义的方法。想要钱生钱，不一定需要做生意。你可以投资于股票市场，运用二八定律作为指南。我们将在第十四章详细讨论这一内容。

不要高估金钱的重要性

我希望你能拥有更多的钱，但不要过分追求金钱。钱可以帮助你获得你想要的生活方式，但请务必小心，麦得斯（可点物成金）的寓言就已预示了这一不好的结局。金钱可以买到快乐，但前提是把钱花在正确的地方。此外，有时候钱多了也会咬手。

记住，你拥有的金钱越多，额外的财富创造的价值也就越少。利用经济学家的话来说，即金钱的边际效用会急剧下降。一旦你适应了高水平的生活，你获得的快乐也就越来越少。如果维持这种新的生活方式的额外开销为你带来了焦虑或者必须无止境挣钱的额外压力和痛苦，很多的钱甚至还会带来消极影响。

此外，更多的财富也就需要更多精力去管理。管理钱是一件烦恼的事情。（不要试图在这一点上反驳或安慰我，真的，管钱的苦恼比没钱还多！）

税务体系也会让你最终获得的资金变少。你挣得越多，相应地，也就需要缴纳更多的税。挣得越多，工作就越努力；工作越努力，你的开销也就越大；你需要住得离工作地更近，但是开销更高的大都市；或者你需要花更多的钱在通勤上；花钱买帮助省时省力的设备；雇人收拾房间；更多的休闲娱乐开销；你花得越多，工作就得越努力。最终，你可能会困在一种昂贵的生活怪圈之中。

关于成就

有的人一心想要有所成就，于是就出现了一群人生导师。所有的励志书都有一致的套路，即告诉你所需要的人生方向和目标。随后，他们会告诉你，你缺乏这些方向和目标，这会让你陷入极度痛苦之中，让你不停地纠结自己需要的到底是什么。最后，他们会告诉你应该怎么做。

因此，如果你不想有所成就，或者满足当下（小有成就），那你就是幸运的人（可以直接跳过这部分内容，翻到本书的最后一章）。

但是，如果你和我一样，因没有成就而愧疚、不安，但又想要有所成就，那么二八定律就能帮助你摆脱这些痛苦。

想要取得成就并非难事。它不应当是“99%的汗水加上1%的灵感”。相反，以你自己的价值标准来衡量，你迄今为止所取得的80%的成就，应源自你20%的投入。如果你适用此方式或者接近这样的状态，那你就需重点关注这20%的努力。你能否反复取得这些成就？能否更进一步？能否在更大范围内有相似的成就？结合以往的两种成就，能否令你感到满意呢？

➤ 想想你过去所取得的成就，哪一些在“市场”中反响激烈？哪一些好评如潮？你20%的工作和娱乐时间带来了80%的赞扬。实际上，你得到了多少的满足感？

➤ 在你过去的成就中，有哪些方法奏效？谁是你的合作伙伴？谁是你的观众？同样地，利用二八定律进行分析。任何只给你带来一般满足感的时间或者努力，都应该舍弃。想想那些轻轻松松就取得的卓越成就。不要将自己局限于工作之中，想象自己是学生、游客或者朋友。

➤ 向前看，想想自己要在未来取得何种成就，何种其他人无法像你一般轻松做到的事情，才会感到自豪，你能够做到吗？如果你身边有100个人都在做同一件事情，你需要怎么做，才能用20%的时间完成，而其他人需要80%的时间？你在前20%的名单中位列第几？更确切地说，有什么能比只用20%的时间，完成80%的时间所能完成的更好呢？这些问题最初就像是谜语，但是，相信我，它们都有谜底！人在不同的场合下的能力是完全不同的。

➤ 如果你能衡量从任何事情中获得的快乐，那么，与95%的同龄人相比，你更喜欢什么呢？你在什么地方会比95%的大多数人做得更好呢？有哪些成就同时满足这两个条件？

专注你认为可以轻松完成的事情，是很重要的，这也是很多励志作家犯错误的地方。他们中的大多数，都认为我们应该试着去做那些我们认为自己做不到的事情。人们怀疑，这就像是在发明胶囊之前，祖父祖母们曾用同样的理由，强迫小孩子们吃鱼肝油那样。励志作家们很喜欢引用沃森（T. J. Watson）的话：“成功源于往昔的失败。”而我认为，一般情况下，失败源自过去的失败；同样地，成功源自过去的成功。如果你在某些事情上已经成功了，但成功的数量比较少，那这对你来说也无关紧要。

二八定律很清楚地向我们阐明，与别人相比，我们应该追求自己做得更好的、更喜欢的少数事情。

你还需要什么，才能拥有想要的一切

在前述内容中，我们已经谈论了工作、生活方式、金钱以及成就。为了拥有一切，你还需要构建少数满意的人际关系，我们将在下一章中予以说明。

第十二章
借助朋友的力量

人际关系能帮助我们了解我们是怎样的人，以及我们将有何作为。

我们大多数人的成功，都可以归因于起关键作用的人际关系。

没有人际关系，我们在这个世界上就如同行尸走肉。虽然这话听起来老套，但事实就是如此：人际关系是我们生活的核心。此外，职场人际关系，也是我们成功的核心。本章，我们将讨论个人人际关系和职场人际关系。首先，我们先谈论个人的人际关系，也就是与朋友、爱人或者所爱的人之间的关系。随后，我们再讨论职场的人际关系。

二八定律与之究竟有何关系呢？渊源颇深。在人际关系方面，我们经常在数量和质量之间进行权衡和妥协，但我们一直以来都没有找到重点。

二八定律提供了三种有悖常理的假设：

- 人际关系中，80%的价值源自20%的人际关系。
- 人际关系中，80%的价值源自20%的亲密人际关系，且这部分关系是在人生早期形成的。
- 对于创造80%价值的20%的人际关系，我们对此的关注度不到80%。

绘制最重要的20人际关系表

在这个时候，写下你最重要的20位朋友或者你爱的人的名字，这些人与你建立了最重要的关系。按照重要程度，从上到下排列。“重要”指的是与对方建立的人际关系的深度和亲密程度，这个人际关系对你的人生的帮助程度，以及哪种关系能够让你知道你是谁，你会成为怎样的人。继续往下阅读之前，请先绘制表格吧。

我很好奇，你的爱人或者人生伴侣在这个表格中排在第几位？他们是在你父母或者孩子的之前还是之后？要诚实地回答这个问题。（但在阅读完本章后，你最好销毁这个名单！）

接下来，根据重要性将他们分类，总分为100分。例如，如果名单中的第1个人和后面19个人的总和一样重要，那么他或者她的得分就是50分。在呈现最终结果前，你可能需要多次运算，以确保总分为100分。

我不知道你绘制的表格是怎样的，但是与二八定律相符的典型模式，通常都会有两个特征：前四个关系（占总数的20%）将获得绝大多数的分数（或许是80%）；并且在每个人和下一个人之间，往往会存在一个恒定的关系。例如，第二个人的重要性，或许是第一个人的2/3或者50%；第三个人的重要性，或许和第一个人的重要性相似，都能占到2/3或者50%。以此类推，我们会发现一个很有趣的现象：如果第一个人的关系的重要性是第二个人的两倍或者甚至更多，第六个人的关系的重要性就仅为第一个人的3%！

根据你和每个人相处、交谈、共处的有效时间比例（排除他们不是中心的时候，比如看电视或者看电影）并在对应名字后面备注，完成此练习。总的单位为100分，按照实际比例分配给20个人。通常情况下，你会发现，那些你花了不到80%的时间陪伴的少数人，占据了80%的“关系重要性”。

这个练习的目标其实很简单：追求质量，而非数量。花费时间和情感精力去增强和加深那些重要的人际关系。

但与此同时，还有另一个问题，它和我们生活中事件发生的顺序相关。事实证明，我们建立亲密关系的能力有限。我们需要关注到——在质量和数量之间还有另一种权衡关系。

村庄理论

人类学家强调，人们构建兴奋愉悦的、重要的个人关系的数量是有限的。且显然，无论在任何社会条件下，人们建立的人际关系都会有相同模式，即有两个珍贵的儿时伙伴、两个重要的成年伙伴、两个医生。一般来说，有两位性伴侣在人生中尤为重要；大多数情况下，你只会深陷爱河一次；在你的家庭中，总有一位成员是你偏爱的。对于每个人来说，无论身在何处、成长于何种文化，以及何种背景，重要的个人关系的数量都极其相似。

这也就引出了人类学家所说的“村庄理论”。在非洲的村庄中，所有的这些关系都发生在几百米以内的范围里，而且这些关系往往是在短时间内形成的。对于我们来说，这些关系可能会遍及全球，并持续一生。但是，人类进化的过程，已经在每个人的脑海中形成了一个虚拟的村庄，一旦这些对应的位置被填满，这些人际关系也就会根深蒂固地扎根。

同时，人类学家也表示，如果你的人生经历过于丰富，人际关系建立的时间过早，那么你可能会过早地耗尽维护更深的关系的能量，这或许可以解释生活中的一些肤浅的人际关系现象，即人们通常能观察到，一些人在职业或特殊环境的驱使下，会强迫自己拓展更多的关系，例如销售员、妓女，以及那些频繁搬家的人。

巴拉德（J. G. Ballard）引用加利福尼亚的一个案例来论证这个理论——与罪犯厮混的年轻女性康复项目的案例。这些女人都很年轻，年龄20岁到21岁，这个项目的目的，是将她们引入一个新的社会背景。该项目的志愿者大多都来自中产阶级，他们会和这些女人做朋友，并邀请她们回家做客。

这些女人中，很多人在很小年纪的时候就结婚了，很多人在13岁到14岁就有了第一个孩子，有些人在20岁之前就已经结过三次婚。她们通常有上百个爱人，有时候和男人有了亲密关系生下了孩子，这些男人通常都被枪杀或者进监狱。仍是20来岁青年的她们，经历了很多的事情——结婚、成为母亲、分手、丧亲之痛，甚至经历了人类所有的人生历程。

这个项目最终失败了，因为这些女人已经丧失了建立任何新的深层关系的能力。她们的“村庄”早已被填满了，她们前半人生建立的个人关系，已经深深扎根在脑海中，无法清除。

这是个悲惨的故事，但它给我们带来了反思，使我们受益良多。当然，它也符合二八定律：少数的人际关系创造了大量的价值，牵引出我们大量的情感。为此，在填满你的“村庄”前，要万分谨慎，切勿过早！

职场关系和同盟关系

现在，我们将讨论职场中的人际关系和同盟关系。少数关键的亲密盟友的重要性，怎么强调都不过分。

一个人或许能取得杰出的成就，历史上也确实有人做到了。但是对于出类拔萃的人来说，他们需要有盟友的参与，才能实现成功。

独木不成林，一个人很难取得成功。唯有他人援助，方能有所成就。你需要做的就是，根据个人的追求，选择最合适的人际关系和盟友。

每个人都迫切需要志同道合的盟友，我们必须（或者应该）善待他们，就像善待自己一样，视若己出。不要将朋友和盟友一视同仁。要重点关注那些对你人生有关键意义的盟友，如果这显而易见或老套，问问自己，有多少朋友与你统一战线，然后再问问自己，你是否做到了这一点。

精神领袖都会有很多盟友。如果连他们都需要盟友，你同样也需要。举个例子：耶稣依靠信徒约翰，将自己介绍给了公众；随后是他的12门徒；再然后是他的其余使徒，尤其是圣·保罗，他可以说是史上最厉害的营销天才。

没有什么事情会比盟友的选择和如何构建同盟关系更为重要。没有这些关系，你将一无所有。有了盟友，你就能扭转乾坤，通常情况下，你能够改变你周围人的生活，甚至还能够在某种程度上改变历史。

此外，简单的历史考证，就能够帮助我们迅速理解盟友的重要性。

历史是由那些结成了有效盟友的人推动的

“资产阶级的马克思”——帕累托声称，历史实质上是精英的演进史。因此，活力四射的个人或者家庭，致力于成为精英或者取代精英（或者说，如果他们已经成为精英，就要一直保持精英的身份和地位）。

如果你支持帕累托或者马克思，信仰阶级历史观，你会认为精英阶层的联盟，或者未来的精英联盟，是推动社会历史进程的力量。当然，每个人都属于某个阶层，但同样地，个人和同阶层的其他人结盟（或者和其他阶层的个人联盟），就能够大展宏图、有所成就。

一些历史的转折点，充分体现了个人和其他人联盟的重要性。例如，如果没有列宁的关键作用，1917年的俄国十月革命还会爆发吗？也许不会发生，当然也不会影响全球在接下来72年里的历史进程了。如果没有叶利钦的头脑和勇敢，推翻1917年十月革命的1989年俄国变革还会成功吗？如果他没有在1991年发动武装炮打莫斯科“白宫”，苏联很可能就不会解体。

我们可以列举无数个类似的“如果……没有……”的历史游戏，以证明个人对历史进程的重要性。如果没有希特勒，大屠杀和第二次世界大战就不会发生；如果没有罗斯福和丘吉尔，希特勒很可能比他的继任者更早、更彻底地统一欧洲；

其他的“如果”例子还有很多。但是人们往往会忽略其中最关键的一个因素——没有一个人，能在没有人际关系和盟友的情况下，影响历史的进程。

几乎在所有的成就领域，你都能够发现少数关键的合作者，没有这些人的帮助，那些历史的伟人们也就无法取得成就；而有了这些人的帮助，他们就能产生巨大的影响。无论在政界、大众意识还是形态运动、商界、医学界、科学界、慈善界，个人推动历史进程的模式都是固定的。历史不是由盲目的、非人类的力量组成的，也不是由精英或者天才根据预设的经济或者社会学公式运作的。历史的进程，是由那些充满了献身精神并找到了一群关系亲密的志同道合者的个人所决定和改变的。

你需要少数关键的盟友

如果你的人生已经有所成就，你会意识到在你成就之路上盟友的重要性（除非你盲目自大地追求必然的失败）。但是你也会发现其中存在的二八定律，即关键的盟友所占的比例很少。

通常来说，保守估计，给你创造至少80%价值的盟友不到20%。如果请你列举一个对你来说有益或有用的盟友名单，你可能会惊讶地发现，这个名单会涉及上百个或者更多的盟友，并且他们的贡献值或价值是不均的。通常来说，只有六个关键盟友发挥显著的作用，且他们的价值会比剩下的人要更多。

因此，你不需要太多的盟友，但是需要选择真正适合你的关键少数盟友。你和他们之间，以及他们个人之间，需要建立正确的关系。你会需要他们在合适的时间、合适的地点为你谋取利益，当然，大前提是你们有着共同的利益基础。此外，你的盟友需要信任你，你也需要信任他们。

列出对你而言最重要的20个商业关系，那些对你而言是重要盟友的人，并将其与你估计的密切联系人总数进行比较。如果你有名片夹、活页笔记本或电话簿，可以根据上面的记录，判断来往密切的联系人总数。你可能会发现，最重要的80%的盟友，占据联系人总数的比例不足20%。如果不是这个比例，那么你的盟友（或其中一部分盟友）的质量并不高。

成就联盟

如果你的事业相当成功，就列出迄今为止对你帮助最大的人。按照帮助程度高低的顺序，从上到下给他们排名并进行打分，给前10名分配共计100的分数。

一般来说，过去对你帮助最大的人，也会是未来能够帮助你的人。然而有时候，在清单上排名靠后的好朋友，会成为更重要的潜在盟友：也许是因为他或她最近新升任要职；通过投资赚了一笔，或者获得了至关重要的认可。然后，在此基础上，按照名单上的人在未来提供帮助的潜力，再列一次清单，同样从一到十排名，再给他们打分，十个人合计的分数仍然是100。

人们之所以帮助你，是因为你们之间有紧密的关系。最好的关系需要建立在下面五个基础属性上：享受相互的陪伴、相互尊重、共享经验、互惠互利和相互信任。在成功的商业关系中，这些属性密切相关，无法分割，但我们可以把它们分开进行分析。

享受相互的陪伴

这五个属性中的第一个也是最基本的要求，因为如果你不喜欢与对方在办公室、餐厅、社交场合或电话中交谈，你将无法和他们建立牢固的关系。反过来，他们也必须享受你的陪伴才行。

如果这看起来非常明显，就请反思一下，你是否带着工作原因和人交往。有多少人是你真正喜欢的？令人惊讶的是，无数人花了大量时间和不喜欢的人在一起。这完全是在浪费时间，你不快乐，还会心累，代价也很大，导致你无法去做更好的事情，这对你没有好处。所以，不要再这样做了！花更多的时间，与你喜欢的人在一起，特别是如果他们也能对你有用的话。

相互尊重

有些人，我非常喜欢和他们在一起，但并不十分相信他们的专业能力；反之，有些人，我不喜欢和他们在一起，但我尊重他们的专业能力。如果我不相信对方的专业能力，我绝不会推进和他们的业务合作。

如果你想有人提供专业方面的帮助，你就得好好表现自己！然而很多时候，我们却藏巧于拙。我有一位好朋友叫保罗，他帮助我的事业取得过很大进步。他曾在一次董事会上（我们都是外部董事）说，他愿意相信我的专业能力，尽管他从来没有见过我展示一丝一毫的证据！因此我下定决心，要找一个场合来证明自己的专业能力，我最后做到了，保罗也随之成为我的关键商业盟友。

共享经验

与原始村落的人际关系模式一样，人类大脑吸取重要专业经验的空间有限。为此，共享的经验非常容易引起共鸣，尤其是涉及斗争或痛苦时。无论是作为业务盟友还是朋友，我建立的最重要的一个人际关系，来自我的第一份工作。他当时是我的同事，我们两个都是新人。如果不是因为我们两人都非常讨厌在炼油厂的工作，我觉得这样深厚的关系无法建立。

言下之意是，如果你的工作令你不开心，不妨尝试在工作中发展一个你喜欢并尊重的盟友。经营好这段关系，让它成为深入而富有成果的联盟。如果你不这样做，你就错过了一个建立有效联盟关系的大好机会！

哪怕你工作得很开心，也要找一个有很多共同经验的人，让他或她成为你的关键盟友。

互惠互利

要使联盟发挥作用，双方都必须为对方慷慨地付出——反复地、持续地、长时间地做，并且确保始终如一。

互惠互利这种关系应该是自然而然的，而不是单方面的或者工于心计的。重要的是，要在符合高道德标准的前提下，尽你所能地帮助对方。这就意味着花时间关注对方，思考对方的需求，不要等到别人开口再施以援手。

在回顾商业关系时，令我感到惊讶的是，真正的互惠互利关系很少能够建立。即使所有的其他属性——友谊、尊重、共同的经验和信任都存在，人们也常常忽略了应该主动帮助盟友的需求。这又是一个能加深关系和培养未来援手的巨大机会，但却被大多数人浪费了。

披头士乐队告诉我们，“到最后，你所得到的爱，等于你付出的爱”。同样，到最后，你所得到的职业帮助，也等于你曾经伸出的援手。

相互信任

信任能巩固人际关系，缺乏信任会使已经建立的关系很快解体。信任要求双方在任何时候都要完全诚实。如果对方甚至怀疑你只说三分话，即使是出于最高尚的理由或为了维持双方的体面，信任也会被破坏。

如果你无法完全信任某人，就不要试图与之建立联盟，这没有意义，绝对行不通。

但如果你能够完全信任某人，彼此之间的商业关系就会发展得更快、更有效率，可以省去很多时间和成本。千万不要因为任性、懦弱或狡猾而丧失信任。

职业初期，慎选盟友

一个好的经验法则是，你应该发展6个到7个最上等的商业联盟，组成如下。

- 一个到两个比你资深的导师关系人。
- 两个到三个同行的关系。
- 一个到两个你作为导师的关系。

与导师的关系

给自己慎重地选择一两个导师。不要让他们选择你，因为他们可能会占掉名额，导致你无法再有更好的人选。你选择的导师应该具备以下两个特点：

- 你必须能够建立具备前述“五个属性”的关系，包括享受相互的陪伴、相互尊重、共享经验、互惠互利和相互信任。
- 导师应该尽可能的资深，但更好的选择是，相对资历较浅但明显已经功成名就的导师。最好的导师都是非常有能力和抱负的人。

你与导师的关系应该是互惠互利的，这听起来似乎很奇怪，因为导师的付出将不可避免地多于被指导者的付出，但导师也必须得到回报，否则就会失去指导的兴趣。被指导者必须提供新鲜的思想、精神刺激、热情、勤奋、新技术知识或其他一些对导师而言有价值的东西。明智的导师经常通过年轻的盟友，让自己了解新出现的趋势和潜在的机会或威胁，而这些趋势和威胁或许是他们容易忽略的。

同行关系

和同行的关系往往可以“挑精拣肥”，因为潜在的盟友很多。但请记住，你只有两三个名额，因此要非常慎重。列出所有具有“五种属性”或成功潜力的潜在盟友名单，从名单中选出两个到三个你认为最成功的人，然后努力发展他们的盟友关系。

作为导师的关系

不要忽视这些关系。如果学员为你工作，尤其是长期工作，你就有可能从他们中的一两个身上得到许多收获。

多方联盟

各类联盟关系，往往会形成一张关系网络。在这张关系网络中，人们相互之间都有关系。这些网络可以变得非常强大，或者至少外界看来是这样。且它们往往是非常有趣的。

但是，也不要得意忘形，自以为是地认为自己和别人是“同道中人”。你可能只是这张关系网的细枝末节。不要忘了，所有真正的、有价值的关系都是双边的。如果你与X和Y都有一个强大的联盟，而他们之间也有一个联盟，那就是极好的。一条链子的强度，取决于其最薄弱的环节，因此不管X和Y之间的关系有多深，对你来说，真正重要的，是你和X的关系以及你和Y的关系。

结论

无论是个人关系还是工作关系，多而浅不如少而深，关系并不是越多越好。并不是每一个人际关系都是好的，当你花了很多时间经营关系，但结果却不满意，就应该尽快终止。我们对人际关系的承担是有限的，低质量关系会挤占高质量关系，因此不要过早地把上限用完，也不要让低质量关系增加我们的负担。

要时刻谨记：慎重选择，用心培养。

内容侧重点的拆分

我们现在已经到了本书内容侧重点有所偏差的部分，接下来的第十三章和第十四章，分别是为想提升自己的事业和让自己赚取更多金钱的人准备的。不关心这些问题的读者，应该直接翻到第十五章，那里有让人快乐的7个习惯等着你们。

第十三章
聪明又会偷懒的人

> 世上只有四种军官。第一种是既懒惰又愚蠢的人，放任不管就行，他们掀不起什么风浪……第二种是勤奋的聪明人，他们是优秀的参谋，确保每个细节都考虑周全。第三种是那些只有勤奋的蠢人，这些人是一种威胁，必须立即解雇，否则他们只会多手多脚、横生枝节。第四种是既聪明又懒惰的人，他们适合担任最高职务。

这一章是为真正有抱负的人准备的。如果你没有争名夺利的野心，请直接跳过本部分内容，阅读本书第十五章。但是，如果你想在“老鼠赛跑”中获胜，这里提供的一些建议可能会让你大有感悟。

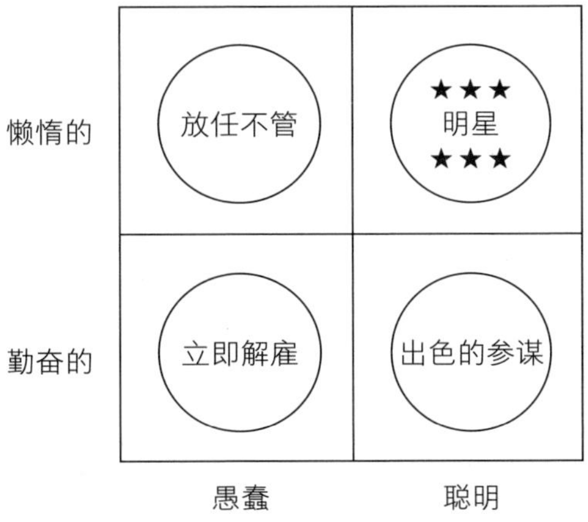

图27　冯·曼施泰因矩阵

冯·曼施泰因将军精准地表述了本章内容的精髓——二八定律对成功事业的指导。如果他是一位管理顾问，也一定会从图27所示的矩阵图中大赚一笔。

图上的建议是关于如何对待别人的。但对待你自己呢？也许有人会认为，充满智慧和热爱工作，是人类的天然属性，在这种情况下，冯·曼施泰因矩阵虽然新颖，但毫无用处。但本章所提出的观点略有不同。即使你很努力工作，你也可以学会如何偷懒。而且即使你自己或别人认为你很笨，你在某方面还是很聪明。成为明星员工的关键，是激发、制造和充分利用懒惰的智慧。我们会看到，懒惰的智慧是可以通过钻研培养和发展的。赚得多、干得少的关键在于要选对事情，即只做那些创造最高价值的事情。

不过我们首先需要了解，二八定律是如何向工作的人分配奖励的，这很有启发意义。其实奖励既不平衡也不公平。我们既可以选择无休止地抱怨不公平的现象，也可以选择利用冯·曼施泰因矩阵调整自己，实现自身利益最大化。

职业成功与回报的失衡现象普遍存在

如今，只有极少数职业精英享有数额巨大、不断增长的回报，这显然就是二八定律的最佳体现。

在我们生活的世界里，各个领域顶尖人才的回报率从未如此之高。少数专业人员获得了不成比例的认可和名声，通常也获得了高比例的“战利品”。

以任何国家或全球中当代人类努力的任何领域为例，无论是田径、棒球、篮球、足球、高尔夫、橄榄球、网球或任何其他流行运动；还是建筑、雕塑、绘画或任何其他视觉艺术；或任何类别的音乐；电影或戏剧；小说、烹饪书籍或自传；甚至电视聊天节目主持、新闻播音、政治或任何其他明确界定的领域，只要提起特定领域，一定会有少数杰出的专业人士的名字瞬间出现在我们的脑海中。

考虑到每个国家的庞大人口基数，和通常活跃在相关领域的庞大专业人群比起来，这些我们叫得上名字的知名专业人士，只是非常小的部分，而且只占很小的比例，通常远低于5%。在任何专业中，他们这些被公认为“大咖”的人，所占的比例都非常小，但他们却出尽了风头。总是“供不应求”，总是新闻里的常客。他们相当于众所周知的人类消费品品牌，一眼就能认出来。

在受欢迎程度和经济回报方面，也存在同样的集中现象。80%以上的小说销售量，由不到20%的印刷小说贡献。任何其他类别的出版物也是如此：流行音乐CD和音乐会，电影，甚至是关于商业的书籍。同样的情况也适用于演员、电视名人或任何一项运动。在高尔夫球比赛中，80%的奖金被不到20%的职业高尔夫球手收入囊中；网球也是如此；在赛马中，80%以上的奖金，由不到20%的马主、骑师和驯马师获得。

我们生活在一个日益市场化的世界里。顶尖的名人可以获得巨额的费用——但那些不那么优秀或不那么知名的人，却赚得相对极少。

处于顶尖地位，人人皆知；但那些仅逊色于顶尖地位人物的其他人，却只有少数爱好者知道，这两者之间有很大的区别。最著名的棒球、篮球或足球明星，可以赚到几百万；而那些仅次于他们的，就只能过上尚且过得去的生活。

为什么会存在赢家通吃的现象

超级明星的收入分配，甚至比整个人口的收入分配更不平衡，这为二八定律（或在大多数情况下是90/10或95/5）提供了很好的说明。很多研究者试图从经济学或社会学的角度，探讨和分析超级明星的超级回报现象。

最有说服力的解释是，有两个条件促使了超级明星的高回报。一是超级明星有可能被许多人同时接触到，现代通信技术使这种情况得以实现。将珍妮特·杰克逊、J. K. 罗琳、史蒂文·斯皮尔伯格、奥普拉·温弗瑞、巴黎·希尔顿、罗杰·费德勒、玛丽亚·凯莉或大卫·贝克汉姆“传播”给更多消费者的增量成本几乎为零，因为广播、制作CD或印刷一本书的额外成本，在总成本结构中只是很小的一部分。

让这些超级明星出场的额外成本，肯定不比二流的替代品多，除非是超级明星自己提出的费用更高。虽然费用可能是几百万或几千万，但每个消费者的增量成本确实很低，往往是几分钱的问题。

二是平庸永远无法取代天才，而获得最好的人才，是至关重要的。如果一个家庭清洁工比另一个清洁工慢一半，那市场必定只会给他/她支付一半的薪资。但是，谁会想要一个只有泰格·伍兹、席琳·迪翁或安德烈·波切利一半厉害的人呢？在这种情况下，非超级明星即使提供无偿工作，其经济效益也会大大低于超级明星。非超级明星只能吸引很少的观众，尽管这将在总成本上有微小的降低，但带来的收入也会大大降低。

赢家通吃是一种现代现象

耐人寻味的是，这种顶级回报率与其他回报率之间的差距，并非自古就有。例如，20世纪四五十年代，最好的篮球或橄榄球冠军，并没有赚到多少钱。过去的杰出政治家，也可能在死的时候两袖清风。而且我们越往前追溯，赢家通吃的说法就越偏离现实。

例如，与同时代的人相比，威廉·莎士比亚在才华方面绝对是首屈一指的，达·芬奇也是如此。正常情况下，或者说，按今天的标准，他们应该能够利用他们的才华、创造力和名气，成为那个时代最富有的人。但实际上，他们与今天数以百万计的普通专业人员的收入不相上下。

随着时间的推移，人才经济回报的不平衡越来越明显。今天，收入与功绩和市场能力的联系更加紧密，因此二八定律就很容易显现出来，因为不同收入的数据就可以清楚地证明。我们的社会显然比一个世纪以前，甚至上一代人以前的社会，变得更功利。尤其是在欧洲，特别是英国，更是如此。

如果像博比·摩尔这样的顶级足球运动员，在20世纪40年代或50年代通过踢球发家致富，一定会引起英国当局的愤怒，因为这是不体面的。当20世纪60年代的英国主流媒体披露披头士乐队是百万富翁时，人们会感到十分震惊。今天，麦当娜身价至少3.25亿美元，J. K. 罗琳身价10亿美元，奥普拉·温弗瑞身价15亿美元，都不会再引起民众的惊讶和愤怒。如今，我们已经不那么尊重阶级，而是更尊重市场。

另一个新的因素是上面提到的广播、电子通信以及光盘等消费产品的技术革命。现在人们最关注的，是如何让收入最大化，而超级明星可以做到这一点。雇用他们的额外成本，对个人来说可能是一笔巨款，但对每个消费者来说，平摊的成本是微不足道的。

成就一直遵循二八定律

然而，如果我们姑且不提钱，而是讨论更持久、更重要的事情（至少对每个人来说是这样，除了超级明星自己），那就可以看到，无论在哪行哪业，成就和名声都只集中在极少数人身上，一直都是如此。比如阶级或电子通信的限制，导致莎士比亚和达·芬奇无法成为百万富翁，这在我们看来，或许很奇怪。但缺乏财富并没有削弱他们的成就，也没有削弱他们的影响。事实上，现在的社会有很大一部分影响，来自那一小部分并不富有的开创者。

二八定律适用于非媒体从业人员

重要的是，二八回报率并不局限于娱乐界，虽然这种情况在媒体巨星身上最为明显和夸张。事实上，名人只占千万富翁的3%。在身价100万美元至1000万美元的700万美国人中，大多数是媒体之外的其他领域的专业人士：高管、金融大亨、顶级律师和医生等。在拥有1000万美元至1亿美元资产的140万美国人中，企业家的数量是前一梯队的百万富翁人群的两倍。当我们再看身价1美元亿至10亿美元的美国人中，企业家和理财师占主导地位，但人数少得多（约数千人）。亿万富翁类别也是如此，2007年《福布斯》杂志统计了946位亿万富翁，其中包括至少178位新上榜人士和17位重回王座之人。

人才可能自古以来都一直遵循二八模式。技术的影响，可能整体上正在将人才推向一条近似90/10或95/5模式的曲线。然而人才的薪酬，过去可能遵循70/30的曲线，但对于最著名的那些人来说，现在肯定是接近95/5或更失衡的比例曲线。

按照80/20甚至99/1的比例分配财富，似乎已经势不可当，甚至令人害怕。1990年至2004年，美国收入最高的1%的人，他们的收入增加了57%。对于这些人里收入最高的十分之一来说，他们的收入飙升了85%。亿万富翁们的表现则更好，他们的财富总和，在1995年已经达到惊人的4390亿美元，但现在已经翻了8倍，达到3.5万亿美元，在截至2007年的一年里，上升了至少26%。在2007年，三分之二的亿万富翁比前一年富裕了许多，财富变少的比例只有17%。

对野心勃勃的人来说意味着什么

在这个二八的世界里，成功的规则是什么？在这个“功者难成而易败”的世界里竞争，你可能想放弃、想拒绝。但我相信这是错误的思路，哪怕你的目标不是成为举世无双的百万富翁（尤其是在你已经成为百万富翁的情况下），而是只追求事业的成功，那么在这个越来越“二八”的世界里，也有成功事业的十大黄金法则（见表15）。

表15　成功事业的十大黄金法则

1. 专注于一个很小的职业领域；培养核心技能
2. 选择一份你喜欢的工作，这将使你有机会成为出类拔萃、公认的领导者

3. 充分认识到“知识就是力量”

4. 确定你的市场和核心客户，并为他们提供最好的服务

5. 找出能带来80%的回报的20%的努力

6. 向最优秀的人学习

7. 尽早创业

8. 尽可能多雇用能够创造净价值的员工

9. 除了核心技能外，一切都可外包

10. 充分利用资本杠杆

尽管抱负越大，这些法则就越有价值，但它们也适用于任何级别和程度的职业和抱负。随着我们的阐述，戴上你二八思考者的帽子，重新梳理你的职业生涯。回忆一下冯·曼施泰因矩阵：找到可以让你发挥聪明才智、能偷懒，还能赚取高回报的地方。

专注于一个很小的职业领域

专业化是生命中最伟大的、普遍的规律之一。生命本身就是这样进化的，每个物种都在寻找新的生态位，并形成独特的特征。没有专业能力的小企业会被市场淘汰，没有专业能力的个人则注定要过着给人打工的生活。

自然界中的物种数量不详，但数额惊人是肯定的。在商业世界中，商机比一般人所理解的要多得多；因此，从表面上看，许多小企业是在广阔的市场中竞争，但实际上都可以找到细分市场的机遇，成为自己商机的领导者，避免正面竞争。

对于个人来说也是如此，了解的事情最好是少而精，而不是多而广，最好是对一件事情了如指掌。

专业化是二八定律的本质。它可以运作的原因是——20%的投入，可以产生80%的产出——即生产力高的20%，比生产力低的80%更专业，更适合手头的任务。

每当我们看到二八定律发挥作用时，这既体现了资源（80%生产力低的部分）的浪费，也证明了进一步专业化的必要性。如果生产力低的80%的人专门从事他们所擅长的领域，他们就可以在另一个领域成为生产力高的20%。这又会产生另一种二八关系，但层次更高。过去，他们是生产力低的80%，或其中的一部分，现在将成为另一个领域中生产力高的那20%。

这个被德国19世纪语言学家黑格尔（G. W. F. Hegel）称为“辩证法”的过程，可以一直持续下去，成为进步的动力。事实上，这显然正是长期以来在自然界和人类社会中所发生的事情，越来越多的专业化推动了生活水平的提高。

计算机就是从电子技术应用中的一个新的专业化演变而来的；个人计算机是从进一步的专业化演变而来的；现代用户友好软件是从进一步的专门化演变而来的；光盘是从同一过程的另一个阶段演变而来的。生物技术将彻底改变食品生产，它也以类似的专业化方式在发展，每一个新的进步都需要以更多的专业化为基础。

你的事业也应该以类似的专业化方式发展，而知识是关键。在过去的一代人中，工作世界中最显著的一个趋势，是技术人员的权力和地位不断提高。他们以前通常是蓝领工人，但现在却掌握了专业知识和越来越专业的信息技术。现在这些专家，往往比更原始的管理者拥有更多的权力，获得更高的报酬，而这些管理者的贡献，只是通过组织技术人员来创造价值。

在最基本的层面上，专业化需要一定资格。在大多数社会中，80%以上的资格证书，由20%的劳动力拥有。在先进社会中，最重要的阶级划分依据，不是土地所有权，甚至不是财富所有权，而是信息所有权。80%的信息，掌握在20%的人手中。

美国经济学家和政治家罗伯特·莱克（Robert Reich）把美国的劳动力分为四组。最上层的群体他称之为“典型分析师”，即与数字、思想、问题和文字打交道的人。他们包括金融分析师、顾问、建筑师、律师、医生和记者，事实上就是所有把智慧和知识作为权力和影响力来源的人。有趣的是，他把这个群体称为“幸运的五分之一”——用我们的话说就是前20%的人——他们掌握着80%的信息和80%的财富。

所有最近受过任何形式的教育或培训的人都知道，知识正在经历深刻和逐步的分裂。从某种程度上来说，这是令人担忧的一个趋势，因为这将意味着，在知识界或整个社会中，几乎没有人能够整合不同的知识进展并说出它们的意思。但在其他方面，这种分裂进一步证明了专业化的必要性和价值。

而对于个人来说，回报越来越多地流向顶尖人士的趋势，是一个充满希望的过程。你可能没法成为爱因斯坦甚至比尔·盖茨，但是，你可以选择几百个甚至几百万个专业化的工作市场来谋求自己的财富和地位。你甚至可以像盖茨一样，发明自己独属的商机。

因此，我建议诸位找到专属的商机。这可能需要花很长的时间，但这是获得高额回报的唯一途径。

选择一份你喜欢又能出彩的工作

专业化需要非常谨慎的思考，越是狭窄的领域，越是要极其谨慎地选择。

专攻一个你已经感兴趣的、喜欢的领域。如果你对某些事情提不起劲，你就不可能成为该领域公认的领导者。

但这个要求也不像你想象得那般苛刻，每个人都会对某件事情感到兴奋，否则他们的生活就如同行尸走肉般无趣。而在现代社会，几乎每一种爱好、每一种热情、每一个职业都有机会变成一种商机。

你也可以从另一个角度来看。几乎所有的顶尖人士，都是带着极大的热情去做自己的事情的。热情既能成就个人，也能感染他人，更能事半功倍，但热情是无法捏造或假装的。

如果你对目前的职业没有热情，却仍有抱负，你就应该停止这份工作。但在你迈出这一步之前，要先找到一个更好的职业。写下你热衷的所有事情，然后分析哪些可以成为事业，再选择你最热衷的那一个，满怀热情地去做。

充分认识到知识就是力量

要想把热情变成事业，关键是要有知识。专攻一个领域，然后想办法把它市场化，并创造自己的市场、拉拢自己忠实的客户。

光是少而精地了解是不够的，至少在某些方面，你必须比别人知道得更多。不要停止扩充你的专业知识，直到你确定自己比别人更专业，并在你的领域比任何人都强，然后通过不断地实践和顽强的好奇心来加强你的领导力。只有真的比别人更博学多才，才有可能成为领导者。

市场化是一个创造性的过程：你需要自己去研究如何做到这一点。也许你可以效仿其他人在类似领域将知识市场化的做法。但如果没有先行案例可以参考，请遵循下面的市场化指南。

确定你的市场和核心客户，并为他们提供最好的服务

你的市场，将是那些可能为你的知识付费的人，核心客户则是那些最重视你的服务的人。

市场是经营的舞台，这就需要你确定如何销售知识。你是以雇员的身份，还是以自由职业者的身份，为某家公司或个人工作？或者建立一个企业，向个人或公司提供营销服务（即来自你和他人的劳动）？

你是要提供最原始的知识，还是结合实际进行加工后提供，抑或利用这些知识创造产品？你是要发明产品，或加工别人的半成品，还是做成品的零售商？

你的核心客户是特定个人或公司，他们可能会重视你的活动，并可能提供一系列高薪业务合作。

无论你是雇员、自主创业者还是大大小小的雇主，甚至是国家元首，你都有自己的核心客户，你的持续成功将取决于他们。不管你过去取得过多么辉煌的成就，这就是你需要遵循的真理。

顺便说一句，令人惊讶的是，领导者往往会因为忽视甚至滥用他们的核心客户群体而丧失自己的地位。网球明星约翰·麦肯罗（John McEnroe）忘了他的顾客是观众，甚至是专业网球组织者。撒切尔夫人（当时的她）忘了她最重要的顾客是自己的保守党议员。理查德·尼克松忘了他的核心客户群体是中美洲国家，以及它们对主权完整的要求，所以他们最终都遭遇了职业的滑铁卢。

服务客户是关键，但他们必须是你的正确客户。只有正确的客户，才能够使你只要付出少量的努力就能让他们非常满意。

找出能带来80%的回报的20%的努力

只有能够以小博大，花费少量精力就可以获得巨大成效，工作才是一件趣事。如果你不得不每周工作60个或70个小时来应付日常，如果你觉得自己总是落后于人，如果你很吃力才能赶上工作的要求，那么你要么是选错了工作，要么就是运用了完全错误的工作方法！你肯定没有充分利用二八定律或冯·曼施泰因矩阵来使自己受益。

不断提醒自己，要牢记二八定律的真知灼见。在任何领域的活动中，80%的人只取得了20%的成果；而20%的人却取得了80%的成果。大多数人做错了什么，少数人做对了什么？谁是少数人？你能不能像他们一样做？你能不能吸取他们的经验并做得更好？你能不能发明一种更聪明、更高效的方式来做？

你能维护好与“客户”的关系吗？你选对了公司吗？选对了部门吗？选对了工作吗？你可以在什么地方，用相对较少的努力，打动你的“客户”？你是否喜欢你的工作，你是否对它充满热情？如果不喜欢，可以立刻着手计划换一份你喜欢的工作。

如果你喜欢你的工作和“客户”，但却没有走向成功，那可能是你的工作方法有问题。你取得80%成果的那20%的时间是什么？找到它，用来做更多的事情吧！

成果不佳的那80%时间是什么？尽量少花这些时间！方法就是这么简单，但只有改掉常规的习惯和惯例，才能实现转变。

在每一个市场里，对每一位客户，在每一个公司里或每一个行业里，都有一种方法可以提高办事效率和效果：不仅仅是稍有改善，而是明显地提升。在你的专业或行业中，寻找表面现象之下的二八真理。

在我自己的行业——管理咨询行业，答案很明确。有大客户、有大任务、有大的项目团队，还有很多低成本的新人、有密切的客户（个人）关系、与顶层人物（CEO）的关系、建立了长期的客户关系、与大公司高层保持长期密切的客户关系、公司有庞大的预算和许多初级顾问，所有这些好的指标和因素，能够使我们的业绩一路飞升！

在你的业务范围内，存在什么样的二八定律？企业超常的，甚至大得惊人的利润在哪里？你的同事中，有哪些人在步步高升的同时，总是显得很轻松，还有时间沉浸在自己喜欢的爱好中？他们做了什么聪明的事情？思考！思考！思考，答案就在某处，你要做的就是找到它。但是，不要向行业里的大公司要答案，不要向你的同事打听，也不要试图在报纸上找到答案。你能找到的只是那些被重复了无数次的传统智慧。只有从行业的怪咖、专业的特立独行者和古怪的个人身上，你才有可能找到被众人忽视的二八真理。

向最优秀的人学习

从本质上说，任何领域的赢家，都能找到办法，让20%的努力产生80%的结果。这并不意味着他们懒惰或缺乏奉献精神。他们通常也非常努力工作，但是在他们投入与其他勉强胜任工作的人一样多时，获得的产出却多出了几倍的价值。赢家所产生的成果，无论在质量上还是数量上，都能把竞争者打得落花流水。

换句话说，赢家的做事方式与众不同。他们通常是局外人，想法和感觉都不一样。那些在任何领域都是赢家的人，他们的思维和行为方式通常异于常人。他们可能并没有意识到自己做的事情与众不同。他们很少去思考和阐述它。但是，即便他们一般不谈成功的秘诀，这些秘诀也往往可以通过观察他们的行事方式推断出来。

我们的前人们早就充分理解了这一智慧。徒弟坐在师傅脚下；学徒在实践中向工匠学习一门手艺；学生通过协助教授进行研究来学习；艺术家花时间和其他有成就的艺术家在一起：所有的人都是通过观察自己领域佼佼者的工作，通过协助和模仿来学习的。

我们要愿意付出高昂的代价，为最好的人工作。找借口与他们相处，你会发现，他们看问题的角度不同、花时间的方式不同、与其他人的交流方式也不同。只有学会效仿他们，甚至在同行中举一反三，才有可能获得成功。

有时，这不仅仅是为最优秀的人工作的问题。关键的知识，可以在顶级公司的企业文化中找到，这个关键在于差异。可以说，你应该先为一家普通的公司工作，然后再跳槽到一家顶级公司，再观察二者的差异。例如，我在壳牌公司工作，记了很多备忘录。然后我去了玛氏公司工作，学会了与人面对面交谈，并得到想要的答案。后者采用了一种二八做法：20%的努力，产生80%的结果。赢家有很多这样的二八实践。

所以，你要做的，就是观察、学习并实践。

尽早创业

充分利用自己的时间，确保自己能够专注于那些能够带来五倍于其他事务的事情，然后确保自己能尽可能多地获取此类价值。理想的情况是，在职业生涯的早期，就应该争取将所有的工作价值化为己用。

企业通常有太多的管理人，他们大多数人贡献的净增值实际上是负数。然而，正确使用了二八定律的员工，其工作效率可能会比一般人高出许多倍，但却是最不可能得到比同行多几倍报酬的人群。因此，他们很可能通过自主创业，为自己谋取更好的待遇。

自主创业意味着你的回报将取决于你的付出。对于那些运用了二八定律的人来说，这是一个好消息。

不过，当你还处于快速学习阶段的时候，可能还不适合自主创业的情况。如果一家公司或专业公司教给你很多东西，这种学习的价值可能会弥补甚至超出你的付出与所得之间的差额。这种情况通常发生在职业生涯的前两三年。当有多年从业经验的专业人员加入一家新的公司时，也可能出现这种情况，因为这家公司的标准或许比他们以前工作的公司要高。在这种情况下，超速学习期通常只持续几个月，或最多一年。

在这些时期结束后，再自立门户就很合适了。不要过分担心经济安全的问题。你的专业知识和二八定律的使用，为你提供了生活保障的能力，而且，没有哪家公司能够提供所谓的铁饭碗了。

尽可能多雇用创造净价值的员工

如果说第一阶段是充分利用个人的时间，第二阶段是确保抓住自己所创造的全部价值，那么第三阶段就是借助他人的力量来创造价值。

雇主只有你一个，但你有可能雇用了很多人。这些人中的少数人——即二八实践者会选择雇用的少数人——所增加的价值，比他们的成本要多得多。

由此可见，这些“他人”就是你能利用的最大资源。在某种程度上，你还需要充分利用那些不受你雇用的人，如你的盟友，来创造价值。但从雇员身上，你可以收割最直接、最完整的价值。

简单的数字说明，能够帮助我们专注了解利用雇员可以带来的巨大价值。让我们假设，通过利用二八定律，你的效率比行业内一般的专业人员高5倍。我们还假设你自主创业，因此能获取到所有这些价值。你最好的表现，也就是得到平均水平500%的结果，因此你的“盈余”是400个单位。

但是，现在让我们假设，你可以找出10个其他的专业人员，他们每个人在训练后都能创造比平均水平高三倍的价值。虽然他们不如你优秀，但他们增加的价值的总量仍然远远超过雇用他们的成本。我们继续假设，为了吸引和留住这些人，你付给他们的工资比同行高50%。他们中的每一个人都会产生300个单位的价值，但消耗150个单位的成本。这样，你就可以从每个员工身上赚取150个单位的“利润”，或者说资本主义剩余。通过雇用这10名员工，你获得了1500个剩余单位，加上你自己创造的400个额外单位。现在你的总盈余是1900个单位，几乎是你开始雇用别人之前的5倍。

当然，你可能雇用更多的员工，雇用员工唯一的制约因素是，如何找到能够增加剩余价值的员工，以及发掘你（和他们）吸引客户的能力。后一种制约因素通常不如前者重要，因为能够增加剩余价值的员工肯定能找到相应的市场。

显然，只雇用创造净价值的员工，是企业获得成功的关键因素：那些价值超过雇佣成本的人，是令人满意的。但是，如果你认为只应该雇用业务能力最好的人，那就错了。雇用尽可能多的超额价值创造者，才能创造出最多的超额价值，即使他们中的一些人只有平均水平的两倍，而另一些人可能是五倍（甚至更多）的效率。在你自己的员工队伍中，仍然有可能出现二八或70/30的效率分布。最大的绝对剩余价值，可能与相当不平均的能力分配并存。唯一的要求是，你效率最低的员工所增加的价值，仍然需要大于他或她消耗的成本。

除核心技能外，一切都可外包

二八定律是一种选择性原则。通过集中精力在最擅长的20%的活动中，我们就可以取得最大的效率。这一原则不仅适用于个人，也适用于公司。

最成功的专业公司和企业，是那些除了自身最擅长的业务之外，将其他业务都外包的公司。如果他们的技能是营销，他们就不制造。如果他们真正的优势是在研究和开发方面，他们就会利用第三方制造产品来进行营销和销售。如果他们最擅长的是标准化产品的批量制造，他们就不制造“特殊产品”或高档品种。如果他们最擅长销售高利润的“特殊产品”，他们就不会进军大众市场，以此类推。

为此，第四阶段的核心原则，是尽量使用外包。确保公司业务尽可能的简单，纯粹专注于那些优势领域。

充分利用资本杠杆

到目前为止，我们提倡的是劳动杠杆（利用人），但你也可以从资本杠杆中获益。

资本杠杆，就是用钱来获取额外的附加价值（即所谓的钱生钱）。在最基本的情况下，它意味着购买机器来代替劳动力（只要机器更节省成本）。今天，资本杠杆最有趣的例子是，用钱来“推广”那些已经在当地特定环境中成功的好想法。实际上，就是用资本复制某些通过特定方法得出的“盈利秘方”。这方面的例子包括各种形式的软件分销、麦当劳等快餐（和越来越多的非快餐）餐厅的推广，以及软饮料供应的全球化，等等。

本章小结

回报越来越显示赢家通吃的二八定律的正确性，那些真正有抱负的人必须瞄准自己领域的尖端。

在小范围内选择你的专攻领域。专注于自己擅长的领域，选择为你而生的商机。只有真正喜欢正在做的事情，你才有可能大放异彩。

成功需要知识，但成功也需要洞察在什么地方，能以最少的资源使用，带来最大的客户满意度。找出那些可以让20%的资源带来80%的回报的领域和业务。

在职业生涯早期，要学会所有需要学习的东西，而且，只有通过为最好的公司和其中最好的个人工作，才能做到这一点。而“最好”的定义是什么，需要参照你自己选择的领域的特定标准和要求。

充分利用四种形式的劳动杠杆。第一，利用自己的时间。第二，通过自主创业来获取100%的价值。第三，雇用尽可能多的净价值创造者。第四，把你和你的同事们不擅长做的事情都外包出去。

如果你做到了这些，你就能成功创办一家公司，一家属于自己的公司。在创业之后，你还可以尝试利用资本杠杆，实现财富的倍增。

如何实现财富的倍增

如果你对成功的事业感兴趣，你可能对钱财的倍增也感兴趣。正如我们将分别在第十四章和第十五章中看到的那样，这比一般人想象得要容易，也能够节省大量的时间。

第十四章
财富的聚集效应

这是另一个可供选择性阅读的章节，为手里有一些钱并希望它倍增的读者专门定制。

如果未来和过去一样，那么钱的倍增是很容易实现的。你需要做的就是把它放在正确的地方，然后把它留在那里。

金钱也遵循了二八定律

维尔弗雷多·帕累托在研究收入和财富分配时，发现了我们现在所知道的二八定律，这并非偶然。他发现，金钱的分配是可以预见的、极不平衡的，而且天生偏好不平衡的模式。

➤ 除非通过累进税进行再分配，否则收入往往分配不均，少数人获得总收入的大部分。

➤ 即使采用累进税，财富也遵循着比收入更不平等的模式；使财富平等比使收入平等更难。

➤ 这是因为大部分财富是由投资而不是收入创造的；而且投资回报往往比收入回报更不平衡。

➤ 由于复利现象，投资创造了大量的财富。例如，股票的价值，平均每年可能增长12.5%。这意味着，1950年投资的100英镑，在2017年价值将约为239795英镑。一般来说，除了通货膨胀肆虐的时候，实际投资回报率（剔除通货膨胀的影响后）是高度正值。

➤ 投资的复利回报是高度差异的：有些投资比其他投资好得多。这解释了为什么财富会变得如此不平均。不管你是否按不同的年利率，比如5%、10%、20%还是40%来计算复利，都会产生巨大的差异。1000英镑，按这些比率复利10年，将分别产生1629英镑、2593英镑、6191英镑或28925英镑的价值！40%年利率是5%年利率的8倍，但40%的复利产生的回报，比5%的复利产生的回报高出近18倍；而且时间越长，结果就越不平衡。

奇怪的是，在创造财富方面，特定类别的投资以及特定的投资策略，总是要比其他投资策略好得多。

二八定律的赚钱心得

➤ 投资收入比就业收入更能让你富有，或者获得最大的财富增长。这意味着，在早期积累足够的财富作为投资资金是很有必要的。积累进入投资市场界的基金，通常需要努力工作并保持低支出，即在一个时期内，净收入必须高于支出。

➤ 其他获得启动资金的情况，包括接受遗产或获得资金馈赠、嫁入豪门、从彩票或其他形式的赌博中获得意外之财，以及犯罪。第一种情况不容易预测，第三种情况可能性很小，几乎完全不用考虑，第四种情况没有可行性，所以只有第二种情况，可以有意识地进行规划。但即使这样，第二种情况的结果也是不确定的。

➤ 由于投资的复利效应，你可以在人生早期开始投资，或通过长寿而致富，或两者兼而有之。尽早开始投资，是最可控的致富策略。

➤ 根据过去的成功经验，尽早制定一致的长期投资策略。

那么，我们如何用20%的资金，获得80%的投资收益呢？答案是：遵循下面的投资十原则，如表16所示。

表16　投资十原则

1. 让投资理念体现你的个性
2. 要积极主动，有侧重点
3. 重心放在股票市场
4. 着眼于长期投资
5. 在市场低迷时大量投资
6. 如果无法左右市场，就跟踪市场的趋势
7. 在自己熟悉的领域进行投资
8. 考虑新兴市场的价值
9. 剔除造成损失的部分
10. 以钱生钱

让投资理念体现你的个性

个人投资取得成功的关键是，将你的个性和技能与经过实践验证的成功技巧相匹配。大多数私人投资者之所以失败，是因为他们使用的技巧虽然完全正确，但并不适合他们本身的情况。投资者应该从10个成功的策略中，选择适合自己性格和知识的那一个。比如说：

➤ 如果你喜欢数字并且善于分析，你应该成为投资分析法的忠实拥护者。其中，我最喜欢的是价值投资（但请看下一点）、检测盈利加速和权证等专业投资。

➤ 如果你是乐观主义者，而不是悲观主义者，请避免采用上述过度分析的方法。乐观主义者往往会是差劲的投资者，所以要确定你的投资真的跑赢了指数；

如果没有，就把它们卖掉，把钱交给指数跟踪基金。

有时，乐观主义者（在这种情况下，他们应该得到“远见卓识”的称号）会成为伟大的投资者，因为他们选择了两三只确定有巨大潜力的股票。但如果你是一个乐观主义者，请尽量克制自己、保持冷静，并尽可能仔细地写下为什么你喜欢的股票如此有价值。在买入之前，尽量保持理性。而且，即使你对股票有感情，也一定要卖掉那些亏损的股票。

➤ 如果你既没有分析能力，也没有“远见卓识”，而是一个追求实际的人，你应该专门在自己熟悉的领域投资，或者跟随成功跑赢指数的投资者。

要积极主动，有侧重点

积极主动，意味着你要自己掌控自己的投资决策。雇用顾问和基金经理的风险，并不在于他们会榨取大量的利润，而更在于他们不可能推荐或实施那种能获得卓越回报的不平衡投资组合。有人说，风险最小化，是通过广泛地分散投资于各种不同的媒介，如债券、股票、现金、房地产、黄金和收藏品等。但我们高估了风险最小化的好处。如果你想变得富有、赚取足以改变你未来的生活方式的财富，你就需要获得高额回报。如果你采取不平衡的投资组合，做到这一点的概率要大得多，这意味着你应该投资那些你确信会有高回报的媒介，也意味着你应该只投资于一种媒介，需要慎重选择。

重心放在股票市场

除非你碰巧是一个冷门投资领域（如19世纪的中国丝网印花业或玩具士兵）的专家，不然最好的投资领域是股票市场。

从长期来看，比起把钱放在银行，或投资于政府债券或公司债券等生息工具，投资股票的回报率高得惊人。例如，我在英国计算过，如果你在1950年将100英镑投资于建筑协会，到1992年你可以取出813英镑；但同样的100英镑投资于股票市场，回报率将达到14198英镑，这可是前者的17倍以上。

安妮·谢伯，一位不具备特别股市经验的美国私人投资者，在第二次世界大战结束后，就把5000美元投入蓝筹股，之后长期持有，到1995年，这5000美元已经变成了2200万美元。是原来的4400倍！

可喜的是，对于非投资专家的人来说，股市也是一个相对容易的投资领域。

着眼于长期投资

不要频繁地买进或卖出个股或股票组合整体。除非它们明显亏损，最好长期持有这些股票。买卖股票既费钱又费时。如果可能的话，请采取10年的观察，如果能够持有并进行20年、30年或50年的观察会更好。如果你把钱投入到短期的股票中，实际上是在赌博而不是在投资。如果你很想把钱拿出来花掉，投资股票只是在推迟支出而不是投资。

当然，你可能希望在有生之年享受自己的财富，而不是留给继承人来享受。财富的最佳用途，通常是创造一种新的生活方式，在这种生活方式中，你可以选择自由支配自己的时间，从事你最喜欢的职业或工作活动，这时候投资期就结束了。但在你有足够的钱来实现这个转变之前，先继续投资。

在市场低迷时大量投资

虽然股票的价值会随着时间的推移而上升，但股市是周期性的。部分原因是经济周期的运转，不过主要还是因为股民的情绪波动。虽然会让人惊讶，但时尚、动物精神、希望和恐惧所驱动的非理性因素，可以推动股票价格的上涨或下跌。帕累托本人也观察到了这种现象，并表述如下：

> 在伦理学和政治中，我们可以观察到人们情绪的节奏，就像经济波动一样。当股市处于上升期时，认为上市公司能赚钱的观点受到普遍欢迎；而当股市

处于低迷期时，这种观点将会被绝对拒绝。在低迷期内拒绝买进某些股票的人，认为自己只是遵循了理性的指导，而不知道在不知不觉中，他已经深受每日经济新闻带来的成千上万的微小影响。当以后股市回升时，他将买入之前拒绝买进的股票，或类似的没有更好成功机会的股票，并再次认为他只遵循理性的指引，仍然不知道他态度的转变再次取决于他周围的环境营造的情绪。

众所周知，在证券交易所，普通股民大多倾向于在处于上升期的市场中买入，在低迷的市场中卖出。金融家由于在这一行业有较多的实践，能够更大程度运用自己的理性。尽管他们有时也会被情绪左右，但大多数时候依旧能够进行理性分析，这也是他们获得收益的主要原因。在繁荣时期，任何一个平庸的论点，任何有关股市将持续走高的言论都很有说服力；而如果你试图告诉别人，股价不可能无限期地继续上涨，肯定没人听你的。

围绕着这个理念，一个完整的学派，即价值投资学派已经发展起来：在股市整体或个股处于低位时买入，在高位时卖出。本杰明·格雷厄姆（有史以来最成功的投资者之一），**写下了关于价值投资规则的书，他提出的规则也一次次得到了验证。**

在价值投资中，我们可以找到很多指导规则。简而言之，就是利用20%的投资空间，赚取80%的投资价值，下面这三条规则可以帮助你。

- 不要在别人都在买入的时候买入，也不要在大家都坚信股市只会上涨的时候买入。相反，要在别人都不看好或不看涨的时候买入。
- 用市盈率（P/E）作为衡量股票价格的最佳单一基准。股票的市盈率，是指其价格除以税后收益。例如，如果一只股票的价格是250美分，每股收益是25美分，那么该股的市盈率就是10。如果在市场繁荣时期，股价上涨到500美分，但每股收益仍然是25美分，那么它的市盈率就变成20。

➤ 一般来说，整个股市的市盈率超过17，就是一个危险信号。市盈率这么高的时候，不要大量投资。市盈率低于12，则是买入信号；低于10，是必须买入信号。你的股票经纪人，或一份好的财经报纸，应该会告诉你，目前市场的平均市盈率是多少。如果有人问你是指哪个市盈率，就老到地说“去年的市盈率，笨蛋”。

如果无法左右市场，就跟着市场趋势走

只要我们能够遵循一定的戒律，再结合自己的个性和技能，我们就有可能制定出一套优于股市平均水平的投资方法。我们将在下文中，对这些可能性进行探讨。但自行选择投资策略进行投资，更有可能遭遇比跟踪大盘走势更大的风险。

在后一种情况下，或者如果你不想尝试自己的方法并希望跑赢市场，你应该“跟踪指数”。

指数跟踪，也叫市场跟踪，就是买入股市指数中的股票。然后，只在股票跌出指数时卖出股票（这种情况发生在表现不佳的股票上），只在新股首次被纳入指数时买入新股。

你可以自己跟踪指数，代价是要每天关注财经新闻。另外，你也可以将资金投入“跟踪基金”，它们由基金经理管理，只需支付他们少量年费，就可以代为跟踪指数。

你可以根据自己跟踪的市场，来选择不同的基金。一般来说，选择本国市场并追踪由最大和最优质股票（称为“蓝筹股”）组成的指数基金，是最安全的。

跟踪指数的风险相当低，但长期来看，应该也能带来高回报。如果你决定采用这种方法，只需阅读前六条投资戒律即可。虽然风险较高，但自己做出投资选择，会更有趣，收益也可能更高。接下来的四条戒律，适用于这种情况。然而，请记住，这些戒律依然要求你继续进行指数跟踪，除非你确定自己的投资策略能跑赢指数。如果没有，就及时止损，选择跟踪指数。

在自己熟悉的领域进行投资

二八定律的全部精髓，就在于对某些事物了如指掌，即术业有专攻。

这个戒律尤其适用于投资。如果你认为应该自己决定买哪些股票，就专攻一个自己相对专业的领域。

专业化的好处是，可以提供近乎无穷的盈利可能性。例如，你可以专注于所从事行业的股票，或你的爱好，当地区域或任何其他你感兴趣的领域。例如，如果你喜欢购物，你可以买一些专门从事零售商的股票。然后，如果你发现了新的连锁店，每家新店似乎都充满了热切的顾客，你或许也可以尝试投资这些股票。

即使你一开始并不是投资专家，但也可以专攻一些股票（例如某个行业的股票），这样你就可以尽可能多地了解该领域的情况，可能就会有所斩获。

意识到新兴市场的价值

新兴市场是指发达国家外的股票市场，即经济快速增长，而股票市场仍在发展的国家。新兴市场包括亚洲的大部分地区（但不包括日本）、非洲、南亚次大陆、南美洲、中欧和东欧的前共产主义国家以及欧洲的边缘地区，如葡萄牙、希腊和土耳其等。

背后的基本逻辑非常简单：股票市场的表现，与国民经济的整体增长密切相关。因此，我们应该投资于那些当前和预期国民生产总值增长最快的国家，即所谓的新兴市场。

新兴市场可以成为很好的投资对象，还有其他原因：它们在未来的私有化中占有很大的份额，而且这些都是赚钱的好地方。许多新兴国家采取了更多自由市场经济政策，这些政策在经历了不可避免的初期社会混乱后，很可能会逐渐为投资者带来更高的回报。而新兴国家的股票，往往非常有价值，因为它们的市盈率往往相当低。随着市场的发展和成熟，个体公司的规模越来越大，市盈率很可能会上升，推动股价大幅提升。

但投资新兴市场的风险，肯定比投资发达国家市场要大。这些市场里的公司更年轻，也更不稳定。整个国家的股市，可能会因为政策变化或商品降价而下跌，货币可能会贬值（导致股票也随之贬值），你可能会发现把钱取出来比把钱放进去要困难得多。此外，投资利差和佣金成本也比发达市场高得多；比做市商骗走资金的概率要大得多。

在新兴市场，投资者必须遵循三个政策：一是只将总投资组合中的一小部分投资于新兴市场，最多不超过20%。二是只在新兴市场相对低迷且所投资国家的平均市盈率低于12时，将大部分新兴市场基金用于投资。三是长期投资，只有在市盈率相对较高的时候才把钱撤出。

但是，即便存在前述风险因素和注意事项，从长期来看，新兴市场还是很可能会有出色的表现，对它们进行一些投资既明智又有趣。

及时止损，抛售亏损的投资

如果任何股票下跌了15%（相较于买进股票时的价格），就把它卖掉，并牢记始终严格遵循这一规则。

如果你想在以后以较低的价格买回它，那就等到至少几天后（最好是几周后），价格停止下跌时，再进行买入的再投资操作。

新的投资，适用同样的15%规则：损失达15%后要及时止损。

这条戒律唯一可以接受的例外是，如果你是一个非常长期的投资者，不想因市场的波动而困扰，也没有时间去监控投资。那些在1929年至1932年、1974年至1975年和1987年经济危机期间和之后，仍留在股票市场里的人，长期来看仍会有不错的收益。但那些在股票第一次下跌15%后卖出（在可能的情况下），并在股市回升15%后再买进的人将做得更好。

15%规则的关键点与个股有关，而不是与股市有关。如果一只个股跌了15%

就应该卖掉它，这比股市跌了同样的15%要常见得多。长期坚守股市（或广泛的股票组合）而失去财富的人很少，甚至没有；而错误地忠于一只或几只下跌的股票，却失去了大量的财富的人很多。对于个股而言，未来走势的最佳指示，就是当前的走势。

切勿捡了芝麻，丢了西瓜

剔除造成损失的部分投资，但不要轻易收割短期收益。短期的收益，是伟大投资的最好长期指标，这点已经被市场反复证明！为此，要抵制短期利润的诱惑。这是许多个人投资者犯的最严重的错误：他们获得了不错的短期利润，但却丧失了更多的长期利润。从来没有人因为短期获利而破产，但也从来没有人通过短期逐利而发财！

我们还有两个二八投资规则需要探讨：

➤ 对长期持有的大量投资组合进行比较，通常情况下，20%的投资组合包含了80%的收益。

➤ 对于一个长期持有投资组合的个人来说，80%的收益通常会来自20%的投资。在一个只包括股票的投资组合中，80%的收益将来自20%的所持股票。

这些规则之所以成立，是因为少数投资对象的表现十分惊人，而多数投资品则不然。这些少数“超级明星股”可以带来惊人的回报。因此，在整个过程中，让超级明星股留在投资组合内，绝对是至关重要的：为了让利润不断增加。借用安妮塔·布鲁克纳小说中的一位人物的临终遗言：“永远不要卖掉葛兰素史克。”

在20世纪五六十年代瞄准IBM、麦当劳、施乐或玛莎百货进行投资，在70年代瞄准壳牌、通用电气、隆力奇、BTR或瑞典制药公司阿斯特拉进行投资，在80年代初瞄准美国运通、美体小铺或吉百利施韦普斯进行投资，或者在随后的十年里瞄准微软进行投资，都很容易获得100%收益。投资者如果为了短期收益而抛售这些股票，就会错过以后数倍的升值。

优质的股票，往往会产生持续超额收益的良性循环。只有当这种势头被逆转时（可能需要几十年的时间），你才应该考虑卖出。同样，一个很好的经验法则是，除非价格从最近的高价下跌15%，否则不要卖出。

要做到这一点，请设定一个“获益基准”价格，当某只股票比这个基准价格低15%时，把它卖出。股价下跌15%，可能表明市场走向发生了变化，在其他情况下，除非迫不得已，继续持有它。

结论

钱能生钱，但有些投资方法却能够带来更大收益。英国著名文学家塞缪尔·约翰逊说过，一个人只有在赚钱的时候，才能最纯粹地醉心于工作。无论是通过投资还是成功的职业生涯，或者两者兼而有之，他的观察都正确地描述了符合道德的财富积累过程。这两种追求都不必贬低，但同样，也都不是保证服务社会或个人幸福的通行证。如果赚钱和职业成功成了人生的终极目标，那它们将蕴含巨大的危险。

成功很有可能带来“宿醉”效应，财富创造了管理财富的需要，与律师、税务顾问、银行家和其他产生紧密联系的人打交道的需要。前面一章所概述的职业成功的逻辑，几乎不可避免地推动了更多的职业需求。要想成功，你必须做到最好。为了达到这个目标，你必须像经营自家企业那样对待自己的工作；为了获得最大的杠杆效益，你必须雇用大量的员工；为了使你的企业价值最大化，你必须充分利用别人的价值，还要利用资本杠杆——变得更大、更有利可图。你的交际圈扩大了，但留给朋友和关系的时间也收缩了。在令人头晕目眩的成功轮回中，你很容易失去焦点目标、视角和个人价值。在任何阶段，停止追求成功都是一个非常理性的反应：我想逃离这个怪圈，获得解脱！

这就是为什么，我们要从事业和赚钱的话题中退出来，考虑最重要的课题：人生幸福！

第十五章
幸福的七种习惯

性格不能决定命运。

亚里士多德曾说过：幸福是人类一切活动的终极目标。然而从古至今，我们很少遵从亚里士多德的箴言。也许，他应该首先告诉我们如何变得更幸福。如果他从分析幸福与不幸的根源入手，或许这个箴言会更有效。

二八定律真的适用于幸福这个人生主题吗？至少我是这么认为的。对于大多数人而言，幸福的时光总是只占人生的一小部分。如果确实存在80/20快乐法则，那么与此相关的一个假设就是，80%的幸福出现在20%的时间里。我试图在朋友们身上验证这一假设，我让他们把每一周分成若干天，把每个月分成若干周，把每年分成若干月，或者把一生分为若干年，大约三分之二的朋友表示，他们在这些拆分后时间段里的幸福感，存在一种明显的不均衡分布模式，且与80/20模式非常接近。

当然，这一假设并非适用于所有人。大约三分之一的朋友表示，他们的生活并不符合80/20模式，他们的幸福分布得较为平均。值得注意的是，整体看来，与大部分（三分之二）幸福出现的时间较为集中的人相比，这小部分人（三分之一）看起来好像更幸福。

这些结果符合常识。整体看来，那些一生都很幸福的人，获得的幸福感更强烈；而幸福集中在某些短暂时刻的人，人生整体的幸福感就不是那么强烈了。

这也与本书前几章提出的观点一致，即80/20关系，意味着存在极大的浪费，以及巨大的改进空间。但更重要的是，二八定律能帮助我们变得更幸福。

获得幸福的两种途径

- 找出最幸福的时光，并使其尽可能地延长。
- 找出最不幸的时光，并使其尽可能地缩短。

把更多的时间，花在那些能有效地创造快乐的活动中，在其他活动上少花些时间和精力。首先要尽量减少那些让自己感到非常不快乐的事，避免因此陷入长时间闷闷不乐的状态。获得快乐的最佳方法，就是摆脱所有的不快乐。在这方面，我们能够做得比想象中更好，我们只需要避免那些曾经令自己感到不开心的场景即可。

对于那些不能给你带来快乐的事（或者说那些让你感到很不快的事），则应当想办法让自己从中感受到快乐。如果行得通，当然很好；如果行不通，就要考虑一下如何避免这些不愉快的情况。

难道人们真的对烦恼束手无策吗

如果你遇到过长期烦闷的人（这些人经常被归为“精神病患者”，这种归类方法看似客观，却非常含糊且无益于解决问题，这也可能使世界变得更加悲惨），那么你也许会认为前文关于幸福感和快乐的分析过于武断。它认为我们有把握自己幸福的能力，但很多人却因为有严重的心理问题而无法决定自身的幸福。难道我们获得幸福的能力不是由遗传或者儿时经历决定的吗？我们真的能把握自身的幸福吗？

毫无疑问，有些人天生就比其他人更快乐。这也是为什么同样是“半杯水”，有些人会乐观地说“居然还有半杯”，而另外一些人则会悲观地抱怨说“怎么只剩半杯”。心理学家和精神病医生认为，一个人获得幸福的能力是基因、儿时经历、脑化学激素和重要人生经历相互作用共同决定的。很明显，成年后的我们，无法改变基因、儿时经历或者所遭遇的人生不幸。所以，那些动不动就逃避责任的人，更倾向于把失败归因于无法控制的外部因素，特别是当他们疯狂地迷信医学的“科学论述”时。

幸运的是，常识、观察报告和最新的科学证据无不表明，尽管如人生所有其他的事情一样，每个人的先天条件或后天条件或许不同，但就获得幸福感而言，我们仍有机会打好命运发来的牌，并在漫长的人生牌局中，通过“牌技”的精进获得最终的幸福。这跟身体锻炼是一样的道理，由于基因以及年轻时的锻炼程度不同，成年后的人们在体力上有很大差别。然而，每个人也可以通过系统训练显著地增强体能。与之类似，受到遗传因素和后天环境的影响，我们的智力可能稍有差别，但每个人也都可以锻炼自己的思维，开发自己的心智。正如虽然由于基因及环境等因素的作用，我们可能天生就长得胖，但只要坚持健康的饮食习惯和锻炼，大多数“胖子”都能够成功减肥。那么从原则上看，无论性格等起始条件怎样，我们最终都应该有机会获得实现幸福的同等能力，但为什么现实与想象的出入如此巨大?

我们或许都曾见过，亲朋好友的人生，在发生巨变之后，因采取了不同行为，产生了不同的影响，并导致有些人最终获得了幸福，而有些人则永远地沦陷到黑暗的境地。找到人生的新伴侣、一份新的工作、一处新家、一种新的生活方式，甚至是有意识地选择了不同的生活态度，所有这些都能改变一个人对幸福的感受，而这些又都在我们的控制范围之内。如果说，只有那些相信“宿命论”的人才会受它的摆布，那么“宿命论”就是一种没有任何说服力的谬论。人们能够自主改变命运，这些非常具有说服力的事实，应该能够鼓励我们效仿那些行使自由意志的人。

人类有能力决定幸福与否，终于有了科学佐证

最终，在其他科学发现的推动下，心理学和精神病学（相较于经济学，精神病学更应当被称为“令人沮丧的科学”）研究得出了一个更加鼓舞人心的结论，它与我们的常识和生活经历是一致的。遗传病学者往往是决定论者，他们习惯于把复杂的人类行为简单归结为遗传基因的影响。正如著名的遗传学家、伦敦大学教授史蒂夫·琼斯（Steve Jones）所说：“曾有研究声称已经发现了决定躁郁症、精神分裂症和酗酒症的单基因病因。”但这些所谓的发现已经被推翻了。现在，一位著名的神经精神病学家告诉我们：“精神神经免疫学研究表明，人类行为是一个整体……有证据表明，在我们日常的所思所想，以及我们的身体和心理健康之间，都存在一种微妙的平衡。”换句话说，在一定的范围内，我们可以选择使自己快乐还是郁闷，甚至也可以选择使自己健康还是多病。

对初始条件的敏感性依然存在

这并不意味着对人类早期经历（或人生后期的悲惨遭遇）的重要研究就没有意义。在第一章中，我们注意到混沌理论强调“对初始条件的敏感性依存”。这也意味着在任何现象发展初期，偶然事件或者看起来微不足道的原因，都能导致最终结果出现巨大偏差。

类似的情况，也可能出现在人类的幼年时期。我们在这一时期产生的自我认知——我们被宠爱或者失宠，我们聪明或愚蠢，我们受到重视或者被轻视，我们有承担风险的能力或者受限于权威的指挥——所有这些自我认知将贯穿并影响我们一生。这些最初的想法，也许毫无客观依据，但它们会持续一生，并最终演变成自我实现的预言。我们在此后的人生中经历的事情——考试不及格、失恋、与理想的工作失之交臂、被辞退、生病——都可能使我们的生活偏离正常轨道，并进一步加深对自身的负面认识。

重新回到幸福的起点

那么，现实是否真的如此残酷，我们的人生是否注定不幸？我并不这么认为。

人文主义思想家皮科·米兰多拉（Pico of Mirandola）曾经指出，人类与其他生物并不完全相同。人类之外的所有其他生物，都有一个特点，那就是不能发展变化。而人类却具有不确定性的特点，因此有能力进行自我塑造。其余的生物都是被动的，而只有人类具有主动性。其他生物都是被创造出来的，而我们能够进行创造。

当遭遇不幸时，我们能够清楚地知道发生了什么，并能避开厄运。我们能够改变思维和行为方式。我们可以颠覆卢梭“人处处受限”的名言，因为，事实上，人处处自由。即使我们不能改变这些事物，我们仍可以改变看待外部事物的方式。而且，我们能做的事还有很多，我们可以运用智慧，改变面对幸福与不幸的态度。

提高情商，寻找快乐

美国心理学家丹尼尔·戈尔曼及其他研究者，曾经对智商和情商进行了比较：“（情商方面的）这些能力包括自我激励、延迟满足；自我调节情绪和防止困扰情绪影响思维能力；以及富有同理心和充满希望。”尽管当今社会对发展情商的重视仍然不够，但与智商相比，情商在创造幸福方面发挥着更为关键的作用。正如丹尼尔·戈尔曼所言：

> 尽管高智商也不能确保获得财富、名望或幸福，我们的学校和文化依然过于偏重学习能力，忽略了情绪智力系列特质（有些人可能称之为性格）对个体同样有着极大的影响。

幸好，不论我们处于孩童时期，还是人生的任何一个阶段，都能够通过学习和训练，培养情商。就像戈尔曼所说的，“性格非命运”，我们可以通过改变自己的性格来改变命运。心理学家马丁·塞利格曼曾经指出，“当焦虑、悲伤或愤怒等情绪出现时，我们并非束手无策……我们可以变换看问题的角度来改变心情”。我们有办法在悲伤和消沉刚刚冒出头来时就把它们赶走，使其不会对我们的健康和幸福造成破坏性影响。而且，通过培养乐观情绪，你还可以摆脱疾病的攻击，拥有快乐人生。戈尔曼还认为，幸福感与脑部神经活动有关：

人在感到快乐时，主要的生理变化包括：负责抑制负面感觉及提升可用能量的大脑中枢活跃度增强，而产生忧虑情绪的大脑中枢则趋于平静。

因此，要善于发现适合自己的增强积极思维、驱除消极想法之道。在何种情况下你最积极？在何种情况下又变得很消极？你当时在什么地方？和谁在一起？在做什么？当时的天气怎样？……每个人的情商，都会因为所处的环境和情况的不同，而发生相应的显著变化。通过休息调整，以及在自己感到最舒服的环境中做事等方法，就能够逐渐提高自己的情商。而且，对于那些最容易让你犯糊涂的情况，应尽量避开或者减少。

改变思考问题的方式，使自己更快乐

我们都曾经历过自我加强的忧郁期，在这一时期，我们总是以一种消极的方式思考问题，以致把事情弄得更糟，而迟迟走不出这个怪圈。当我们走出困境时才发现，事情其实并不复杂，只需采取很简单的措施，例如找个伴儿、装扮一下住所，或者强迫自己进行锻炼，我们就能消除这种自我强加式的忧郁。

现实生活中有很多遭遇不幸的人，例如“二战”时期纳粹集中营里的囚犯，或者身患绝症的人，他们无不以积极的态度应对困难，而人生态度的改变，也增强了他们的生存能力。

用神经精神病学家皮特·芬维克的话说，“仅凭盲目乐观，并不能培养透过乌云重见光明的能力。它是建立在良好身体条件基础之上的一种有益的自我保护机制”。乐观是获得成功和幸福的“锦囊妙计”，也是这世间最有效的推动剂。美国堪萨斯州立大学心理学教授C. R. 施奈德将希望定义为“不管目标是什么，都相信自己有决心也有能力实现它”。

改变自我认知，使自己更快乐

你认为自己是成功了还是失败了？如果认为自己失败了，那么你应该注意到，还有很多成就远不如你的人，他们很可能被归为更加失败的人。他们的自我认知，会影响到他们的幸福和成功；而你的失落感，也同样将在很大程度上阻碍成功和幸福的实现。

这个道理同样适用于你的幸福观。越南战争惨败结束之后，理查德·尼克松认为美国的目标已经实现。他对现实的理解是不是切合实际，又有谁在乎呢？但正是在他的主导下，美国得以开始重建国家自信。同样，你也可以通过改变对事物的感知，来使自己快乐或者郁闷。

下决心使自己变得快乐起来吧。为了你自己，也为了其他人好，你都得让自己开心起来。你必须先下定快乐起来的决心，否则你将使自己的伙伴和其他人都“陪着”你闷闷不乐。因此，你有责任使自己快乐起来。

心理学家告诉我们，所有关于快乐的认知，都与我们对自我价值的判断有关。积极的自我认知，是感受幸福和快乐的关键。我们能够而且应当树立正确的自我价值观。此外，还应该相信自己能够做到：不再内疚、忘记缺点、增强自身优势。多想想自己做过的好事，取得的大大小小的成就，以及曾经获得的赞誉。你身上肯定有很多值得称道之处，把这些成功或喜悦说出来——或至少要经常想一想。你将会惊讶于这样做给人际关系、幸福和成功带来的巨大变化。

你也许会感到这是在自欺欺人。但实际上，对自身的消极认知，带来的负罪感不亚于自我欺骗。我们总是在进行自我说服，我们必须承认，从来没有客观真理的存在。因此，我们应当对自己进行积极的而非消极的自我说服。这么做，你的幸福感就会增加，这种幸福感也会由你传递给周围的每一个人。

尽己所能保持乐观吧。讲述关于自我的正能量故事——并坚定不移地保持这个信仰！

改变境遇，使自己更快乐

增进幸福感的另一个方法，是改变我们的境遇。虽然绝对掌控不可能，但我们对事物的控制能力，绝对比想象中的要强。

如果说快乐起来的最佳方式是停止不快乐，那么要更快乐，我们首先就应当避开那些让我们感到痛苦的人或事。

调整交际圈，使我们更快乐

医学证明，只需要拥有数个良好的人际关系，就足以让我们应付高度的紧张状态。但无论是在家，在工作单位，还是在社会中，那些占据我们大部分时间并且成为我们日常生活一部分的人际关系，都将对我们的幸福和健康产生重要影响。美国俄亥俄州立大学心理学教授约翰·卡乔波认为：

> 日常生活中最重要的社会关系——朝夕相处的亲友、同事对你的健康有着至关重要的影响。这种社会关系越重要，对你健康的影响就越大。

想一想每天你都和哪些人相处。他们让你感到快乐还是难过？你能够据此调整和他们相处的时间长短吗？

避免身陷麻烦

现实生活中每个人都有很多难以应付的情况。例如，我就不知道如何帮别人不再怕蛇。我认为更明智的做法是不要走进丛林（或者说不去宠物店等可能遭遇蛇的地方）。

当然，每个人有着各不相同的烦心事儿。就我而言，我特别讨厌别人和我打官腔；我站在律师面前就感到不自在；塞车的时候，我特别焦躁不安；当我一天都没看到太阳时，就会意志消沉；我不喜欢随大流，也不能忍受别人做些无理的辩解或唠叨他们无法控制的事情。如果我不得不每天挤着早高峰晚高峰通勤，或与律师共事，或生活在常年不见阳光的瑞典，我敢肯定自己会变得很消沉。但是我学会了尽可能地避免这种情况的发生。我尽量不在交通高峰时段上下班，每月至少享受一周的阳光，付钱请别人代为与官僚机构打交道，即使绕道也要避开堵车路段，尽量不听生性悲观的人做报告，在律师给我打电话5分钟后确保手机信号神奇地消失，等等。这么做的结果就是，我感到更快乐了。

毫无疑问，你也有自己需要面对的压力。现在就把它们写下来！然后有意识地避免这些情况的出现，同时把避免这些负面事物的方法也顺便写下来！每个月都回顾自己取得了多大的进步，为自己每一个小小的进步而加油鼓劲儿。

通过第十章的分析，你找到了使自己不高兴的根源。分析和回顾何时自己最不高兴，通常能够让你清晰地了解导致消极情绪的根源。你可以笼统地表示，你讨厌自己的工作！你对配偶感到失望！或者可以经过分析，更确切和肯定地说，你对自己的部分工作不满意；你和配偶的朋友或者亲戚相处不好；你遭受上司的精神折磨；你不愿干家务；等等。太棒啦！你终于发现具体可解决的问题了，那么就采取行动，做出改变吧。

保持快乐的日常习惯

在你已经或者至少打算一改消沉、快乐起来之后，就要集中精力积极寻找快乐的所在。寻找快乐，最重要的就是要把握住现在。快乐确实存在，但它只在当下。我们可以追忆过往的快乐，也可以筹划未来的幸福，但只有在当下，才能体会到追求幸福的乐趣。

我们应当养成一系列饮食和运动等（事实上也是与此相关）能够带来快乐的习惯。

表17所列的，就是我保持快乐的七种日常习惯。

表17 保持快乐的七大日常习惯

1. 锻炼身体
2. 做“脑体操”
3. 培养“精气神儿”
4. 帮助其他人做点儿事
5. 与朋友们欢聚
6. 自我激励
7. 自我庆祝

保持快乐心情的第一个习惯就是锻炼身体。每次锻炼之后（即使不是在锻炼过程中）我都会感到身心愉悦。这是由于高强度运动能够释放体内的一组类似兴奋剂的化学物质，从而使人感到身心愉快（但这种物质对人体无任何危害）。每天进行锻炼是必要的生活习惯。如果你还没养成这样的习惯，那说明你的运动量还很不够。如果是在工作日，我总是在上班之前进行锻炼，以保证充足的锻炼时间。如果你出差的时间多一些，那么最好是在制订出行计划时，也把锻炼身体的时间包含在内。如果你是一位日程繁忙的企业高管，不要让你的秘书把会议安排在上午10点之前，确保你能够有充分的时间进行锻炼，为一天的工作准备好充足的精力。

保持快乐心情的第二个好习惯是做“脑体操”。你可以在工作中进行脑力锻炼，但是如果工作没有这种效用，那就需要确保自己每天都有意识地参与智力活动。依据个人兴趣不同，这种锻炼有很多方法，比如，你可以猜猜字谜、翻翻报纸或杂志、读读书，或与一位有学问的朋友讨论20分钟的理论问题，甚至写篇小文章或日记都可以。事实上，做任何需要进行积极思维的事都可以（但看电视除外，哪怕是知识型电视节目，对脑力锻炼也毫无用处）。

第三个必要的习惯是有意识地培养“精气神儿”。这可不像听起来那么难办，你需要做的就是每天至少进行半小时的遐想或者“精神体操”。可以去听听音乐会、参观艺术展、看看电影、读读诗歌、看日出日落、为心仪的明星捧场，或者出席任何令你感到愉快的活动（甚至包括观看球赛和运动会、参加政治集会、去教堂、逛公园）等。

第四个习惯就是帮助其他人做点儿事。这不需要是什么惊天动地的义举，可以是不经意间的善行，例如帮朋友付停车费或者是为别人指路。即使是很不起眼的无私举动，也能陶冶我们的情操。

第五个习惯是与朋友们欢聚。这种聚会应当是面对面且无拘无束的，而且至少持续半个小时，但是形式可以随意（喝杯咖啡、吃顿饭或者是一起散散步都可以）。

第六个习惯是每天都给自己一点小奖励。为了每天都鼓励自己，现在就列出所有能让自己沉浸其中的乐事（不要担心，你可以随意写下任何东西，因为你不需要将这个单子拿给任何人看！），并保证每天都能得到其中一份奖励。

第七个习惯是在每天睡觉前，为自己保持了好习惯而庆祝。因为保持习惯的目的是增加快乐、消除烦恼，因此，只要每天都保持了五种或者更多（包括这里提到的七种）的良好生活习惯，我们就已经成功了。如果我们还没有养成五种以上的习惯，但已经取得了明显的进步或者感到很愉快，那么也应该为自己这一天有意义的生活而庆祝！

保持快乐的中期规划

除了上文中提到的七个习惯，表18还给出了通往快乐的7条捷径。

表18　通往快乐的7条捷径

1. 强化自身对生活的调控
2. 设定可实现的目标
3. 保持灵活
4. 与快乐的人交朋友
5. 结交几位知心朋友
6. 与一部分同事建立良好的工作友谊
7. 改善自己理想的生活方式

捷径之一就是强化自身对生活的调控。缺乏对生活的控制，往往是令人感到不适，出现不确定感的根源。就我而言，我宁可绕道走比较熟悉的远路，也不愿去走陌生的近路。公交车司机，往往更容易比售票员感到更沮丧，而且也更容易犯心脏病，不是因为这个职业注定他们缺乏锻炼，而是因为他们永远都无法确定和控制公交车是否能够顺畅通行。在传统的大型官僚机构里工作，很容易使人感到孤独和落寞，因为人们无法决定自己的工作。自己当老板的人，能够自行安排工作时间和计划，因此永远要比那些受雇于人的打工者快活。

增强对生活的控制需要进行相应的规划，但也常常伴随着一定的风险。然而，我们却不能低估它所带来的快乐。

捷径之二是为自己设定适当的、能够实现的目标。心理学研究显示，在存在适度挑战且目标并非过于艰难的时候，我们最容易取得成功。目标过于简单，将导致我们出现自满情绪并安于现状。而如果我们心怀遗憾或者背负着极高期望，为自己设定了难以实现的目标，那么我们的士气将会遭到重挫，并因此产生强烈的失落感。始终都应当牢记我们是在追寻快乐和幸福。如果在设定目标时有些拿不定主意，那就设定一个相对容易实现的目标。最好是为了自身幸福设定一个相对简单的目标并尽力去实现它，而不是不顾自身情况，设定一个难以实现的目标而自讨苦吃，哪怕你为了实现艰难的目标有可能超水平发挥，也不可行。如果必须在成功和幸福间做出选择，最好选择幸福。

捷径之三是当意外事件扰乱计划和预期目标时，要保持镇静和灵活。约翰·列侬曾说过：生活就是计划之外发生的事。我们的目标是制定一套长期规划，这样就能以不变应万变，但同时我们也必须随时做好应对意外情况的准备。我们应当欣然地认为，生活中出现的“小意外”是对人生计划的补充。如果可能的话，应当使这些生活的“插曲”融入我们的计划之中，使整个生活规划更加完善。如果情况并非我们想象的那样，我们就应当尽量避免这种意外情况的出现，或者想办法解决问题。如果这两种策略都不管用，我们就应当理性而欣然地接受这一事实，并且继续做我们能做好的事。无论如何，都不应当受到意外情况的干扰，或者因此而生气、自我怀疑，甚至自我否定。

捷径之四是选择一个令自己感到快乐的伴侣。寻求与伴侣建立亲密关系，是人类的天性。对伴侣的选择，是人生中少数几个（五分之一）能够决定我们是否快乐的决定。对任何人而言，异性的吸引都具有极大的魅力，这种吸引可以说是二八定律的极端表现形式：只需要短短几秒，就可以感受到对方的致命吸引力，实际上在1%的时间里你感受到了他（她）99%的吸引力。这让你立刻发现，这就是自己想要找的人！但是二八定律也提醒你：过于得意可能存在一定的危险。要知道，理论上讲，你可以与很多人结为伴侣，而这种一时头脑发热（或者冲动或被爱情冲昏头脑）的情况可能会再次出现。

如果你还没有找到意中人，请记住，你的快乐和幸福将在很大程度上受到他（她）的影响。为了自身的快乐，同时也为了你们的爱情，你也该让自己的伴侣快乐起来。如果你的对象本来就是“乐天派”或者有着很好的生活习惯（例如我保持快乐的习惯），那事情就好办得多了。与一味郁闷的对象相处，结果很可能是自己也变得郁闷。不管彼此多么相爱与没有自尊和自信的人相处总是很困难。如果你是“乐天派”，你可能会想办法把本来很郁闷的他（她）逗乐，但这可要耗费大量的心思。两个深深相爱，但生活不是特别如意的人，如果执着追求幸福，并保持着良好的生活习惯，那他们彼此都会感到幸福。但我无法担保一定能够取得美满的结果。而两个郁闷的人，即使相爱也会很痛苦。如果你想要快乐，最好还是爱上快乐的他（她）吧。

当然，也许你已经在和一个并不开心的对象交往，如果是这样，你自身的“快乐指数”很可能直线下降。这样的话，对你们俩而言，使彼此都快乐起来就成了一项“艰巨的任务”。

捷径之五是结交几位快乐的知心朋友。二八定律告诉我们，与朋友交往的快乐，大都源自一小部分好友。这一法则也认为，我们可能并没有合理分配花在朋友们身上的时间，把大部分时间花在那些普通朋友身上，而与好朋友交往的时间过少（尽管你会把更多的时间留给好友，但我们的朋友圈里，普通朋友依然占了较大比重，总体来看，我们还是把更多的时间花在了普通朋友身上）。解决问题的办法，是确定哪些才是真正的至交好友，并将80%的时间花在他们身上（你也可以视具体情况，酌情增加与这些朋友相处的时间）。由于与这些好友交往会让你感到很快乐，所以你应当尽可能地与他们建立深厚友谊。

第六条捷径与第五条捷径相似：与一部分同事建立良好的工作友谊。并不是所有的同事都能成为你的朋友；如果是那样的话，所谓的友情可能会很脆弱。但是，一部分同事可以成为亲密的朋友。你会鼎力帮助这些同事，他们也会为你全力以赴。这不仅有益于你的职业发展，也能为工作带来无穷乐趣，让你在工作中不感到孤单，实现工作和生活的平衡。当然，这也是幸福感的必备要素。

第七条实现持久幸福的捷径，是改善自己理想的生活方式。这需要在你的工作、家庭、社会生活之间，构建一种和谐的平衡关系。这样你就能生活在理想的工作地附近，获得想要的生活质量，有充足的时间照顾家人和参加社会活动。无论是8小时之中，还是8小时之外，都会非常快乐和幸福。

结论

快乐是一种责任。我们应当选择快乐，我们也应当追求幸福。要这么做，就要和亲朋好友甚至是擦肩而过的朋友分享我们的快乐。

第十六章
潜意识：隐藏的朋友

改变世界的力量，就在你的潜意识里。

我们的潜意识——我们隐藏的朋友，是每个人都拥有的东西，它几乎不费吹灰之力就能带来奇幻的结果。我们隐藏的朋友，在很大程度上决定了我们的成功和幸福——然而，很少有人能够充分利用潜意识这个隐藏的朋友，发挥它的潜力。我们的心灵，尤其是二八定律中最为强调的潜意识部分，是我们最真实的朋友，也可以成为我们最大的盟友，前提是我们要学会欣赏其存在，并掌握利用它的方法。

潜意识是什么

第一个确定潜意识并命名它的人是皮埃尔·雅内（Pierre Janet，1859-1947），这是一位伟大的（现在完全被忽视的）法国心理学家。他将其称为潜意识——他说，在思想和理智的意识之下，隐藏着一个强大的心灵（或大脑），它强烈地影响着我们的情绪和行为。西格蒙德·弗洛伊德（Sigmund Freud）对“潜意识”这个词很有意见，他更喜欢“无意识”这个词。他声称，“唯一值得信赖的对照，就是意识和无意识（心灵）之间的东西”。众所周知，弗洛伊德认为，潜意识是不愉快的记忆、欲望和神经症的汇总——简而言之，就是任何被意识压抑的社会不可接受的东西。卡尔·荣格则对无意识采取了更为务实和积极的看法，荣格说，如果没有这个巨大的记忆和知识的储存，我们的“头脑”将变得无比混乱。

现代心理学认同了荣格的观点，认为无意识或潜意识（这两个术语经常被交替使用）是积极的——为了便于理解，在本书中，我将全程使用“潜意识”。美国国家心理健康研究所脑研究和行为实验室主任保罗·麦克莱恩（Paul MacLean）博士提出了大脑的“三位一体模型”。他认为，人类大脑主管的意识部分，是最后进化得出的，即大脑皮层，但它至少有4万年的历史，而且还在不断发展。哺乳动物的大脑要古老得多，大约有5000万年的历史，它掌管着感情和情绪，使哺乳动物能够照顾自己的孩子。更古老的是爬行类的大脑，它在2.5亿年前进化形成，使爬行类能够生存。爬虫类的大脑——也存在于包括人类在内的哺乳动物中——控制着所有的身体功能，如心率、呼吸和繁殖。爬虫类的大脑提供了有用的多疑性，使我们能够感知生存的威胁，并产生“战斗或逃跑”的应激反应。最近在普罗旺斯度假时，正是这部分大脑警告我，不要走到马路上去。因为当我准备走到马路上去时，一辆汽车正超速地从我身旁飞驰而过。

然后，人类独有的意识头脑，负责处理人类特有的推理和思维品质；而潜意识头脑，则包括人类具备的爬行动物和哺乳动物的能力，处理所有确保我们生存的身体机能（爬行动物）及情感和记忆（哺乳动物）。

人类的意识和潜意识之间有一些重要的区别

- 潜意识要大得多，占大脑总体积的92%。
- 意识大脑一次只能做一件事，这就是为什么我们绝对不能边发短信或使用手机边开车。但潜意识可以同时进行数万亿次的操作。
- 意识大脑的记忆力有限，但潜意识的记忆力几乎是无限的——尽管我们只能够有意识地回忆起极小一部分信息。

➤ 潜意识不具备意识的指令性智慧。潜意识不会对信息进行过滤——潜意识会将接受到的一切信息视为真实或有效的信息。因此，它是一个提供权衡观点信息的机器，而不是一个思考的机器。当有矛盾的信息时——例如，认为我是一个“强者”而不是一个“弱者”的观点——潜意识似乎受到信息输入的强度、“近期性”和频度的影响。

强度是指持有的观点有多强烈，以及它们的情感有多深沉。当我们真正关心某件事情时，这种强度也会传达给我们的潜意识。

近期性指的是观点获得的时限性——当前的观点似乎“位于”潜意识的顶端，在意识的大脑中，也同样被视为最重要的。

频度是指与相反的观点相比，同一观点被表达的频率。潜意识受重复频度的影响很大。

此外，与意识一样，潜意识也受到“认知失调”的影响——也就是说，它不能同时接受相互矛盾的观点，而只能选择一种一致的观点。

不过，潜意识与意识的不同之处在于，在训练有素的情况下，意识能够分辨出好的信息和坏的信息，分辨出真假。

➤ 潜意识负责处理画面和情感，意识负责处理理性和逻辑。例如，我们可能知道电视广告有失偏颇，不包含关于产品的价值的真实信息，但鉴于广告是针对潜意识的，因此情感的运用可以产生非常有效的销售效果。有趣的是，在过去半个多世纪里，技术的变化越来越多地改变了意识与潜意识之间的“交易条件”。技术的发展更有利于潜意识。马歇尔·麦克卢汉认为，随着电视的出现，电子时代的图像和情感诉求，正在取代印刷技术的百年主导地位，从而导致情感的诉求取代理性的判断。

大脑研究者约瑟夫·勒杜说，人类所有的决策，几乎都是在情感的基础上做出的——“大脑的状态和身体的反应是情感的基本事实，而意识层面的感受，则是为情感蛋糕锦上添花的装饰”。

然而，其他研究者已经证明，我们的有意识想法——表现在我们的言语和写作中——在很大程度上决定了我们的情绪。意识和潜意识之间充满了相互反馈回路，因此我们必须小心自己的所思所想！

➤ 让我们分析“意志力”一词的两个组成部分——有意识的大脑具备“意志”，而潜意识的心灵则具备“能力”，因此，试图仅通过锻炼脑力来行使意志力是自欺欺人的。正如神学家哈里·威廉姆斯所说：“我从不认为可以通过简单的意志力，召唤出这种力量（来改善自己）。意志力这个概念本身，就意味着分裂——在相反的方向上互相推动的两件事情。”

而解决的方法，就是将“意志力”这个词拆分理解和处理，即由意识（意志）指导潜意识（力量）。我将在下文中展示如何做到这一点。

➤ 探讨意识的意志与潜意识的力量之间同类压力的另一种方式，是将“意志”与“想象”并行考虑。法国著名心理学家、自动暗示的发明者埃米尔·库埃说：“当意志和想象力发生冲突时，想象力总是获胜。”意志来自意识，想象力来自潜意识。在试图实现目标时，意识不需要用意志力来实现，而是需要通过部署源自潜意识的想象力来实现。

➤ 意识是知识的所在地，但潜意识是创造力的所在地。比如说，除了潜意识，超现实主义艺术还能从哪里来？萨尔瓦多·达利养成了一个习惯，即在创作之前，坐下来，放松，做白日梦，以唤起所画的怪异形象。为了唤起它们，他在训练时，会用手握住一个实心的物体，当他看到脑海中的图像时，就放松紧握的手。物体掉落地板的撞击声会使他醒来，然后画出在想象时看到的东西。

➤ 意识可以记住过去，规划未来，但潜意识只活在永恒的当下。

最后，意识的头脑是费力的——所有的思考几乎都是痛苦的，这也是很多人

会逃避思考的原因——而潜意识则不需要费力，无须刻意，也可以一刻不停地在后台工作和运转。

为什么潜意识适用于二八定律

第一，潜意识在没有意识的努力下，也能够产生巨大的结果。它使我们保持健康，为我们提供了具有创造力的情感和记忆，使我们能够改变世界。没有任何东西能够像潜意识这样，毫不费力地确保我们取得如此之多的成就！而如果我们有意识地努力，就会排挤掉潜意识——意识与潜意识之间，就是一个此起彼伏的关系。

第二，如果我们能够像达利那样，有意识地进入潜意识，只要稍加巧妙地操作，就能达到奇妙的目标和产出。

第三，对潜意识的使用率严格遵循典型的80/20——或者说99/1——的分布比例。尽管我希望这个比例是错的，但目前的确只有不到1%的人能够有意识地利用潜意识。然而，仅占1%的人却取得了大多数的成果。

科学家们如何利用自己的潜意识取得突破性进展的例子，不胜枚举。它们也遵循着同样的80/20或99/1的模式。某个科学家可能为一个问题的答案而苦恼，多年的尝试和努力看似毫无进展。沮丧之余，他把工作搁置起来。然后有一天——突如其来——当科学家在做一些日常的事情时，在完全没有思考这个问题的情况下，甚至是在梦中或半梦半醒的情况下，答案出现了！

对于法国数学家亨利·波恩卡雷来说，在巴黎的一辆公共汽车上，和一位朋友聊天的时候，苦苦思索已久而不得的答案，突然到访了。他回忆起当时的情形时，说："我没有停下来，还是跟朋友继续正常的交谈，但我内心十分肯定，困扰我许久的问题，已经得到解决。"而对于哲学家和数学家伯特兰·罗素来说，顿悟发生在剑桥买一袋烟斗用的烟草时。

德国有机科学家、诺贝尔奖获得者奥古斯特·凯库莱(August Kekulé，1829–

1896)，多年来一直尝试确定化学结构的理论，但最后他放弃了。1858年夏末，他在伦敦的一辆公共马车的上层漫无思绪地坐着时，看到了舞动的原子和分子，从而提出了他的结构理论。随后，他又研究了碳原子如何结合成苯的具体问题，同样没有弄明白。但在1862年，他做了一个梦，梦见一条蛇抓住了自己的尾巴，这个灵感，让他提出苯中的碳原子形成了一个环的概念。

显然，托马斯·爱迪生、古列尔莫·马可尼、查尔斯·凯特林、阿尔伯特·爱因斯坦、美国自然学家路易斯·阿加西兹、詹姆斯·瓦特和许多其他科学家都有过类似的经历。科学史学家托马斯·库恩（Thomas S. Kuhn）的记录，描绘了科学家们注意到他们的数据和普遍接受的理论之间越来越多的差异。库恩指出，有意识的推理，几乎从未创造过一个新的理论。

> 相反，新的范式，或者一个允许稍后阐述的足够暗示，会一次性全部出现。有时在半夜，出现在一个深陷危机的大脑之中。这个最后阶段的性质是什么——这个人如何发明(或发现他已经发明了)一种新的方式，来赋予已经汇集的所有数据以秩序——或许是完全不可捉摸的，而且可能永远如此。

库恩所描述的——不管他自己是否意识到了——是潜意识的运作，将科学家记忆中的所有数据进行分类，并得出一个引人注目的新模式，而这个模式是有意识的推理无法得出的。

给学生的提示

在参加考试时，动笔写出第一个答案之前，先阅读所有需要回答的问题。通篇阅读能够让你的潜意识，在你尝试回答第一个问题的时候，帮助你组织关于所有后面问题的答案。当你写到后面这些问题时，积累的信息和材料就能够厚积薄发，使你文思泉涌，下笔如有神！

潜意识的三个基本用途

创新的解决方案

爱因斯坦曾说过一句名言，即“创意，比知识更重要”。想要运用创造性的方法解决问题，只有潜意识可以帮助我们实现这个目标。下面是潜意识可以发挥创意作用的一些领域：

——任何形式的创意表达，包括绘画和雕塑、诗歌、写歌（歌词和音乐）、写书（小说和非小说）和广播；

——发明新游戏（线上或线下）；

——创建新业务；

——科学和技术革新；

——新产品的开发；

——社会理论与实践的突破；

——管理的理论，以及如何获得竞争优势。

正如大卫·布鲁克斯所写的那样：

潜意识是一个天生的探索者……当各种繁杂的因素出现在眼前时，它会自动衡量它们的重要性。当我们的意识忙于其他事情，试图将新的情况与旧的模式相匹配，或试图重新排列问题的碎片，直到它们形成一个和谐的整体时，潜意识则会不停不歇地四处奔波（同时存在多个平行的过程）。潜意识探寻氛围和隐喻，寻找联系、模式和相似性，并充分利用了所有的心理工具——情绪和身体感觉。

设定个人目标

写下个人的目标，并经常回顾的人，更有可能实现目标。而是否应该为自己设定目标，则是另外一个问题。

我个人是这样认为的：

如果你真的想在世间有所作为，如果你对非凡的成就感兴趣，或如果你想赚很多钱，那么设定目标必然是好的。

如果你设定目标的初衷，不是实现它们，而是跟风，你不是真的想实现目标，只是觉得应该有目标，那么这些目标可能会沦落为强制的工具。如果你现在并没有感受到一个或多个目标的呐喊和渴望，那么最好等到这种强烈的驱动力出现时再设定目标。

在设定目标之后，实现目标的最可靠、最简单方法就是充分调动潜意识。

内心的平静

心灵的平静和安宁，几乎是所有人的愿望。我们都想找回伊甸园的理想状态，一种既能做自己，又能与世界融为一体的和谐快乐的生活。认为自然是个人存在不可或缺组成部分的浪漫主义诗人威廉·华兹华斯（William Wordsworth，1770–1850）说过：“我常常无法将外在的事物，视为外在的存在，我与所有被视为没有脱离我个人的非物质性，且包含在我个人存在之中的事物进行沟通和交流。”要恢复意识与潜意识之间的统一，恢复心灵与友邻和全人类的心灵之间的统一，就需要我们秉持对真理、美以及对个人和相互的善意的执着信念和追求。

如果思想决定了我们的性质，那么我们就有必要将自身最崇高的、最有创造性的思想带到意识表面和潜意识的深处。这种思想层面的追求，不一定具有宗教性质，但一定要具备道德品质，因为只有这样，才能达到内部的平和及与外部的统一。

你们一定要想一想，凡是真实的事、凡是诚实的事、凡是公正的事、凡是纯洁的事、凡是可爱的事、凡是有好名声的事，如果有美德、如果有赞美，就想一想这些事。

这对我们所有人来说，都是很好的建议，无论是信徒、不可知论者还是无神论者都是如此，不是因为这是我们应该做的，而是因为这是通往内心和人际之间和睦的途径。

挖掘潜意识能量的一个全新模式

大多数论述潜意识的书籍，倾向于将潜意识的开发变成一件相当复杂的事情。但我个人认为其实很简单，如下所示，有三个阶段：

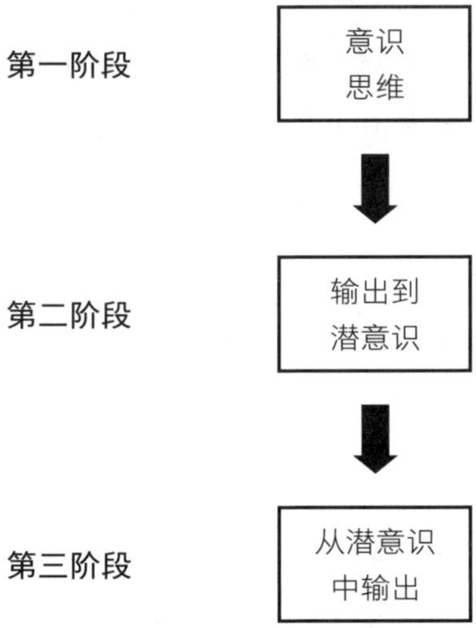

第一阶段，是通过有意识的思考，确定我们希望潜意识能够为我们做什么，以及如何将这些要求传达给潜意识。这个阶段并不复杂，但却是三个阶段中最难的一个阶段——我们必须严肃认真地思考我们希望潜意识做什么。

第二阶段，是将有意识的想法，传递给潜意识。虽然市面上的很多书籍将其描绘为艰难而伟大的成就，但实际上这个阶段能够快速而简单地完成。

第三阶段，是要将潜意识给出的答案输出到意识层面。这个阶段也很容易，我们只需要允许潜意识与我们对话即可。

如果你担心能否快速有效地在第二阶段和第三阶段运用潜意识，回想一下设定闹钟的经历。假设你曾经在早上7点设置了闹钟，那么你在7点闹钟响起的前一分钟自己醒了过来，这时候，发挥作用的是哪部分的意识（潜意识还是有意识的大脑）?

显而易见，不可能是有意识的大脑，因为在你醒来之前，你的大脑还处于睡眠状态。这显然是潜意识在发挥作用。为此，很多人根本不使用闹钟，而是直接指示自己的潜意识，“我在早上7点准时清醒（后面我会解释，为什么这个表述要使用现在时态）”。如果你怀疑这个做法的有效性，不妨自己尝试一下。

如果你曾经读过关于潜意识或“心智”的书籍，就会发现，它们提供了很多进入潜意识的详细而复杂的指导，例如“进入阿尔法状态”“冥想”或其他心理学的方法和技术。但这些操作实际上并不是必需的。第二阶段和第三阶段的操作再简单不过了，除了你自己的思想，你不需要任何其他的辅助或方法。

第一阶段：意识思维

与其他强大的心理过程一样，想要用极少的精力获得最大的收益，就需要仔细思考你到底想要实现什么目标。这也是我们需要针对第一阶段的操作提供一些指导的原因。因为针对潜意识的三个主要用途来说，对应的原则也是各不

相同的。

对于创造性的解决方案，原则是：

——为了向潜意识提出明确的要求，每次只选择一个待解决的问题。

——需要被解决的问题或事情，必须是你真正关心的事情——意味着问题的解决对你来说至关重要，它可能涉及你的工作、事业或个人生活。

——这个问题，很可能是你已经尝试过用意识层面的思维去解决但失败了的问题。

——这很可能是一个关于“如何”的问题，比如说：如何协调工作和家庭生活的利益冲突；如何想出你正在写的一首歌的歌词；如何发明一个比目前的任何产品都要好得多或便宜得多的新产品；如何避免与特定的朋友、家人或同事发生冲突。

你正在寻求一个不仅对你自己，而且对其他相关人员都有利的解决方案。

对于制定目标，原则是：

——目标必须是你真正想实现的东西。

——无论在别人看来多么不实际，你必须坚定地相信自己能实现这个目标。如果你自己都不相信自己能行，你的潜意识就不会采取行动。

——所设定的目标必须是精确和具体的。

——必须在情感上致力于实现这个目标，并相信它将使你感到快乐和满足。

——想象自己实现目标，使它尽可能地具体和快乐。用你所有的感官，去想象和描述实现目标后的情景——你的生活是什么样的、你会联想到哪些景象和气味、你将如何庆祝目标的设定，和谁一起庆祝？你的日常生活会是什么样的，你的目标的实现，还将使谁从中受益？

——你必须知道并相信，这个目标绝对是为你量身定做的，适合你的个人特点——目标就是你的命运。

——虽然目标可能很多年都无法实现，但你一定要想象在当下已实现到了目标。正如我前面提到的，潜意识驻留在永恒的当下——未来和过去，对潜意识来说，是作为永远存在于当下的某种数据而存在。

要说清这一点有点困难，但让我们通过一个不完美但有用的例子来解释一下。在看电影时，电影中的故事也有过去和未来，但都被压缩在90分钟以内。在观看电影的任何一个时刻，你都是电影中角色人生的一部分，但对于现实世界的你来说，所有的事情都发生在当下和现在。如果你能够忽略事实上你花了90分钟的生命参与了这段旅程，而将其想象为在当下的一个时刻观看的所有的生活——这就是潜意识的运作方式。

我觉得这个过程充满了神秘的力量——在你没有意识到生活是否存在未来的情况下，潜意识怎么会意识到一个未来的目标，并帮助你实现它呢？这是因为对于潜意识来说，所有的时间都是一样的，都是现在。所有的一切，都是一部一瞬间完成的电影，不需要任何时间来展开和发展。

要充分利用潜意识，我们就必须以潜意识可以理解的形式呈现数据。所以，要想达到未来，你必须将其想象和感知为现在。如果你能够完美地在潜意识中看到未来，它就会跟现在一样真实和“活在此时此刻”。这就是潜意识的状态，时间是静止的，不是现实的一个维度。此外，对于潜意识来说，现实就是想象，想象也是现实。从潜意识的角度看待未来，它就能够帮助你将未来变成现在，将想象变为现实。就像看完一部经典的电影之后，无论电影中具体的日期是什么时候，在你记忆中的每一个场景，都会永远存在于你的现在。真正重要的是，电影中的场景对你的影响的维度，以及你重新想象和回忆这些场景的能力，而不是毫不相关的时间维度。

对于内心的宁静，原则是：

如果我们对自己做出积极的肯定，并相信这些肯定，就会给我们的潜意识带来积极的影响。下面是一些能够帮助我们实现目标的自我判断或肯定，例如：

——我感谢……

——我觉得自己很坚强、大方、快乐、幸福，能够很好地融入世界，心情很好……

——我富有创意，是因为……

——我的工作很重要，也很有用，因为……

——我很幸运能够帮助其他人——具体地说：谁、如何、何时？

——我的身体很健康。

——我有好朋友，我喜欢和他们在一起，我可以依靠他们。

——我很幸运地拥有一个伟大而浪漫的伴侣——或者说我很快就会遇到成为我人生伴侣的人。

——我很幸运地生活在一个如此美丽的地方——或者我即将去一个美丽的地方（或者刚刚去了）。

——我真的很喜欢……

——我正在读的这本书很精彩……

这种肯定自我的表述，每天可以重复多次，每当有人问你“你今天感觉怎么样？”或在与朋友聊天或自己独处时，都可以进行自我肯定。如果你能够大声将这些肯定自己的表述说出来，或者将它们落到纸面、写入日记，效果会更好。

但是，能否做到这一点，与身处的文化也有很大关系。我是个英国人，对于英国人来说，大声地自我肯定，看起来有点——怎么说呢——有点厚颜无耻？不正经？不成熟？虚伪？或许你也有同样的羞耻感。然而，如果我们真的渴望获得宁静、平和、沉着、安宁、心平气和的状态，这就是方法，乐观的自我论断是有效的！

无论何时，我们都应该合理地认为，不仅我们的环境，包括我们自己，都是有价值且有意义的存在。我们都是“不完美的人”，但为了获得内心的平静，我们必须相信，我们能够为这个世界做出贡献，能够让生活变得更好，并正在努力地提升自己，且我们的意图是好的。如果没有这样的信念，生活的确会很容易变得黯淡。但我相信，没人愿意生活在黯淡的风景之中。

下面这些说法可能听起来老套，但的确很有用：

“每天，我的各个方面都变得越来越好。”（埃米尔·库埃）

“把自己当成你想成为的人。”（哈利·卡朋特）

“我正在成为最好的自己。”（马修·凯利）

“虽然我有很多缺点，但我是世界上一股善良的力量。”

“我追求的是真善美”。

第二阶段：输出到潜意识

下面三种方法，能够帮助我们毫不费力地将信息传递给潜意识：

➤ 放松和做白日梦。

找一个安静和私密的地方，最好是在户外，坐在一个舒适的椅子上。

——放轻松。

——清空脑子里所有的想法（除了需要发送给潜意识的信息）。

——将信息传递给潜意识——无声的脑内传递也可以，但如果可能，最好大声地说出来。

➤ 在“自动”练习中进行白日梦。

——进入一种你熟悉的常规运动形式，并且可以不假思索地做（最好是你经常做的事情）。

——这种运动必须是你可以轻松完成的，并且在独自进行的情况下，不会造成压力或紧张。我发现骑自行车或以适度的速度步行都很有效。

——在练习之前，读出或想出需要传递给潜意识的信息。如果能够记得住，在运动和做白日梦的时候，重复这个信息。在运动结束后，再次重复这个信息。

➤ 睡觉前

——睡觉前，在床上听几分钟舒缓或放松的音乐。（我每天晚上都听同一张CD——叫el-Hadra-神秘之舞，由慕尼黑的Edition Akasha发行。这些音乐似乎能够让我睡得更好，并能够更轻松地与潜意识交谈。）

——在你入睡前的一两分钟，在渐渐入睡或昏昏欲睡时，大声或在脑海中说出这个信息。

——期待睡个好觉，做个美梦。

——在入睡前，把这句话作为睡着之前你说的或想的最后一件事。

第三阶段：从潜意识中输出

完成所有这些步骤之后，你的潜意识会尝试向你传递它给出的答案或信息——除非你从事了激烈的活动，或以不安的心态排斥它，你就可以接收到这些信息。为了帮助潜意识更好地传递信息，请按照第二阶段的建议，在白天的某些时候，选择放松和做白日梦。

潜意识传递的答案，往往会更容易在晚上或早晨出现，即在完全醒来之前的一个小时左右的轻度睡眠或半睡半醒的状态中出现。为了避免再次入睡，并忘记这些难能可贵的灵感，你可以在床头准备纸笔，以便随时记录。

结论

在掌握了潜意识的力量之后，不妨帮助你的朋友和家人也发掘他们的潜意识力量。你可以将本书送给或借给他们，相信我，只需要这么一个微小的举动，你或许就能够帮助他们收获改变人生和命运的硕果。

第四部分

二八定律的未来

第十七章
二八定律在网络获得成功

网络的社会，代表着人类经验的质变。

在撰写本书的前两版时，我还不知道为什么二八定律如此有效。我引用了经济学家约瑟夫·斯坦德尔的话来描述自己的困惑，他说："在很长一段时间里，帕累托定律就像地面上一块随意游走的陷阱，让整个经济陷入了停滞不前的泥潭——但无人能够解释这个经验法则。"但我现在感到很兴奋，因为我好像找到了其背后的原理，能够解释为什么二八定律变得日益流行，且能够以神秘而令人困惑的方式，对我们的生活施加更为深刻的影响。

答案就在于网络的蓬勃发展。网络的数量和影响力，长期以来一直在增长。在过去的几个世纪里，最初的增长较为缓慢，但从1970年左右开始，增长的速度越来越快，变化也越来越剧烈。网络的分布，也符合80/20的分配和表现方式，而且往往是以一种极为不平衡的方式表现。随着网络的普遍存在，80/20也变得无处不在。网络的类型和数量越多，80/20的现象就越多。

80/20的影响力，也随着网络的影响力而提升。

上面这句话的重要性几乎是不言而喻的。正如曼努埃尔·卡斯特尔斯所说，网络社会标志着人类经验的质变。而这一变化的本质源自80/20的原则。没有任何一种组织或经验，能够像网络这样，具有如此典型的80/20的特点，且如此彻底地贯彻其原则。

对我们来说，理解网络、理解它们为什么越来越重要、理解它们如何表现出80/20的特质、理解我们如何将其转化为自身的优势，是至关重要的。如果我们不了解80/20和网络，我们就无法了解在我们有生之年，商业和社会层面正在发生的最深刻的变化。

何为网络

《连线》杂志的前主编，凯文·卡利曾给出过一个一针见血的定义：

> 网络是结构化程度最低的组织，或可以说它根本没有任何组织结构。

脸书和推特是网络，恐怖组织、犯罪团伙、政治团体、足球队、互联网、联合国、一群朋友和世界金融体系也是网络。几乎所有基于网络或移动应用程序的组织，都已经在舞台上崭露头角，并积累了非凡的财富，如苹果、谷歌、易趣、优步、亚马逊、网飞公司和爱彼迎等公司，要么自身就是一个庞大的网络，要么在生态系统中包含了这样一个网络。

那么网络，与传统的自上而下的组织有什么不同？

让我们从最显而易见的区别开始解释。我们早已习惯且已经存在数个世纪的普通组织，从以官僚机构和军队为基础的帝国开始，然后延伸到农业和商业组织，再到小作坊和大工厂，以及18世纪到20世纪的所有商业和社会组织——所有这些组织机构的发展，取决于这些组织高层的主动性。

传统组织的发展，离不开高层的规划，而且往往是非常详细的规划。然后通过产品设计、制造、营销和销售等活动，实施这些规划。所有这些过程，都是昂贵而艰苦的。在过去，这些组织要发展到最大的规模和影响力，需要花费很长的时间与大量的精力、人力和金钱。

但网络的发展轨迹则大不相同。它们的成长，不是来自拥有或为其提供资金的组织（如果有的话）内部，而是来自外部。构成网络的成员自身行动的结果，推动了网络的发展——如果这个网络的所有者是企业，那么“网络的成员”也是“客户”或潜在客户。得益于其自身的内部动力，网络得以发展壮大，这也是因为它的成长符合网络内部成员的利益。

让我举一个我个人从一开始就参与的网络发展的例子。这个网络是由一群年轻的，没有经验的，但非常热情的人开始的。这就是英国著名体育博彩公司必发（Betfair）。你可以将它的创始人称为企业家，但他们实际上是一群体育和博彩爱好者。但他们在投注时，不想再向老式庄家支付巨额赎金，这些庄家会把每笔投注价值的10%左右作为保证金。必发公司创始的理念是，任何想下注的人，都可以和另一个人一起下注进行对赌。两者需要对马匹或球队的比赛结果持相反的观点。必发创建了一个在线博彩市场——类似于股票市场的股票——然后仅收取组织和管理博彩市场的少量佣金。

我在2001年，必发公司创始几个月之后，就投资了该公司。那时候，该公司的估值为1500万英镑——老实说，这并不是一笔大买卖。那时候公司的规模很小——很少有行业观察家注意到它，或者那些注意到它的行业观察家也不认为这种商业模式能够获得成功。然而，必发公司最令人激动的地方——也是最吸引我的地方——是它的增长速度非常快。在最初的几年里，它每月以10%、20%、30%，甚至有时是60%的速度增长。

这种疯狂的增长从哪里来的？我也不知道，但我可以肯定，不是来自销售和营销，因为公司最初几乎没有进行任何营销或推广。它的扩张，得益于其网络本身——来自必发公司的客户和用户，他们非常喜欢这家公司，以至于成为自来水，疯狂地建议同样喜欢博彩的亲朋好友加入必发。这不仅仅是因为他们喜欢这个系统，或者想对朋友好，他们之所以推荐必发，是因为他们希望必发能够做大，为自己谋取利益。他们想下更多更大的赌注，并希望能够匹配到持有相反观点的博友。

这让我想到了网络的第二个重要特质——网络规模越大，价值越大。不仅如此，对网络的成员以及其所有者来说，随着规模的扩张，价值的增长是几何级数的，而不是线性的。想象一下，现在有一个注册会员约为1000名的交友平台。所有的会员都来自一个特定的城市或地区，并且都有兴趣与其他会员约会。你会加入这样一个网络吗？估计不太想，因为它太小了。

但是想象一下，如果这个网络的规模扩大了一倍，达到2000个成员。网络的价值是否也会翻倍？事实上，不止！网络的价值实际上增加了四倍。这是因为网络成员之间可能的排列组合数量，从499500个增加到1999000个。基于同样的算法逻辑，随着必发用户数量的增长，其网络用户的价值也成倍增长。投注者能够下更多的赌注，金额更大，并更有可能得到匹配。而必发的所有者的价值，也大大增加。2016年2月，该公司与帕迪鲍尔公司合并，合并后的公司目前估值为72亿英镑（必发的股东拥有其中的34.56亿英镑），这是我投资时公司价值的230倍左右。

如果我们将网络的前述两个特点结合考虑，即成员的活动可以确保相对容易地实现增长，以及规模增长带来的价值成倍增长，我们可以得出第三个结论：网络企业，能够以远超其他类型企业的速度，超快速地获得价值。这就是基于网络的企业（如亚马逊、易趣、脸书、阿里巴巴、爱彼迎和优步等）能够如此迅速地变得如此有价值的原因。没有哪家非网络型企业，能拥有这种价值爆炸式增长的速度。

网络的数量和影响力激增，还得益于第四个，也是最后一个原因：驱动网络飞速发展的动力是信息。随着信息技术——最广义的信息技术——覆盖面和能力的扩大，网络的数量会倍增，影响力也将随之暴涨。例如，智能手机的发明，推动了爱彼迎和优步等基于应用程序的公司，快速地获得了当前的市场垄断地位。

在网络发展方面，存在一个级联效应，即一个非常有价值的网络创新，会催生和促成许多其他非常有价值的网络创新。随着信息技术成本的不断降低，性能的不断增强和多面化，我们很难预测未来的发展蓝图。我们已经身处一个全新的世界——无论是好是坏——信息技术都正在触及几十亿人的生活，改变着商业和社会的规则。

自20世纪60年代以来，网络一直是学界、商界人士和评论家们关注的重点。但网络与80/20之间的联系，尚未得到普及和理解。为了揭示二者之间的内在联系，我们需要了解网络在遵循二八定律方面的两个实例。

万维网

最典型的案例，当属互联网世界。“网络空间”一词，由科幻小说家威廉·吉布森（William Gibson）在1984年首次提出。他表示，“我试图通过这个词，描述一个无法想象的存在。而科幻小说的最佳用途，是探索当代现实的其他可能性”。吉布森将“网络空间”定义为“每个国家的数十亿人，每天都在经历的共识幻觉……它具备难以想象的复杂性。在心灵的虚拟空间中，思绪在杂乱无章的数据集之间漫无目的地游走”。

显然，万维网是一个前所未有的陌生国度，我们无须离开身处的物理空间就可以访问，而这个虚拟的网络不仅改变了我们的工作和社会生活，也改变了商业的模式，且其规模和力量已经呈现爆炸性的增长。互联网是开放的，允许所有人在推特上自由地发表意见，允许所有人在脸书和类似社交网站上发布日常生活的记录和感悟。得益于其向所有人开放的特质，网络得以飞速发展，并提供了无与伦比的性价比。网络不排斥任何人，无论身处何地，是何身份，都能够得到互联网的欢迎。每个人都可以访问维基百科，获得数百万人提供的群体智慧和知识。

然而，网络空间本质上包含了一个悖论。互联网是开放的、没有障碍的，但同时也是二八定律的缩影。例如，维基百科列出的搜索引擎有200多个，然而全球四大网络服务巨头——谷歌、百度、必应、雅虎，就占据了96%的市场，这就意味着，2%的搜索引擎服务商占有了96%的搜索查询量，并相应地霸占了同等比例的广告投放市场，这实际上是一种96/2的关系。

而在这96%的份额中，谷歌一家，就占到了66%的巨大份额。因此，这也就意味着，200个搜索引擎中的1个——不到1%——独享了互联网这个令人难以置信的利润丰厚业务的三分之二份额——形成了一个66/0.5的关系。正如我将在下一章中论述的那样，这个比例实际上仍大大地低估了谷歌与其他落败者之间的利润差距。因为谷歌还占据了82%的移动操作系统市场份额，以及94%的移动搜索市场份额。在中国的电子商务市场中，阿里巴巴这一家网站，就占据了全部交易额的75%。这是一个令人咋舌的比例，考虑到中国庞大的网站数量，这相当于一个75/0的关系（这是最接近实质比例的数据，因为阿里巴巴占有这些对手网站0%的份额）。

那么必发博彩公司占据了多少份额呢？我的答案是，市场上只有必发博彩公司这一家重要的博彩公司。因为据我估计，必发博彩公司占据了超过95%的博彩市场份额。那么脸书占据了多少市场份额？在脸书占据市场主导地位之前，实际上存在两家主要的社交平台公司。事实上，脸书的初始规模比Myspace小得多。但现在，只剩下了一家脸书平台公司。那么推特占据了多少市场份额呢？答案是，推特同样是其细分市场的龙头老大。

说到推特，其内部也存在类似的帕累托（意大利经济学家）关系：硅谷行业内幕研究表示，约占10%的死忠推特粉丝——那些大量关注推特动态的人——占到了总关注人数的85%（形成了85/10的比例关系）。

反过来说，2011年针对推特用户的研究表明，推特网站上不到2万的用户，吸引了整个网站近一半的关注者。这些顶流推特用户，占推特用户总人数不到二十分之一，即50/0的比例关系。

最后，优步的市场份额数据又是多少？事实上，在共享叫车服务领域，除了优步，还有无数其他的运营商，也在瓜分和深耕不同的细分市场。但如果你想要享受优步提供的服务，那么除了优步公司，你别无选择。这对于用户来说，事实上是一件好事，因为市场的独家垄断地位，也意味着客户等车的时间变短，且出租车的调配效率变高。所有这些因素，就是优步不惜付出高昂的成本代价也要在如此之多的城市快速扩张的原因——无论何时何地，优步绝不允许竞争对手的存在。

虽然存在不利于优步的诸多评论，但风投市场还是提升了对优步的估值。在风投市场中，成立于2009年的优步，估值比有着101年经营历史的通用汽车还高。优步自身不制造汽车，也不拥有汽车，因此其未来的盈利空间被视为天文数字！

为何互联网行业会出现如此之高的集中度？少数几个行业巨头赢家，其他大多数的公司都无足轻重？谷歌母公司Alphabet的董事长埃里克·施密特给出了如下解释：

我很想告诉大家，互联网创造了一个非常公平的竞争环境，且长尾效应非常适用。但不幸的是，事实恰好相反。

事实上，互联网行业盛行的游戏规则，叫作权力法则，即行业的集中度非常高，大部分权力和利益集中在少数巨头玩家手中，相对应地，大多数其他玩家拥有的市场体量几乎可以忽略不计。实际上，所有新兴的网络市场都会遵循这个规律。所以，尽管尾部市场很有潜力，但绝大部分的收入还是集中在头部企业。

事实上，互联网行业大概率会导致更多巨头，并形成更集中的品牌效应。大多数人无法意识到这一点，因为互联网是一个过于庞大的传播服务媒介。但当你将所有人聚集在一起时，用户还是会倾向于选择一个超级明星。更重要的是，这将不仅是美国的超级明星，而是全球的超级明星。

网络空间中用户人数最多的网站，就像是一个巨大的时尚酒吧，它之所以受欢迎，就只是因为它被视为流行和时尚，你知道自己将在那里遇到很多人。事实上，每家公司都希望成为用户趋之若鹜的地点——至少在它们自己深耕的细分市场中。而互联网企业已经获得的流动性和市场深度，反过来吸引更多的用户，获得更大的流动性，并进而占据更大的市场份额。互联网平台的吸引力与其规模成正比——或形成超乎想象的正比关联，在特定的细分市场中，赢家通吃。更妙的是，时尚酒吧的老板（互联网）并不会成为亿万富翁，但它的竞争对手则可能会以闪电般的速度，发展成为亿万富翁。

让我们看看第二个例子，了解一下网络的强者越强现象如何在非线上的社会趋势中体现。

城市网络

自从人类在一万年前结束游牧状态，并在固定的地方安居乐业以来，城市就成了最重要的社会网络，增进了人类社会的知识、文化、商品和服务的交换，并提供了政府和金融等基本的社会基础设施。全球战略家帕拉格·卡纳（Parag Khanna）曾断言："城市是人类社会最持久、最稳定的社会组织模式，超越了所有的帝国和国家。"（需要说明的是，这是我个人的具体表述，但我确定卡纳提出了类似的观点。）

其中一个明显的趋势，就是城市人口的缓慢但稳定的增长。但到了现代社会，城市发展的进程迅速加快。在1500年，全球只有1%的人口生活在城市中，到了1800年，这个数据达到了3%。到了1900年，七分之一的世界人口（14.2%）生活在城市中，而现在，全球城市人口的数量，已经超过了生活在其他地区的人口数量。

如果没有城市人口数量和影响力的增长，欧洲及世界其他地区的财富和繁荣发展就不会发生，也无法确保人类在1450年左右战胜自然获得的成就。城市成了思想、贸易和商业中心，由一个非常小但至关重要（80/20）的新中产阶级——既不是贵族也不是农民的阶级——管理和经营。城市成了财富的孵化器，成了贵族统治的农村庄园的汪洋大海中新兴的80/20的小岛。当然，城市已经存在了几千年，但城市开始成为经济增长和社会变革引擎的作用，是从中世纪后期的欧洲开始的。

在1500年，整个欧洲只有5个人口超过10万的城市，到了1600年，已经扩展到14个，包括阿姆斯特丹、安特卫普、君士坦丁堡、里斯本、马赛、墨西拿、米兰、莫斯科、那不勒斯、巴勒莫、巴黎、罗马、塞维利亚和威尼斯。你可能已经注意到，其中超过半数为港口城市。没有这些城市的扩张和发展，现代社会也不可能发展起来。

现在，全球最大的20个城市，成了知识、金钱和人才高度集中的超级池，世界上超过四分之三的大公司都驻扎在这20个城市。随着时间的推移，这些大城市变得日益庞大和繁荣，集聚更多的财富——这也是自1500年始于欧洲的城市发展趋势的延续和加速。为此，城市的扩张，也呈现出典型的网络效应。

➤ 随着网络——城市——的规模不断扩张，人口日益密集，生活在城市中的好处也变得越来越多。认识掌握互补性知识的其他人的机会成倍增加——哪怕生活在大城市中，同时也意味着需要忍耐交通拥堵、高昂生活成本和压力等非常现实的不利因素，积极的网络效应的作用通常会超过消极的效应，而大多数城市仍在不断扩张就充分论证了这一点。

➤ 然而，并不是所有的城市都能够实现扩张和发展。美国和其他发达国家的许多城市的发展目标，最终都是竹篮打水一场空。新奥尔良或底特律的低廉房租，并没有为该城市吸引更多的人才，它们都呈现了一种衰退的态势。网络效应一如既往地体现了帕累托式的优胜劣汰选择。拥有良好网络效应的城市会变得更大、更具活力；相反，其他城市则会进一步衰落。

➤ 城市也是大熔炉，吸引了来自世界各地不太成功的其他城市和国家的雄心勃勃、才华横溢的人。随着城市人口之间的多样性和差异性的递增，城市中的创新也变得更加丰富，机会也随之增多。

这些网络效应，也证明了20世纪70年代盛行的一个预测是错误的，即随着信息技术的发展，会有更多人倾向于生活在偏远地区。鉴于面对面沟通的重要性和建立随机人际关系的偶然性，城市生活的网络优势在顶级城市中只会不断强化。帕拉格·卡纳预测，“到2030年，全球70%以上的人口将居住在城市，其中大部分位于距离海岸50英里以内的地方……当今沿海特大城市的人口集中度、经济分量和政治力量，使它们……成为人类社会最关键的组织形式”。而我想补充的是，在过去半个世纪里，一个确定的赚钱方式（或许速度缓慢），就是在不断扩张的城市中购买土地。

另一个显著的趋势，是城市中特定规模内的人口分布。那些断言互联网时代的城市会变得相对分散且大多以中等规模形式存在的未来学家们，再次被证明是错误的。历史已经证明，任何一个时期发展最快的城市，都是在新时期开始时，最大且历史最悠久的城市，比如东京、北京和孟买，美洲的纽约、洛杉矶、墨西哥城等。大东京地区现在大约有3800万居民，比加拿大或伊拉克的总人口还多。

帕拉格·卡纳还称，越来越多的城市，将像东京和横滨那样进行组合，例如，我们将有洛杉矶-旧金山和波士顿-华盛顿特区等城市组合体（后者似乎有点牵强，因为这两个城市距离并不近），但城市扩张和侵占绿地的趋势由来已久。伦敦的圣马丁教堂（St Martin-in-the-Fields）——就在特拉法加广场旁边——原本位于城外，被田野包围，但现在几乎成为城市的中心。

卡纳曾十分确定地表示，全球城市的发展，将依赖于其吸引全球优秀人才的能力。“随着全球移民数量的激增，在连接和开放的城市中，原籍外国的居民比例将会越来越高。”

在达拉斯，24%的人口是外国出生的；在悉尼，这个比例为31%；纽约市和伦敦则各占37%；香港占38%；新加坡占43%。

本章小结

本章内容相当有篇幅，为此我需要感谢诸位耐心读到此处，但我可以将本章要点精练如下：

➤ 网络的力量，越来越成为证明二八定律有效的因素。

➤ 网络的运作也符合二八定律。在任何一个特定的市场或类别中，一个很小比例的网络，将对该市场或类别中很大比例的活动或业务产生影响。

➤ 网络及其成员喜欢市场份额的集中和垄断，因为这为网络提供了最大深度和范围。在网络领域，更大的就是更好的，或许已经成为一个真理，因为更大的网络能更有效、更迅速地匹配供应和需求，拥有更多可能的成员匹配的组合，以及更多关于每个成员偏好的数据。

➤ 在同一类别中，同时拥有两个或三个规模大致相同的网络并非常态，因为这不符合网络成员的利益。他们的最佳利益诉求永远是行业的垄断，直到创新创造出一个全新的类别——这个类别本身，也将不可避免地走向几个主要网络，或者一个网络垄断的结局。

➤ 自20世纪70年代以来，特别是自网上交易的发明和普及以来，网络的影响力急剧上升。网络变得越来越普遍，在商业和社会活动中占据的比例越来越大。这意味着旧的80/20基准，作为描述原则的方式，也日益变得过于保守。网络不仅增加了二八定律的发生概率，使其几乎无处不在，而且还强化了这个原则的极端性。

在下一章中，我们将探讨80/20在哪些领域以何种方式迅速地朝着90/10、95/5甚至99/1的趋势转变，并将研究这种转变的实际意义。

第十八章
当二八定律进化为九一定律

未来已经到来，但不是平均分配的。

不久之前，事实上，在2007年以前，移动电话制造商的世界，仍是一个相当平静、完全可以预测的市场，是一个典型的80/20世界。当时存在数量众多的手机制造商和品牌，但其中五家，即诺基亚、三星、摩托罗拉、索尼爱立信和LG，成功地占据了全球利润的90%左右。这一点也没什么可大惊小怪的。然而，现在的格局已经发生了天翻地覆的变化，在利润总额、盈利的公司、利润的分配以及利润的创造上，已经完全不同了。

2007年到2015年，一个新的玩家进入市场，并改变了一切。这个新进入者，当然是苹果与iPhone。苹果不仅登上了利润的圣坛，拥有了类似耶稣在圣殿里的地位，还掀翻了所有其他手机制造商的桌子，把它们彻底从利润大餐的桌子上赶跑了。到2015年，苹果已经在一个更大、更有报酬的市场上抢走了92%的利润，让昔日的行业领军企业不得不为争夺面包屑而战，而前述五个曾经统领市场的巨头中的四个现在都在亏损。

不仅赢家的身份发生了变化，盈利的方式也发生了变化。在这个行业发生的巨变值得分析，是因为同样的事情正在许多其他市场上发展，这是一个决定未来几年发展趋势和格局的巨大变化。

简而言之，80/20变成了90/10，详细的解释描述性更强一些，但同样容易理解，即商业的模式——赚取现金来源的方式——突然发生了变化，旧的格局正在消退，新的格局正在取而代之。因此，流行的创新路线，可能意味着要抛弃旧的行业模式，拥抱或创造行业的新模式。早在互联网出现之前，手机市场已经存在，但随着互联网的出现，手机制造商们欣喜而迫不及待地期待新收益，因为市场爆发了。更多的电话意味着每个行业的参与者都能够分到更多钱。随着人们越来越习惯于使用手机访问移动内容和信息传输，手机制造商们看起来仍然停留在互联网出现之前的世界。

直到最近，占据手机制造商行业地位的商业模式，是"价值链"，这是一个外行人难以理解但却符合逻辑的商业模式。价值链可能始于产品的研究或结构设计，直至产生一个全新的产品。价值链的下一个阶段，通常是向供应商购买材料和服务，例如，制造手机的电子元件和外壳。价值链包含了制造、营销、销售以及将成品手机送到客户手中的物流过程。因此，价值链也被称为"管道"业务，因为这些活动是以线性方式，从供应商到客户进行的。

需要注意的是，管道业务是典型的80/20业务，因为大部分的利润由相对少数几个生产者所有——可能只占到所有供应商总数的五分之一，但也有可能符合只有三、四、五等极少数赢家的极端赢家通吃原则。总而言之，利润通常集中在少数几个参与者手中，但数量通常会超过一两个。

那么，网络供应商的业务，与管道供应商的业务模式，到底有何不同呢？在意识到网络供应商的业务也需要管道之前，这个问题或许会令人感到困惑。例如，苹果公司仍然需要其他公司帮助设计iPhone、购买原材料，并生产和销售产品，等等。但网络业务与管道业务不同的地方在于，它们在市场中的定位和提供的服务与管道业务完全不同，且永远比后者优越。网络的本质在于，它能够将市场中的两类或多类不同的参与者连接起来，然后通过协调市场，推动双方的利益以及自身利益的实现。

乔布斯要做的事，不只是像诺基亚和其他老牌的管道供应商那样，把手机卖给客户。他还希望将应用开发者与用户连接起来，就像必发博彩公司网络那样，将所有希望进行对赌的甲方和乙方连接起来。应用开发商不需要知道客户是谁，也不需要招募客户，因为苹果已经有了庞大的潜在应用客户，即所有使用苹果手机的人。

苹果创建一个平台，即手机本身及其所有相关的知识产权。一个平台肯定能够为其所有者带来巨大的利润，但同时也提供了一个制定平台运行规则的好方法。谁（哪些应用开发者）可以进入平台，以及应用开发者与用户可以如何互动，将由苹果说了算。例如，史蒂夫·乔布斯就不会允许色情内容出现在平台上。

在前述两个案例中，必发的博彩交易平台和苹果的iPhone平台都体现了潜力无限的网络效应，让每一个参与其中的人都拥有一个更大的市场，更多的智能手机、更多的应用供应商和更多的应用用户，而所有这一切必然推动市场和平台所有者利润的惊人增长。

这是乔布斯继iTunes之后，在平台业务上第二次收获的巨大成功。回望2003年，整个音乐产业的处境惨淡：由于Napster和Kazaa等阴暗的互联网网站以极低的价格或免费提供歌曲，CD和其他唱片的销量急剧下降。吓坏了的唱片公司高管们，试图制定统一的措施应对这一打击，但失败了。在这种混乱不堪、前景黯淡的背景下，乔布斯这个真正的音乐爱好者决定进军音乐市场。乔布斯表示，免费下载是一个很好的传播方式，但它们并不可靠，因为“很多这些歌曲都是由7岁的孩子上传的，他们在资源分类方面做得并不好，音乐在下载时没有专辑封面或描述，且最糟糕的是，这是偷窃，最好不要因此而惹上因果报应”。

乔布斯成功地说服了足够多的唱片公司和艺术家参与，并在iTunes商店上开放了20万首歌曲的付费下载，但只需支付99美分。在iTunes商店下载音乐只需要一分钟，而盗版网站则需要15分钟。iTunes的老板埃迪·库伊大胆预测，他将在6个月内卖出100万首歌曲。事实上，只用了6天就实现了这个目标。而苹果仅仅因为拥有这个平台，就获得了销售总额30%的收入。

管道业务向网络业务转变，与二八定律有何关联

关联体现在方方面面！从二八定律，经由90/10和95/5的阶段，转向99/1原则的过程，在很大程度上，就是从管道业务向网络平台业务的转变。管道，即价值链供应商，如诺基亚及其竞争对手等传统手机制造商，已经输给了全新的平台形式供应商。当市场的领先者从只做管道业务转变为增加平台业务时，市场利润和份额的配比将从80/20转向90/10，直至最终达到99/1的比例。除了利润比管道业务高得多，平台业务还会因为网络效应而形成天然的垄断。因为每个人，包括生产者和客户，都想进入最大的网络平台。

从管道到平台的转变是一场深刻的、划时代的变革，原因有二：

- 网络市场通常会成为垄断或双垄断——除非法规阻止，否则双垄断迟早会成为独家垄断，哪怕只是将两个赢家网络合并。这是一个赢家通吃的世界，在这个世界里，市场份额极大地集中了。
- 在90/10、95/5或99/1的世界里——相对于80/20的世界——头号玩家和第三号玩家之间的差距极大地扩大，变成了一个鸿沟。三号及以下更小的玩家的盈利潜力，趋向于零或更少。推翻头号玩家的希望几乎都是渺茫的。同样的选手或新进入者唯一的希望是发明一个新的细分市场，它可以占据主导地位。

我们通过一个简单的数学计算加深一下了解。如果市场上100个供应商中有20个赚取了80%的利润——假设市场上的利润是100美元——那么这意味着20个赢家平均赚取80美元，除以20，即每个赢家赚取4美元。同理，80个输家赚20美元，除以80，即每人赚0.25美元。所以，赢家每人赚4美元，也就是输家每人赚的16

倍。这就是80/20的逻辑，这也解释了为什么处于前20%的人，比处于后80%的人好得多。

但当市场转变为90/10时，赢家和输家之间的差别就变成了一道鸿沟。再看看这些数字。赢家赚取了100美元总利润的90%，所以他们每人赚取了90美元除以10，等于每人9美元。同时，90个失败者分享了剩下的残羹冷炙，即总共只剩下的10美元利润。所以，按平均值计算，输家每人赚10美元除以90，等于每人赚11.1美分。因此，个人赢家得利与输家得利的倍数是9美元除以0.11美元，也就是81倍。所以，现在的赢家获得的利润，不再是输家的16倍，而是81倍。

随着90/10变成95/5，再到99/1，少数赢家和多数输家之间的差距越来越大，从现实的角度来看，差距是无限的。在这些市场中，根本没有输家的位置。赢家最终拥有越来越多的现金，可以用来拉大和其他玩家之间的差距。

由于网络的发生率和价值增加，80/20的世界正越来越快地朝着90/10的世界发展。而结果是，对利润、现金流、公司价值的影响日益增强，以及赢家和输家之间的差距变成了无法逾越的鸿沟。

80/20世界是一面倒的，而90/10世界是如此扭曲，只属于行业垄断者。如果你觉得这是理论上的，我们再来看几个例子：

➤ 众所周知，亚马逊是以在线图书零售商起家的，但后来转而销售大量的产品。该公司简化了客户的购买流程，并使得其他供应商渴望利用亚马逊庞大客户群。通过向每位顾客销售更多的商品——不仅仅是书籍，而是几乎所有其他商品——亚马逊能够降低获取更多销售的成本，同时也强化了它的客户群基础，进一步提高了它与供应商的议价能力，从而提高了它以极低价格销售的能力。

此外，它还能够推销新产品，而不用面对其他新进入者高昂的上市成本。每一个新的市场都加强了亚马逊的竞争优势，并使类似的基础广泛的竞争对手越来越难——也许根本不可能赶上。随着时间的推移，亚马逊虽然要在售价上向客户让利，仍然具有超强的竞争力，并直接将商品的售价拉到最低限。

➤ 脸书展示的具体内容不同，但总体发展趋势与亚马逊相同——从不断提升的主导地位中获得几何级数增长的回报。正如网络营销大师佩里·马歇尔所解释的那样。

如果你不掏钱在脸书上购买广告推送，只有大约10%的脸书粉丝会看到你的帖子。这就是你能够免费获得的营销效果。10%的用户，你认为这个数字会上升吗？

不会！而且这个人数还会不断地下跌，变成8%，然后它会是7%，然后它会是5%。虽然永远不会是零，但我需要告诉你，付费社交媒体才是未来的趋势！

想象一下，这对脸书的利润，以及其用户的成本会有什么影响！

电子商务是网络企业的代名词吗

不是！我们要搞清楚这两个经常被混淆的概念之间的区别：网络业务与网上世界不是一回事！因为可能存在无须依赖于互联网的网络关系（如城市），也存在根本不能算作是网络的线上业务模式。

网络业务早在互联网之前就已经出现了。例如，报纸和杂志上的分类广告，为买家和卖家牵线搭桥，就是典型的网络业务，即用户数量的增加意味着更好的产品和服务。所有类型的网络业务取得成功的秘密，都在于其流动性，即买家和卖家越多，他们彼此之间做生意的能力就越多样、越深入，对大家都越有利。一些观察家似乎想当然地认为，网络或平台业务是最近的发明，但事实并非如此，一份专门刊登分类广告的报纸或杂志就可以被视为一个平台，最佳代表就是《汽车交易商》，这本杂志几十年来一直主导着二手车的买卖。这个具有令人惊叹利润的平台，之所以能够为所有者谋取利益，就只是因为它拥有一个垄断行业的网络。

购物中心则是网络业务的另一个成功案例。从本质上来说，购物中心就是一个连接买家和卖家的平台，这就意味着这个地方的买家和卖家越多，网络效应就越好，给所有者带来的利润就越高。

你或许会问，既然存在不依赖互联网而存在的网络业务，那么是不是也存在不能被视为网络业务的互联网业务?

关于这个问题，更详细一点的回答是，像我们这样将世界划分为管道业务和网络业务是很方便的，但也存在过于片面和“一刀切”的问题。网络企业的一个重要特征，就是网络企业由其表现出的网络效应来决定，并构成一个谱系，这个谱系包含了只提供小到几乎可以忽略不计的网络效应的企业，到垄断行业的网络业务巨头。

我们在前面已经举出了具备极强的网络效应的企业代表，包括必发博彩、谷歌搜索、脸书、推特、易趣、iTunes和iPhone应用商店等。这些垄断性企业所拥有的最大的网络，带来了压倒性的好处，而产品和服务的特点也将随着网络规模的扩大而进一步提升。最后造成的结果是，这些垄断企业不仅获得极高的利润，而且基本不受竞争压力的影响（除非有人发明了更好的平台）。具有强大网络效应的企业，将毫不费力地从80/20转变到90/10，并一直发展到99/1。

相比之下，像美国借贷俱乐部（Lending Club）这样的线上点对点借贷机构，只表现出微弱的网状结构效应。人们乍看之下可能会认为，贷款人越多，对借款人越有利，反之亦然。但事实上，市场上的个体借贷方，很容易被一个或多个机构型贷款人所取代——也许被取代的可能性会越来越大。只要对任何给定信用度的借款人收取的利率不高于目前的利率，网络的规模大小对借款人来说其实并不重要。

让我们再看看TransferWise，这是一个在爱沙尼亚开发的、总部设在英国的点对点汇款服务网络。通过这种简单易用的方式，客户可以将钱转给使用不同货币体系的其他人。点对点的这个概念有些虚幻，因为TransferWise所做的，只是将各种货币的流动汇总起来——例如英镑到欧元，欧元到英镑——然后以一种高效的方式为人们提供小额资金跨货币体系的转账服务。它成功的秘诀，是简化了的界面，而不是点对点的元素，但令人惊奇的是，反而是后者推动了平台用户病毒式的增长。如果我通过TransferWise给你汇款，就意味着我已经向你介绍了这个系统，然后你自己在未来可能会用这个系统发起转账汇款业务。

严格来说，一方面病毒效应不是网络效应。病毒效应往往是网络效应的产物，但二者不是一回事。病毒效应能使一个公司快速成长，但它并不能改善产品或服务本身，产品或服务不会因为网络的病毒式扩张而变得更好。

另一方面，病毒效应可以帮助市场从80/20集中度，向90/10集中度转变。最大的玩家可能会从病毒效应中获得最大的利益，通过经济的规模化效应，从而进一步增加玩家的竞争优势。因此，相对于较小玩家，市场垄断玩家的领先优势可能会增加，使其能够进一步降低价格，或增加更好的功能，或更大力地推销服务。这是一个好趋势，但它也适用于80/20的管道业务模式。

此外，病毒效应不能与强势的网络效应相比，在网络效应下，产品或服务会自动地随着网络的扩大而变得更好。有了网络效应，领先者可以在不需要付出任何努力的情况下，获得规模扩大带来的所有好处；更重要的是，网络领先者的产品或服务的优势，会随着规模的扩大而增加，使竞争对手更难匹敌。

因此，推动企业集中度的关键变化，不是互联网，而是网络企业，尤其是少数盈利能力特别强、扩张速度特别快的网络企业发展。尽管如此，今天大多数新的网络企业都是互联网企业；而且互联网也将鼓励网络业务型公司，以比互联网出现之前更快的速度发展。

结论

90/10的世界有三个相互关联的复合趋势，即业务越来越集中，尤其是利润越来越集中在越来越少的人手中。

➤ 业务活动，尤其是高利润业务活动在网络内部发生的比例呈现越来越高的趋势。

➤ 网络市场内部呈现从80/20到90/10，甚至更扭曲的集中程度的发展趋势。

➤ 在任何一个特定的网络或以网络为基础的公司内部，随着时间的推移，贸易条件将逐渐更有利于网络垄断者或接近垄断者的趋势。随着时间的推移，客户——包括消费者和其他企业，将支付更多的费用，而那些主导网络的企业将获得更大的财富。

在新世界中实现繁荣发展的实用建议

能够在扩大规模之前，确定其网络业务的企业，将更有可能获得领先的优势。如果企业的规模扩张速度很快，并且是其细分的利基市场的领头羊，无论这个市场的规模有多小，它仍然有可能成为垄断性大企业。但如果企业能够以某种方式，通过精心的规划和设计来获得这种领先优势，那么伴随着企业从创业初期到成为行业垄断者的发展就更有意义。在一个增速较低的经济体中，人才总是供大于求；但在快速增长的企业里，就职机会多的是，因为企业在不断扩张的过程中，一定会相应地不断创造新岗位，因此在这些企业中，人才总是供不应求的。例如，在企业刚成立初期就进入微软、亚马逊和谷歌的前20人，几乎都已经成为百万富翁，甚至有人已经成为千万富翁。你或许认为他们是这个世界上最聪明的60人，并且这些杰出的人才恰好突然之间出现在了这三家公司里。事实上，他们或许有天赋，但更幸运的是，他们选择了与公司一起成长。

因此：

➤ 花时间寻找刚刚开始起步的新网络和平台。把它作为一种爱好，每周花几个小时去了解和跟进。

➤ 在加入一个新的网络企业后，就要像老板一样思考。你很可能通过股票期权和可能的直接投资，甚至是一小笔资金，成为公司的股东。因此，只要公司能够迅速发展，公司的一小部分股权就可以让你发财，所以要确保你做的事情能加快公司的发展。争取成为新公司的赢家，成为一个能够进行建议并获得尊重的人。

➤ 如果你是投资者，可以考虑关注初创期的网络企业。在平台的价值明显体现之前，在人们意识到它可能变得多么有价值之前，尽早进入。

如果我在开始职业生涯的时候，就知道小型的、快速成长的网络企业有多么美妙，并能够给我带来多么庞大的财富，我根本就不会在其他类型的公司工作了。现在你知道了，你愿意下这个决心吗?

第十九章
如何在二八定律的未来占据一席之地

如果你理解了二八定律的概念，那么未来或许会很美妙，但如果你无法理解正在发生的转变，那么这个未来或许会令你感到迷茫。对大多数人来说，80/20不会是一个舒适的未来，也不会是熟悉的领域。在我们成长的世界中，大企业早已普遍存在，我们也相信这是一个公平且可预测的世界，因此，全新的80/20网络世界对于我们大多数人来说，或许是恐怖、可怕的。

在这个全新的世界里，努力能够获得回报，但努力和回报之间的比例会越发失调。在这个全新的世界里，越来越少的“巨头”掌握更大的话语权和控制权；非正式的网络体系越来越盛行；高学历的人不一定能够找到好工作；通往安全的唯一途径，是学会拥抱和享受充满了不安变化的世界；人人都可以拥有通往财富或美好生活的道路，但对于那些没有付出努力使自己脱颖而出并具备个性化品质的人来说，成功将成为永远无法实现的幻想。

80/20的未来，是不明确的、矛盾的、难以捉摸的、微妙的；能否成功不仅在于你如何创造它，而且在于你如何定义它。80/20的未来不会宣扬自己，它是隐秘的、神秘的，需要我们主动去解读和描述它。它需要你去创造它——原材料都已准备充分，但成品尚待拼凑，而你需要自己动手去拼凑自己的未来。你和你的团队要做的产品，将与我和我的团队要做的产品不同，而差异性本身是一件好事。通往成功和快乐的路线是无限的，但需要我们自己去发现和描绘。我们大多数人，尤其是那些年龄较大或一成不变的人，会觉得这一点很难理解。

每个人的80/20未来，是完全未知的领域，它是充满挑战的、惊险的、令人振奋的。它是未知的，因为它只存在于你自己的头脑中，以及你最亲密的朋友和同事的头脑中——而不是所有其他人都知道的东西。80/20的未来是神秘的、模糊的、迷雾般的，它的神秘性，要求我们用幻想和憧憬来点亮创造的火花，获得动力。它要求我们相信那些看不见的信念，只有通过一个伟大的想法，80/20的未来才能变得可见。它要求我们有着不合理而狂热的信念，通过激情与理性的融合、疯狂与洞察力的结合来执行，并拒绝被现有的平淡现实所否定。

没有人能够再依赖过去60/40或65/35的世界中通用的法则，在一个80/20或99/1的未来中取得胜利、实现繁荣。然而，80/20的法则，在新世界中依然非常有效，只要你具备了足够的想象力和转变的决心。为了确保本原则的适用性，在本章简短的内容中，我将为诸位提供我在过去40年的研究和探索中，总结出的五个最有效的提示。

提示1：仅在网络企业中工作

正如本书第十八章所论述的那样，未来属于网络。因此，我们应该只在网络企业中工作，这是最重要的提示，如果你想要享有二八定律世界的未来，就必须遵循这个原则。网络天生具备强化效应，即本就有名的人或事物会越发声名鹊起；富人更富，巨头会进一步发展成为垄断企业，技术精湛的专家会进一步甩开经验不足的对手。

网络业务凸显了二八定律的真实性，并加速其向着更极端比例的转变。网络企业当前仅占据全球企业总数的一小部分，但却贡献了大部分的商业利润。如果你选择专注于网络业务的工作，就可以占领先机，并随着二八定律的发展，逐年累积出更大的优势，将竞争对手进一步甩在身后。

是先发制人，还是玩命狂追，取决于你自己的选择。

提示2：选择小规模、高增速的公司

在一个网络企业大行其道的新世界中，你可以选择加入成熟的网络企业赢家，如亚马逊、谷歌、脸书或优步（当然不是作为司机，而是作为企业的管理人员），但这并不是明智之选，因为此时加入已经为时过晚，桌面上剩下的只不过是残羹冷炙罢了。

最佳的选择，是加入那些刚刚开始起步，规模较小，但正在成长的网络企业。这能够确保你个人的能力与公司的发展并行不悖。同样，这也是一个正面强化效应的体现。从起点出发，并随着企业的发展，提升个人的能力和技能。在没有人知道正确做法的行业和企业中进行探索，是最有效的学习方法，而早于所有其他人开始学习，毕竟能够带来更多的先发优势。

此外，这不仅仅关乎财富，那些在初创公司里作为创始人、员工或投资人的时光，给我带来了最大的快乐。当时这些公司，包括贝恩公司、LEK咨询公司、Belgo、Betfair，以及现在的Auto，它们的规模都很小，但发展速度都很快。每年40%到300%的增长速度会令你感到自己无所不能。这些公司掌握了一些其他公司不知道的发展秘诀，而作为疯狂扩张的企业成员，体验到的个人成长和满足感，只有亲身体会过的人才会明白。这是一种会令人上瘾的药物，但只有令人愉快的副作用。在这种快感的驱动下，我一直以寻找下一个每年能够实现销售额翻倍甚至更多增速的小公司为目标。

因此，请加入一家每年增速至少为30%但员工不足100名的公司吧，最好能够找到一家员工人数少于20，但每年利润能够至少翻一番的公司。

提示3：只为相信二八定律的人工作

哪些人可以被称为二八领导或二八老板？他们必须是自觉或不自觉地遵循这

一原则的人。观察他们的行为，你就会知道他们是不是：

他们只关注极少数的事情，即那些对他们的客户或老板（如果他们上面还有老板的话）有重大影响的事情。（我个人希望这只是一种临时的状态，因为最好的二八领导本身不会忍受更高一层的领导的约束。）

他们的节奏很快、效率极高。

他们从不赶时间，也从不慌乱。他们通常是轻松愉快的，而不是工作狂。

他们只关注员工有价值的产出，不关注员工的投入，如时间和汗水。

他们会花时间向员工解释他们在做什么，以及为什么。

他们鼓励员工专注于用最少的努力取得最大的成果。

当员工取得好的结果时，他们会给予表扬。但当员工没有取得好的结果时，他们会提出建设性的批评，并建议员工停止做一些不重要的事情，或者以更有效的方式做一些更重要的事情。

当他们信任员工的时候，会很少插手员工的事务，并鼓励员工在需要指导的时候，主动向他们求助。

为何相信二八定律的人至关重要

他们会成为员工的榜样，并且如果他们认为你的表现良好，会给予你重任，因此你会承担越来越多的工作。他们也会教你同样的驭人之道。此外，当相信二八定律的领导得到提升时，你很有可能也会随之升职加薪。如果他们跳槽到其他公司，可能会带着你一起走。

任何一个成功的老板，都曾在某个阶段是其他老板的员工——在商业、体育、娱乐、学术界，都是如此。

在任何领域，开创先河都是难事，但借势往往更容易。因此，在能够开辟自己的事业之前，要充分利用老板带来的优势和资源。

着他人的东风，扶摇而上总是比自己逆风而行更容易。在事业发展的初期，选择为谁工作，比你自己是谁以及你做了什么更重要。因此，在这个阶段能否取得成功，很大程度上不在于你个人的能力，而取决于老板的能力。

你现在有一个坚持二八定律的领导或老板吗？如果没有，马上找一个，你的事业一定会插上翅膀，一飞冲天。

提示4：找到个人专属的二八定律

每一个生存下来的企业背后，都有一个与众不同的理念，它们服务客户的方式，至少与其他公司的服务方式存在差异性。但一个伟大的公司，则具备完全不同的服务方式，其背后的理念也是完全不同的。这个与众不同的理念，为顾客提供了无与伦比的优惠价格，或者是无与伦比的产品或服务。无论哪种情况，这个独创性的理念，都能够以较低的价格提供较多的服务。这就是一个二八定律理念。

二八定律，并不局限于商业领域。在每一个伟大的事业、每一项社会运动、每一个成功的组织或机构的背后，都潜藏着一个伟大的二八定律理念，因为它只需付出少量的精力，就能带来奇妙的结果，所以它才会在各行各业呈现爆发式运用。早在1807年，美国和大英帝国都废除了奴隶贸易，英国当时对船长的处罚，定为每个奴隶120英镑（这在当时，是一个惊人的罚款）。此外，英国皇家海军还成立了一支特殊的部队，在非洲沿海巡逻，以捕捉贩卖奴隶的商人。到了1834年，大英帝国的所有奴隶都获得了自由。奴隶制是一种骇人听闻的制度，对奴隶来说是可怕的，对屈服于奴隶制的庞大利润而堕落的奴隶主来说，也是一种毒瘤，它还是一种可笑的低效率的经济制度。废除奴隶制的收益，除以成本，得到的利益是无限的。

而我自己经历的美国民权运动，以及将所有南非人从种族隔离的邪恶中解放出来的废奴运动，也带来了无法估量的好处，这是我们任何人能够做出的最好的行动。废除奴隶制和平权运动，就是典型的二八定律运动，不仅能够给被压迫者带来巨大的好处，也能够给解放者和真理的传播者带来巨大的益处。这世界上，最美妙的事情，莫过于能够为正义而斗争，并为他人带来实实在在的益处。

如果你想要成为快乐的人，成为传播善意和正能量的使者，那么在你的事业和生活的每个阶段，都要牢记并践行二八定律理念，致力于让顾客或公民，在尽可能不浪费生命能量和有限资源的情况下，过上更丰富而幸福的生活。

提示5：成为快乐、有用且独一无二的个体

在二八定律的未来中，没有给一成不变、孜孜不倦的职场人留下任何位置，无论是与职场格格不入的人还是混得如鱼得水的人。因为不再存在所谓的舒适区，所谓的固定角色，所谓的以你为中心运转的世界。对于我们这些曾依赖于职场来定义生活方式的人来说，二八定律的新世界可能意味着一场颠覆性的变革。

除了军队等必须存在的组织架构之外，不再会有个人必须去适应的职场模板了——再见了，行业心理专家们！在二八定律的未来，每个人都需要发明适合自己的模式，才能够为自己和他人提供更好的服务。在所做的事情或取得的成就方面，我们可能与他人相同，但我们的特质和做事的方式可能与任何人不同。想要事半功倍，我们只能设计出适合自己的目标，只有这样，我们才能充分发挥个人的优势。

你有这个能力吗？你做到了吗？你有在做吗？

我们大多数人——甚至你们中的大多数人，在阅读这本宣扬独特个性的书时，仍然没有真正搞清楚这个概念，连我有没有搞清楚，我也无法确定。这个想法是自由的，却又与我们的文化和工作习惯如此相悖。

但不要误解我的意思，二八定律的未来，的确需要我们具备个性并提供了丰厚的奖赏。二八定律的未来并不奖励努力工作、顺从、圆滑、妥协以及其他所有

优秀员工身上被社会打磨出来的可取之处。相反，二八定律未来奖励的，是独特的创新者。

然而，只有个性也是不够的。如果是这样，我们就会只培养具有无数怪癖，却不关心自己能否为他人创造价值的怪咖。在某些职业中，比如艺术家、作家或艺人，这或许已经足够明显，至少在后人看来是如此，例如文森特·梵高一生只卖出了一幅画。但是，绝大多数情况下，我们的确应该为伟大成果的创造投入全身心的精力。

“适度的能量”一词并不难以理解。但我需要限定其特定的适用情境。我们或许都曾有过在自己不太喜欢的项目或工作上花费大量时间的经历。这种工作状态，会最大限度地消耗我们的生命能量，它将耗尽我们的创造力，甚至会耗尽我们正常的韧性和乐观精神。我曾在20多岁的时候，在波士顿咨询公司干了一份自己不喜欢的工作。长达10年的痛苦折磨，几乎毁了我。

相对应的是，我们也都知道，工作可以带来巨大的成就感和快乐——我们中有些幸运儿，可以从事高薪的工作——但也有些工作，哪怕免费，我们也会乐在其中。我们或许也需要长时间地工作，但可能正如他人所说的那样，我们乐于为之效劳和奉献。这种工作，不仅不会消耗我们的生命能量，反而会提供滋养生命的能量。所以，哪怕无数人强调时间的稀缺性，嗟叹时光的易逝，我们必须永远记住的是，时间并不是我们真正缺乏的东西。我们每个人都稀缺的东西，实际上是快乐!

所以，我提到“适度的能量”时，真正想表达的意思是，“不要做可能耗费快乐的事情”。如果你所做的事情能够使你更快乐，那么实际上是在增加生命的能量，这当然是一件好事。为此，我们必须要找到能够令自己感到快乐的职业，能够令他人真正欣赏到你的价值，并愿意通过金钱，或肯定，或爱意来表达回馈和赞赏的工作。因为来自他人的肯定、欣赏和爱，才是我们真正赖以生存的东西，只有钱或只有爱，都是不足以维持生命的。毕竟，我们与小狗或其他令人怜爱的宠物不同，我们是活生生的人类。

要找到我们能够完成，又能够给他人带来快乐，同时令自己身心愉悦，但又不消耗宝贵的人生资源，可能是毕生的追求。反过来说，读到并理解上面的信息，对你来说或许已经足够，或许你已经知道答案是什么。如果你还没有概念，不妨问问自己的潜意识，或许几个小时或几天之后，它能够为你解答这个人生的困惑。

我们或许足够幸运，在人生的某个节点，偶然发现这个令人惊叹的二八定律公式，并利用它让我们的生命变得更美好，学会去寻找和从事那些令自己喜欢和快乐的事情。但如果我们能够以正确的方式思考，并不断寻找适合我们自己的独特解决方案，或许我们无须等候好运或命运的偶然垂青，也可以找到专属于自己的答案。因此，请将这句座右铭，贴在触目可及之处，即**成为独特、有用且快乐的个体**。当我们能够通过培养自己的个性，为客户和周围的人带来美妙的结果时，我们就能够让世界变得更美好。

那么，我们该如何看待二八定律的未来呢？它必然充满挑战，但也必定是一个美好的未来。与奴隶社会截然相反的是，一个二八定律的世界，与即将被它取代的工业化社会存在本质的区别，也具备明显的好处。

能够用极少的资源，创造出大量的东西，并通过我们每个人独特的创意和智慧来实现，这将是巨大的乐趣。每一个践行二八定律的人，其责任就是通过自己独有的知识和洞察力，以快乐的方式，用较少的资源产出更多的成果。这个美好的未来，是非常个体化和个性化的，但也具备极大的社会性。愿我们每个人都能够在这样一个美好的世界中拥有一席之地，并拥有极致的愉悦体验。

第五部分

升级版的二八定律

第二十章
二八定律的两个维度

自二八定律第一版出版后，我收到了数百封读者来信，这令我非常欣喜。或许同样重要且令人振奋的是，我在各种平台上也看到了关于本书的诸多评论，仅亚马逊网站上的评论就超过200条。这些来自读者的邮件和评论，使我们对于二八定律的运作方式有了新的认识，尤其是在效率和生活提升这两个方面的关联性。

这些评论中，有些是对这本书和原理的严厉批判，但对我来说，这些批判反而是最具挑战性和最有用的。读者们反复提出的两大批判性问题是"二八定律真的完全适用于我们的个人生活吗？"和"难道80%不也是必不可少的吗？"，关于这两个问题，我将在本章的下文中再详细探讨。

对我启发最大的故事，并不是读者如何利用二八定律，更加享受工作，或者赚更多的钱，或者两者兼而有之。最让人感动的叙述是，该原则让读者学会把注意力集中在他们生活中真正重要的事情上。

我最喜欢的故事来自一位50岁的加拿大人，因为需要匿名，姑且让我称他为达雷尔，除了名字是虚构的，下文关于"婚姻幸福，有三个很棒的孩子"的达雷尔的所有信息都是真实的。达雷尔的教育事业很成功，目前是一家大型学校的CEO。三年前，他被诊断出非语言学习障碍（NLD）。他告诉我：

这是一个难以接受的事实，但我知道诊断是准确的……因为我有时候需要花几分钟时间在停车场寻找我的车，或者在我的办公桌上寻找那张就在我面前，甚至可能在我手中的纸，所以我知道这个诊断没有出错的可能性。我的工作，就是试图找到方法，为存在特殊需求的孩子提供教育支持，这是我工作的重要内容，但现在，我忽然间发现自己也存在特殊需求……

我发表过很多文章……提倡教师成为领导者。这是因为，当我还是校长的时候，有很多事情，老师们可以做得比我好得多，我就把我不擅长的80%的任务委托给他们。结果他们提名并让我获得了1999年的领导力奖。他们不知道，我给他们授权，给他们打气，虽然是真实的，但也是出于不得已而为之的真实原因……

我意识到二八定律确实是我获得成功的原因……我也想用您的二八定律理念来帮助其他有学习困难的人，教会他们专注于自己擅长的20%内容……在不远的将来，我希望能克服障碍，摘掉阻碍我向别人展示真正自我的面纱。

达雷尔写了一篇触动人心的文章，题为《在弱点中寻找力量》，以一种新颖的方式运用了二八定律。在他看来，当我们的弱点明显时，我们可以更有力地依靠自己的强项：一部分原因是我们不得不这样做，另一部分原因则是我们意识到自己的弱点和别人的强项之间的差距。我们体会到自己对别人的依赖，并反过来努力用自己恰好拥有的招牌优势帮助别人。否定我们的弱点，甚至试图弥补弱点，会使我们与自己的优势，以及周围人的优势割裂开来。

二八定律真的适用于我们的个人生活吗

值得注意的是，没有人对二八定律在企业中发挥的巨大作用提出异议，且很多读者实际上举出了一些从二八定律中受益的不同企业或商业。马克·肖克博士，是得克萨斯州一家教会的牧师，他利用二八定律，使会众的人数增加了300倍。他写道：

你在本书中提出的理念，彻底地改变了我的生活。我是得克萨斯州赛普拉斯信仰社区的牧师。遵循二八定律，让我们在短短两年半的时间里，从只有5个人在我的起居室参加教会，到平均参会人数超过1500人。我们直接将自己称为二八定律团体，我想你肯定没想过自己会成为一个推动教会成员飞速增长的大师吧！

然而，从那时起，我还发现了一个更大的“二八定律团体”。维罗妮卡·阿布妮（Veronica Abney）是芝加哥最大的超级团体的管理者，她在写给我的信中说：“我们的教会目前有25000名成员，聚会场所就位于芝加哥联合中心球场的旁边，这里也是芝加哥公牛队的比赛场地，迈克尔·乔丹的家。而我，希望可以利用二八定律，将会众从2.5万人，发展到5万人。”

而一些读者，也确实将帕累托概念运用于职业和生活的各个方面并取得了巨大价值，从商业和职业领域开始，最终应用到人生的各个领域，这也是我在重新阐述这一原则时最大的创新。凯文·加蒂（Kevin Garty）是旧金山一家房地产经纪人公司的搬迁总监，他告诉我：

我把二八定律应用到我生活的方方面面，并取得了惊人的效果。我可以承认，我早上起得更晚，下午下班更早，而且还能获得非常健康的六位数收入。我还是一个新西兰的小孩子的时候，就已经应用了二八定律的各个方面的概念，所以当我读到你的书时，这无疑是对我个人生活理念的验证。有了专业人士的盖章肯定，我对自己的偷懒行为更有信心了。

是的，没错，学会偷懒和节约时间是合理的，凯文。

一位来自印度尼西亚的评论家说，二八定律可以同样适用于工作和生活，因为“其基本概念是专注”。“如何做出选择很重要，我们只需要做生活中最重要的事情即可……这是对我们如何通过少做多得的最简单的解释”，一位日本评论家说：

我差不多两年前读过这本书，并把它的理论应用到我曾工作过的四家公司，这成功地将我的工作时间减少了25%，而且还保持了原来的工资。在这期间，我开了自己的公司。有了这些额外的时间，我就可以思考新的方法，让我的生活更有趣，让公司更容易实现盈利和结余。这是一个简单的方法，让我们能够计算在哪里浪费了时间、金钱和精力，以及应该更专注于哪些领域，以创造更多的时间和金钱。我即将……把这个公式应用到我的日语学习、健身计划和其他任何我能想到的事情上。

“把二八定律教给你的孩子，”一位读者补充道，“你会增加他们长大后搬离原居住地的可能性，因为他们将有能力负担得起更好的居住环境。”

然而，一些评论者质疑这个原则是否应该应用于我们的私人生活。“虽然我确信作者是出于好意，”一位亚马逊的评论者写道，“试图将二八定律应用于非商业领域（更具体地说，是个人关系），但这本书完全不应该包含这方面的内容，因为个人生活的改进和完善，应该单独进行探讨。”评论者很好心地说，这本书的牡蛎里藏着一颗珍珠，即这个原则在商业领域的应用，“很值得去挖掘”，但请忽略个人方面的内容！

第二个评论者说，这本书：

对商业的经济和社会现实进行了精辟的评价。不过，科克想要走得更远，他试图将二八定律理论推广到成功、幸福和生活等领域。虽然他提出的一些建议是有道理的，但相较于他在商业世界的分析，在后续领域的案例似乎越来越弱。

80%的内容是否也同样必不可少

然而，第二种，也是最主要的批判意见，是关于摆脱80%无用功是否现实，甚至是不是可取的，因为这些活动产生的结果很少。下面是来自一些读者的反对理由，由周正“Cornholio”提供。他对我提出的批评，或许是最有说服力的，因为已经被选登在亚马逊首页，为此我觉得有必要全文引用他的评论：

解决掉效率极低的80%是一个很好的想法，但值得五星好评的20%已经被拿掉了，因为二八定律本身也充满了其他的废话，比如教你如何将这个原则适用于生活和其他领域，但作者在这方面毫无权威。他指出了一些反对的意见，并一一驳斥。但是，他漏掉了很重要的一点。我是一个中国香港人。在我们五千年的文化中，阴阳相互依存、相互对立的关系，似乎从一开始就被作者无视了。

例如，作者要求我们分析自己的生活，找出带来了80%幸福感的那20%，并仅专注于这20%即可。几年前我就尝试过了，但事实上我的生活不仅没有变好，反而变差了。生活事实上是工作和娱乐的平衡，我们能享受20%的阳性活动，是因为我们在80%的阴性活动中得到了释放。

一个汉堡包80%的美味来自夹在中间20%的肉，但如果你把上面和下面的面包去掉，只留下中间的肉，那么它的味道就会变得太浓烈，并最终会失去其味道。

同样，也许你在欧洲的蜜月或毕业旅行是最美妙的经历，然而，如果你一次次重来，按照边际收益递减的原则，它最终会变得无聊。

二八定律完全可以适用于工作，但涉及生活和娱乐方面，我不觉得是很好的指导原则。

英国内阁前高级大臣卡尔勋爵也向我提出了类似的疑惑和关切。他举了当时英国驻美国大使的例子，并转述了大使给他的忠告：

你可能会认为我的大部分时间都花在了琐碎的事情上，比如无休止的晚餐和与美国领导人的社交活动。但这些时间并没有被浪费。遇到紧要关头，我就能够知道谁的判断可以依靠，谁是真正的片面之词。这些领悟，在危机中是非常宝贵的，所以看似“浪费”的时间，一点也不浪费。

有好几个人也按照类似的思路，对我进行了批评，因为他们担心，追求效率——砍掉低价值的大部分活动——从长远来看是自取灭亡，这在某种程度上也是正确的。因为，如果我们沉迷于追求效率，只做重要的事情，我们可能会砍掉那些对更新自己、我们的企业甚至我们的社会都有必要的活动。

“那公园呢？”我的一个朋友问道，“公园是封建主义的遗迹，可能是你要砍掉的80%的一部分。如果我们需要把一切成本都砍掉，公园就没有存在的权利。公园是没有资本回报的。它们与房屋或零售业发展一样，将是无价之宝。但如果你砍掉公园，你最终会得到一个非常没有吸引力的城市。”他举了约翰内斯堡为例，那里有宜人的郊区，但几乎没有公园或开放空间，而且，它还是地球上最危险的城市之一。

另一个显著的担忧是，如果剔除工作和生活中的低效因素，我们可能会变得没有头脑和灵魂，偏重于短期的经济解决方案，而损害我们的长期发展和文化传承。正如安德鲁·普莱斯在其即将出版的《非必要的力量》一书中写道：

到目前为止，最大的捕鱼量来自沿海地区；沿海地区只占海洋总面积的极小部分。二八定律告诉人们，沿海地区是捕鱼行动应该发生的地方，而沿海地区的捕捞活动论证了这一原则的正确性。

但是，过度捕捞已经导致太多的鱼群灭绝；不仅如此，这些富饶的沿海水域正好是主要的繁殖地。所以，在沿海一带大肆捕捞鳕鱼和鱼类种群，影响了其繁殖，使得未来可供捕捉和繁殖的鱼类不足。

对于二八定律的追随者来说，这个信息是明确的。我们针对具备超高价值的20%的努力，不应该只是为了实用的目标，还应该有一些不具备所谓实用价值的目标。否则，这个20%优势很容易消失，就像过度开发的渔业所证明的那样。还有一个重要的信息。今年表现最好的种群（渔业或金融），或者在过去十年中，一个生态系统中的最宝贵的物种，并不能保证未来的成功。事实是，世界及其资源不会长期保持不变。

对本书有价值的批判，可以分成下面三个大类：

➤ 投机取巧的担忧。如果把二八定律视为优化效率的手段，我们最终也可能会变得非常低效，且没有实际作用。能够走捷径是一件好事，但除非我们能够全面而深入地去做一件事，我们无法取得任何有价值的成果，也不能享受这个过程。我们可能通过阅读一本书20%的内容，来掌握其80%的精髓，但如果这本书对我们而言非常重要，那么我们最好读完全本，并可能在读完之后仍感到意犹未尽。通过20%的努力获得80%的成果，似乎代表了一种简单化、物质化、不真实的工作和生活方式。

➤ 可持续发展的担忧。如果二八定律仅关注当前行之有效的事情，那么它们明天是不是就会有行不通的危险？这种担忧同样适用于商业和我们更广泛的生活。

➤ 不平衡的担忧。正如周正所说，这种担忧是指我们不能只关注生活中“最好”的部分，因为如果没有生活中的其他部分的衬托，最好的部分也无法体现出其优越性。平衡在商业中并不重要，因为经济的发展，就需要通过高度专业化——因此也是不平衡的——公司的竞争而实现。但平衡是获得幸福的必要条件。

二八定律的两个不同维度

读者的反馈，让我意识到，二八定律实际上有两个相当不同的维度或用途，在某些方面甚至是截然相反的。

一方面，是效率维度，即我们希望用尽可能少的努力，以最快的方式实现目标。一般来说，这个领域涉及的事情对我们来说并没有太大的意义，仅作为达到目的的手段。例如，如果我们把工作视为主要的谋生手段，工作的目的是享受工作之外与他人相处的时间，且这些工作之外的事情对我们而言才是真正重要的事情，那么工作就属于“效率”维度。我们要利用二八定律，尽可能高效、快速地完成工作，然后继续我们更重要的私人生活。所以，我们应该在工作中运用20%的方法。我们把注意力放在效率最高的20%上，也许在这些事务上花费一倍的时间，并且尽可能地砍掉一切不属于高效率20%范畴的事情。正如本书第十章“时间革命”中给出的例证，我们或许应该花两天时间在高效率20%的事情上，然后把一周剩下的时间用在我们真正关心的事情上。简单来说，我们可以在把工作的价值提高到之前的160%（即按照每天80%，2天一周期计算）的同时，还有可能将每周的工作时间减少到两天。

效率的维度也可以适用于工作之外，那些对我们来说并不重要的事务（杂事）。比如说，所有那些我们应该要见，但又不太愿意见的人，所有那些不想去做但又无法摆脱的义务，以及诸如做税、打扫车库、做园艺等我们自己不喜欢，又不能把它推给他人的事情，都属于这20%的范畴。我们的目标是找到最重要的、能带来80%结果的那20%的任务，并尽可能快速、轻松地把它处理掉。

另一方面，则是二八定律能够提升生活的另一个维度。任何对我们生命真正重要的东西，无论是工作、我们的私人关系、我们希望实现的目标、给我们带来巨大乐趣的爱好，还是其他任何能满足我们、能让我们在临终前得到安慰的东西，都属于这个范畴。当我们回顾自己迄今为止的生活、享受当下的生活、展望未来的生活时，凡是能给我们带来温暖的光芒，让我们感到庆幸自己还活着的东西，都属于提升生命的范畴。美国伟大的工业心理学家亚伯拉罕·马斯洛（Abraham Maslow）所标榜的"保健因素"——食物、住所、物质需求——在未被满足时是重要的，但一旦被满足，其重要性就相对减弱。我个人认为，所有这些保健因素，都属于效率范畴，只需要20%的解决方案，即用最少的生命能量支出，获得最有效的解决方案。

二八定律是实现和强化所谓诗意生活的重要因素，原因有二：首先，这个原则可以帮助我们找到生活中真正重要的东西：谁是不可或缺的人，哪些是至关重要的事情，什么真正使我们的生活有价值？除非我们真的很穷或很悲哀，这些都不是生活的必需，也不像金钱、赞誉、重要的工作或任何形式的社会地位那样，是实现目标的手段。所有这些东西，在我们的生命中来了又走，它们是所谓的身外之物，并不能触动我们的心灵和灵魂，不能定义我们是谁。在拥有了食物和住所的前提下，对我们的人生而言，真正重要的是爱与被爱、自我表达、个人成就和放松、思考和创造的能力、与自然和其他人沟通的机会，最重要的是，如何提升我们真正关心的朋友和家人的生活。

其次，二八定律为这些奇妙的生活层面清理出了空间。通过更轻快、更经济地完成非必要的事情，我们能够尽可能减少生命能量的消耗，并为生命中重要的事物保留了时间、空间和宁静。与其把重要的事情挤在生活的边缘和角落里，不如把重要的事情放在它该有的地方——放在舞台的中心，放在我们生命的中心。

论及生活的重要部分，那些决定我们个体独特性和个人命运的20%或更少的部分，我们应该把精力和灵魂投入到这些事务上，且需不吝惜时间、金钱或任何其他手段来达到这一目的。完成效率范畴的失去，的确需要20%的方法。但对生命有促进和提升作用的事情，就应该采取200%、2000%或2000000%的办法。对于提升——甚至是定义——我们生活的东西，我们应该付出无限的努力或时间。

因此，对于前述三种担忧，我们的答案：

➤ 关于走捷径的担忧。只有在生命中要求效率的范畴内，我们才会力图走捷径和用最省事而快速的方法。而对于任何有助于提升生命质量的东西，我们则会选择最长远、最深刻或最优质的路线。

➤ 关于可持续发展的担忧。合理地运用二八定律，要求我们具备长远的眼光。如果我们默认目前努力和回报方面的状况无须改变，就要做好迎接不良后果的心理准备。例如，目前10%的客户可能给我们带来（比如）80%的利润。但也许，如果一个新的竞争者也专注于与我们争夺这些超级利润客户，我们的利润就不会持久。此外，在90%的边缘客户或无利润客户中，可能隐藏着一个具备快速成长潜力的公司，只要精心培育，就有可能成为一个新的赢利客户。正如捕鱼的案例那样，如果过于关注超级富饶的水域，而不建立一些限制措施，让鱼儿繁衍生息，就会导致无鱼可捕的灾难后果。

在更广泛的生活领域中，我们对提高生活水平的东西的关注，也需要是长期和明智的。技能的掌握和人际关系的建立，都需要长期投资，为此我们应该精心地选择发展哪些能力，或与哪些人交朋友。然后花时间和格外耐心，来建立这些可能影响终生的技能和关系。在这些事务上，没有偷工减料的可能，同样也没有即时满足！为了工作而工作，或者通过做自己讨厌的事情来积累财富，都是错误的。但秉持巨大的毅力，发展必要的技能和人际关系，让我们的生活变得与众不同、愉快和有价值，则是非常明智的投资。

➤ 关于平衡的担忧。我们追求的，是平衡或是不平衡？事实上，二者都要！我们应该在追求效率的事务上，在那些对于我们的生活或存在并不关键的事务上，追求不平衡。此外，在提升生命的事情上，我们实际也应该追求某种程度的不平衡，仍然需要小心谨慎地专注于少数对我们而言具备最大价值和潜在价值的活动与人际关系。但整体而言，在提升生活的领域中，我们需要平衡工作和休闲、自我指导和共享项目、为我们自己和他人的时间、享受当前的热情和投资建设未来的时间等关系。我们可以在提升生活品质的领域中，找到我们的阴阳和谐共存的关系。如果做不到这一点，喜欢工作和玩耍的人就永远不会存在，这些人是幸福

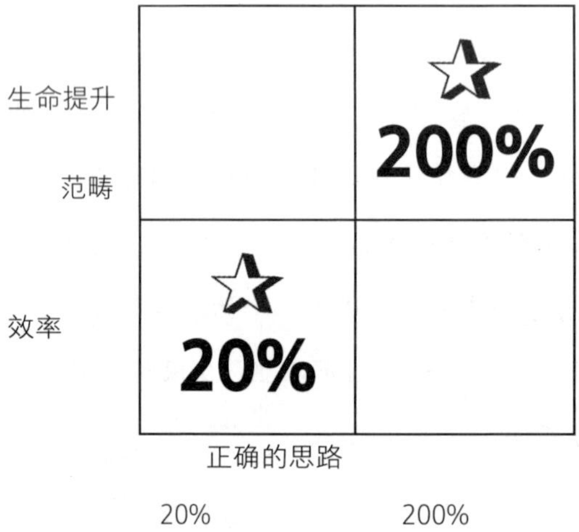

图28　时间和精力分配比例（相较今日）

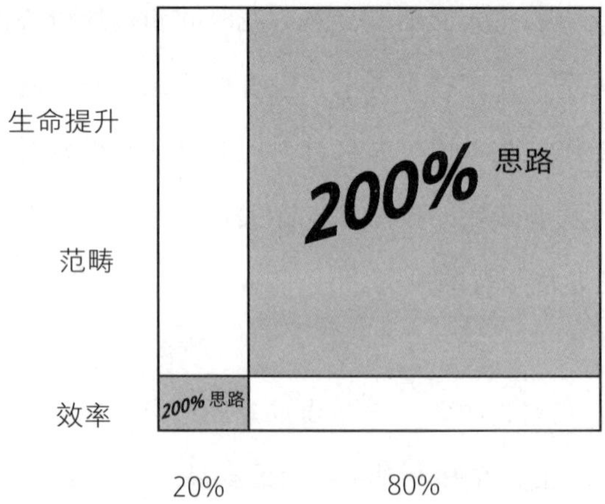

图29　时间和精力分配新模式（按照新总数百分比分配）

的，因为无论他们在哪里，他们都喜欢自己的工作，并且在工作的时候享受自己的人生。

图28显示了二八定律的两个维度，以及每个维度的正确分配思路。

就生活中各项事务应该属于哪个范畴做出了正确决定之后，我们就可以绘制矩阵来反映各部分相对的比例。在图29中，效率范畴已经被严重挤压，并只占据我们所消耗精力和时间的20%比例。而原本只占据20%比例的，可提高生活质量的范畴，得到充分释放，并占据生活的80%比重。

我们的工作，既可以划分为20%的效率范畴，也可以归类到提升生活的80%范畴。但可以肯定的是，每个范畴内都会包含部分的工作内容。而制胜的秘诀就在于，尽可能压缩花费在效率范畴上的时间和精力，以相应地增加花费在提升生命质量范畴上的时间和精力，直到达到工作是为了幸福地生活且能够乐哉工作的境界。

而工作之外的生活，当然也会分布在两个范畴之中，相应地，制胜的秘诀也与前面一样，要求我们将更少的时间和精力浪费在效率范畴上，而把更多的时间和精力留给能够提升生活质量的范畴内容。

不妨问问自己，如果能够将时间和精力花在对你来说最重要的事情上，那么工作和生活的各自占比是多少？二者之间又会有怎么样的关系？大多数受访者对我说，他们花在“工作”和“非工作”事务上的时间大致相当，尽管“工作”由他们自己定义，且有时候不一定是有偿的工作。而那些接受了本原则的人则发现，工作和生活之间的界限变得越来越模糊。

从这个角度来说，生命的阴和阳重新获得了平衡和统一，虽然二八定律存在两个看似对立的维度——即效率和生活提升——但这两个维度是相互补充和交织的。效率维度让我们能够为生命提升维度腾出空间。二者的共同点还在于，让我们知道什么能够给我们带来想要的结果，了解生命中什么才是重要的。一直以来，关于效率和生命提升的时间和精力分配，传统的概念只占据一小部分。我们都专注于通过减法和聚焦的方式来追求进展。同样地，如果二八定律也只提倡效率的话，那么它也是一种枯燥无味的功利哲学。除非我们心中还有其他目标，即灵魂层面的目标，否则，变得更有效率或更富有是没有任何意义的。那些想把传统思维套用到二八定律上的人，搞错了重点。

让我举个自己现实生活中的例子：在我住在伦敦或西班牙南部时，我每天都会花上一两个小时骑自行车。对我来说，这是一项能够提升生活品质的活动，也是一项美妙的运动。在风景优美的地方骑行（观赏里士满公园的鹿，或西班牙的山景），让自己的思绪在骑行时随意地宣泄和流露，往往能够给我带来全新的灵感。但这事儿也不全然都是享受，我估计里士满公园10%的路线和西班牙15%的路线都是陡峭的上坡。毫无疑问，这些占据少数的上坡路，使我的心率达到了整条路线上的最高水平，并获得了80%以上的锻炼效果。我不是一个狂热的自行车爱好者，我也不喜欢山路——但是当我能顺利上到坡顶，并从另一边驶下时，我很高兴。我也不会选择更为平坦的其他路线，上坡路虽然在某些方面令人不快，但却增加了视野的开阔性、风景的观赏性，并为我提供了“阴”的活动，以充实平路骑行或下坡骑行的“阳”。

基于我个人的经验和几百位读者的反馈，我可以肯定地告诉大家，生活的比例是可以逆转的，并且能够从无意义或有压力的活动（阴）转到提升生活品质的活动（阳）。当然，我们也不希望一遍又一遍地重复蜜月或假期，我们需要找到新鲜的放松方式。大多数人也不想大多数时间都处于放松状态，我们都希望锻炼身体、提升和发展个人技能、进行思考、自我测试、帮助他人，以及探索各种社会关系，等等。虽然我们都希望能够轻松、迅速地处理掉不影响生活的各类不必要活动，但效率并不是人生的终极目标。

将社会进步视为己任

收起你的怀疑主义和悲观主义，因为这些恶习和它们的对立面一样，都会自我暗示和自我实现，为此要恢复你对发展和进步的信心。要意识到，未来已经到来：在那几个闪亮的例子中，在农业企业、工业、服务业、教育、人工智能、医学、物理学乃至所有的科学中，甚至在社会和政治实验中，以往难以想象的目标已经被超越，新的目标像彩虹糖一样正在不断落下。请记住二八定律：进步总是来自少数人和有组织的资源，他们已经证明了以前被视为天花板的东西，实际上可以成为每个人向前进步的踏板。进步需要精英，而那些为荣誉和社会服务而活着的精英们，愿意分享自己的天赋，供我们所有人使用。进步需要传播关于卓越成就的信息和成功的实验，需要打破大量既得利益者所建立的结构，需要将少数特权阶层所享有的标准向所有人提供和开放。最重要的是，正如萧伯纳告诉我们的那样，进步要求我们提出不合理的要求，为此我们必须找出一切事物中产生80%结果的那20%，并利用我们所发现的事实，要求值得重视的任何事物的成倍增长。如果我们的要求总是高于我们的能力，那么进步就要求我们将当前被少数人掌握的高标准转变为所有人都可以享受的最低标准。

二八定律最大的好处是，你不需要等待其他人采取行动。你可以在自己的职业和个人生活中开始实践它。你可以把自己最大的成就、幸福和服务他人的小片段，变成你生活中更大的一部分。你可以将自己的最高成就的比例成倍增加，同时将大部分无关紧要的事务剔除。你可以找出大量不相关的、低价值的活动，并剔除这些毫无价值的存在。你可以把你的性格、工作方式、生活方式和人际关系中的某些最重要的部分剥离出来，评判的标准就是：这些部分所涉及的时间或精力，与它们给你带来的价值，要比每天的繁重工作大很多倍。把它们分离出来后，你就可以用一往无前的勇气和决心，将它们的成效翻倍。在这个过程中，你就可以成为一个更好的、更有用的、更快乐的人。而你也可以帮助别人做同样的事。